Management

1re STMG

Nous remercions chaleureusement nos auteurs...

Laurent Corbellini
Lycée Jean Monnet,
La-Queue-lez-Yvelines

Jean Ferey
Lycée Augustin Fresnel,
Bernay

Glwadys Helie Gardin
Lycée Augustin Fresnel,
Bernay

Joan Lefevre
Lycée Chrestien de Troyes,
Troyes

Véronique Manenti
Lycée Balzac,
Paris

Caroline Nkou
Lycée Sainte-Ursule,
Caen

hachette
TECHNIQUE

Les ouvrages sont-ils disponibles en **version numérique** ?

OUI

Ils existent en version papier ou en **version numérique**.
La version digitale est enrichie de **contenus interactifs**.

Vos élèves sont **équipés de la version numérique**

Avec l'application éducadhoc

PROFITEZ DES NOMBREUSES FONCTIONNALITÉS DISPONIBLES

Pour l'enseignant :
- Vidéoprojection en classe
- Affichage des corrigés
- Échanges professeurs-élèves
- Personnalisation du manuel

Pour l'élève
- Affichage DYS
- Saisie et enregistrement des réponses
- Accès smartphone

Pour tous
- Navigation simple
- Utilisation possible hors connexion
- Téléchargement clé USB
- Accès multisupport : PC, Mac, smartphones, tablettes

Testez gratuitement nos manuels numériques sur jeteste.fr/hachette

Spécial enseignants

L'Académie éducadhoc, votre nouvel espace de formation

éducadhoc

DES FORMATIONS ÉCLAIR EN 2 MINUTES CHRONO!

Maîtrisez les fonctionnalités essentielles de l'application en vous formant à votre rythme grâce à nos tutoriels dédiés et des explications étape par étape.

Les formations disponibles :
- Créer une classe sur éducadhoc
- Utiliser l'enregistrement audio
- Naviguer dans mon manuel
- Télécharger mon manuel
- Exporter mon manuel sur clé USB

DES WEBINAIRES POUR APPROFONDIR

Découvrez nos astuces et nos conseils pour aller plus loin dans votre utilisation.

De nombreuses formations sont disponibles tout au long de l'année. Restez connectés !

Retrouvez l'ensemble des vidéos sur educadhoc.fr

Y a-t-il des ressources numériques accessibles à tous ?

OUI, des ressources exclusives créées par notre équipe

72 exercices d'autoévaluation pour faire le point

Websérie Charlie & Gus : 3 épisodes sous forme de vidéos pour aborder les thèmes du programme en lancement de séances.

Quiz Kyushi : 12 quiz ludiques et chronométrés prêts à l'emploi ou à composer.

12 podcasts du cours pour s'adapter aux différents types de mémorisation des élèves.

Et bien sûr les incontournables liens audio, liens vidéo, fichiers de travail…

À flasher sur le manuel papier (hachette-clic.fr/22m) ou en un clic depuis le manuel numérique

Y a-t-il des ressources réservées aux enseignants ?

OUI, pour vous accompagner tout au long de l'année

Le livre du professeur enrichi, imprimé et en couleur* : évaluation corrigée par chapitre avec barème, conseils de mise en oeuvre pour une approche ludique, focus sur les organisations, alternatives didactiques…

Des webinaires de partage d'expérience 3 fois par an sur des thèmes variés : Problématisation réussie pour donner du sens au thème, accompagner les élèves dans leur choix d'orientation…

Actubox : banque de ressources actualisée 3 fois par an livrée avec le manuel numérique enseignant offert sur prescription.

- Portraits d'organisations
- Ressources ETLV
- Activités supplémentaires

Retrouvez plus d'informations sur hachette-clic.fr/objectif-bac-stmg

Y a-t-il des outils spécialement conçus pour les élèves ?

OUI, des outils accessibles et innovants en papier et en numérique

Livret de révisions détachable : tout pour réussir son Bac

Dossier « Bienvenue en STMG » pour donner confiance aux élèves et tout savoir sur la filière STMG

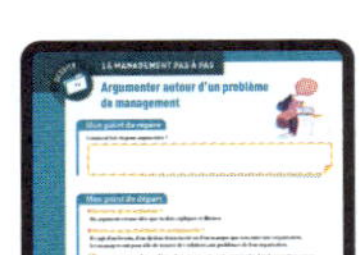

Fiches méthodologiques : une méthodologie pas à pas sur des compétences précises

* Offert en cas de prescription

Maquette intérieure et couverture : Anne-Danielle Naname et Adeline Calame
Mise en page : Anne-Danielle Naname, Juliette Lancien
Édition : Alexandra Fouilleroux et Fabienne Hélou
Fabrication : Yoann Le Berre
Iconographie : Marie-Christine Petit

www.hachette-education.com

ISBN : 978-2-01-717634-3

Hachette Education s'engage pour la préservation de l'environnement
Depuis plusieurs années, nous mettons en place **des solutions innovantes et écoresponsables**, en concertation avec nos fournisseurs, pour **limiter notre empreinte carbone et diminuer l'utilisation du plastique**, en suivant ***5 grands objectifs*** :

1. **Optimiser les formats** des ouvrages
2. **Utiliser du papier certifié**
3. **Réduire** autant que possible **le grammage du papier**
4. **Supprimer** peu à peu **le pelliculage plastique** de nos couvertures
5. **Imprimer** nos ouvrages **en France ou en Europe**.

PAPIER CERTIFIÉ

hachette s'engage pour l'environnement en réduisant l'empreinte carbone de ses livres. Celle de cet exemplaire est de :
1,750 kg éq. CO_2
Rendez-vous sur www.hachette-durable.fr

Chers et chères élèves

Bienvenue dans cette filière enrichissante, foisonnante, dynamique, concrète qu'est la STMG !

Durant deux ans, vous allez découvrir le monde passionnant des organisations au travers de cette collection Objectif Bac, qui a la particularité d'avoir été longuement pensée et créée pour vous.

- Vous allez découvrir avec clarté (et un brin d'humour) le fonctionnement des organisations et leur environnement.
- Pour vous faire progresser dans la compréhension de textes, dans la maîtrise de calculs (simples, pas d'inquiétude !), dans la formulation de vos réponses…
- Pour vous faire acquérir des connaissances mais aussi des capacités plus techniques et des savoir-être indispensables à votre future vie professionnelle (outils numériques, compétences à l'oral).
- Pour vous aider aussi et surtout à vous projeter dans l'avenir, votre avenir, progressivement et avec sérénité.

Les professeurs qui ont écrit votre pochette l'ont fait dans ce seul objectif : vous aider. C'est ainsi que vous allez découvrir des chapitres certes, mais aussi des dossiers de fin d'ouvrage variés, riches de conseils personnalisés.
À vous de vous approprier cet ouvrage pour en faire un véritable outil au service de votre réussite.

PRÊTS À SATISFAIRE VOTRE CURIOSITÉ ?

La collection « **Objectif Bac** » vous guidera pas à pas durant les deux ans de votre cursus terminal.

À votre réussite !
L'équipe de professeur(e)s et d'auteur(e)s « Objectif Bac ».

Sommaire

Mon livret de révisions # tout pour réviser l'essentiel

THÈME 2 Le management stratégique, du diagnostic à la fixation des objectifs

Sommaire

Aujourd'hui, j'apprends à...

Des ressources numériques en accès libre pour tous !

Flashez le QR-Code avec votre smartphone ou saisissez le mini-lien dans votre navigateur

VIDÉO
hachette-clic.fr/22m16
Le Coq sportif et l'AS Saint-Étienne : pour l'amour des Verts
(4 min 45)

Vers la synthèse – JE ME TESTE
hachette-clic.fr/22m18

- Des vidéos et des sites à consulter.
- Des exercices autocorrigés.

JE RÉVISE
hachette-clic.fr/22m21
- Le podcast du cours
- La synthèse en 1 clic
- Je manipule les notions

- Un module de révision clé en main : le podcast du cours pour mémoriser, la synthèse à compléter, notions et définitions à relier.

- La websérie Charlie & Gus : des vidéos pour découvrir les différents thèmes de façon ludique.

Des quiz interactifs pour réviser en classe !
hachette-clic.fr/kyushi

- Des quiz ludiques et chronométrés à réaliser en classe en fin de chapitre pour travailler la mémorisation et valider les acquis.
hachette-clic.fr/kyushi

Bienvenue en STMG

La STMG, ça te parle ? À toi de jouer...

VIDÉOS

hachette-clic.fr/22mstmg01

Quelques préjugés...

Question 1

En seconde, j'avais des notes...

a. tout à fait correctes
b. correctes
c. moyennes
d. insuffisantes
e. très insuffisantes

Quelle que soit ta réponse, tu repars de zéro, la STMG* te permet de prendre un nouveau départ. À partir de maintenant, tu construis ton projet d'avenir !

Question 2

Cette année, je vais étudier ...

a. de l'économie
b. du droit
c. du management
d. des sciences de gestion (marketing, ressources humaines, gestion)
e. du numérique

TOUTES ! La STMG va te faire découvrir le monde des organisations.
Tu vas apprendre à décrypter leur fonctionnement mais aussi à comprendre l'environnement dans lesquelles elles évoluent.

Question 3

Avec un bac STMG, je vais pouvoir m'orienter vers...

a. des études courtes (2/3 ans)
b. une classe préparatoire aux Grandes Ecoles, du type Ecole de Commerce
c. des études longues (5 voire 8 ans !)
d. l'université
e. le monde professionnel

a. Études courtes pour être rapidement opérationnel(le) sur le marché du travail.
b. Cette classe est spécialement conçue pour les STMG. Un véritable tremplin pour les plus travailleurs.
c. Études longues voire extra longues pour des postes à responsabilités.
d. Attention, le niveau et le rythme de travail sont très différents de ce que tu as connu. Es-tu prêt(e) ? Des alternatives plus sécurisées existent.
e. Un bac STMG n'est pas fait pour travailler directement. Professionnalise-toi avec deux ou trois années d'études supérieures avant la vie active.

Question 4

Je suis en STMG...

a. par choix personnel
b. sur le conseil de mes proches (famille, amis)
c. sur le conseil de mes professeurs
d. parce que je n'avais pas le choix
e. c'est quoi la STMG ?!

a : Tu sais pourquoi tu viens, tu as de grandes chances d'adorer la STMG. Travaille régulièrement, tu vas enfin voir ton potentiel...

b, c et d : Welcome! Tu vas découvrir de nouvelles matières, de nouvelles méthodes de travail. Prépare-toi à comprendre le monde qui t'entoure !

e : On parie que tu vas aimer la STMG ? Rendez-vous en juin.

Question 5

En terminale, j'aimerais approfondir mes connaissances en...

a. ressources humaines
b. gestion-finance
c. marketing
d. numérique
e. je ne sais pas

a à d : Ce sont des enseignements spécifiques de terminale.
Tout au long de l'année, la SDGN te fera découvrir toutes ces facettes de l'organisation.

e : La SDGN va t'aider à découvrir tous ces aspects. Tu as toute ton année de première pour choisir.

Conseil d'ami : sois ambitieux/ambitieuse, la STMG te permettra d'atteindre tes objectifs !

Résultat du premier test de l'année : Réussi bien sûr !
Tu as fait le bon choix en venant en STMG. Bienvenue dans une filière d'avenir !

* **STMG :** Sciences et Technologies du Management et de la Gestion

Décrypte ta filière !

Voici tes nouvelles matières, en classe de première.

Droit et économie — 4 h

L'économie et le droit vont te permettre de décrypter l'environnement dans lequel évolue l'organisation.

Prêt à comprendre le monde qui t'entoure ?

Management — 4 h

Le management va te plonger dans la peau d'un dirigeant ! Tu vas travailler sur les objectifs et les stratégies des organisations.

Prêt à prendre les commandes ?

Sciences de gestion et numérique — 7 h

En SDGN, tu vas découvrir le fonctionnement interne des organisations, au travers des Ressources Humaines, de la Gestion, du Marketing...

Prêt à entrer dans le monde réel des organisations ?

Et voici celles de terminale !

Droit et économie — 6 h

Management, Sciences de gestion et numérique avec 1 enseignement spécifique au choix — 10 h

- Gestion et Finance
- Systèmes d'Information de Gestion
- Mercatique
- Ressources Humaines et Communication

Mon orientation, ma réflexion

Je mène l'enquête !

Tout au long de l'année, je note ici mes idées d'orientation pour la Terminale mais aussi le Post-bac (il n'est jamais trop tôt).

Je ne me censure pas !

PDF
hachette-clic.fr/22mstmg02
5 min pour me comprendre

MA TO-DO LIST

- [ ] Je rencontre des professionnels
- [ ] Je regarde des vidéos
- [ ] Je prends RDV avec la Psy-EN de mon établissement
- [ ] Je discute avec mes parents
- [ ] Je demande conseil à mes professeurs
- [ ] Je réfléchis à qui je suis, ce que j'aime...

Je construis mon avenir

Trois fois dans l'année, je trace mon parcours d'orientation idéal de la Terminale à… ce que je veux.

Légende → Choix de la couleur :

Septembre : ○——————○

Décembre / Janvier : ○——————○

Mai : ○——————○

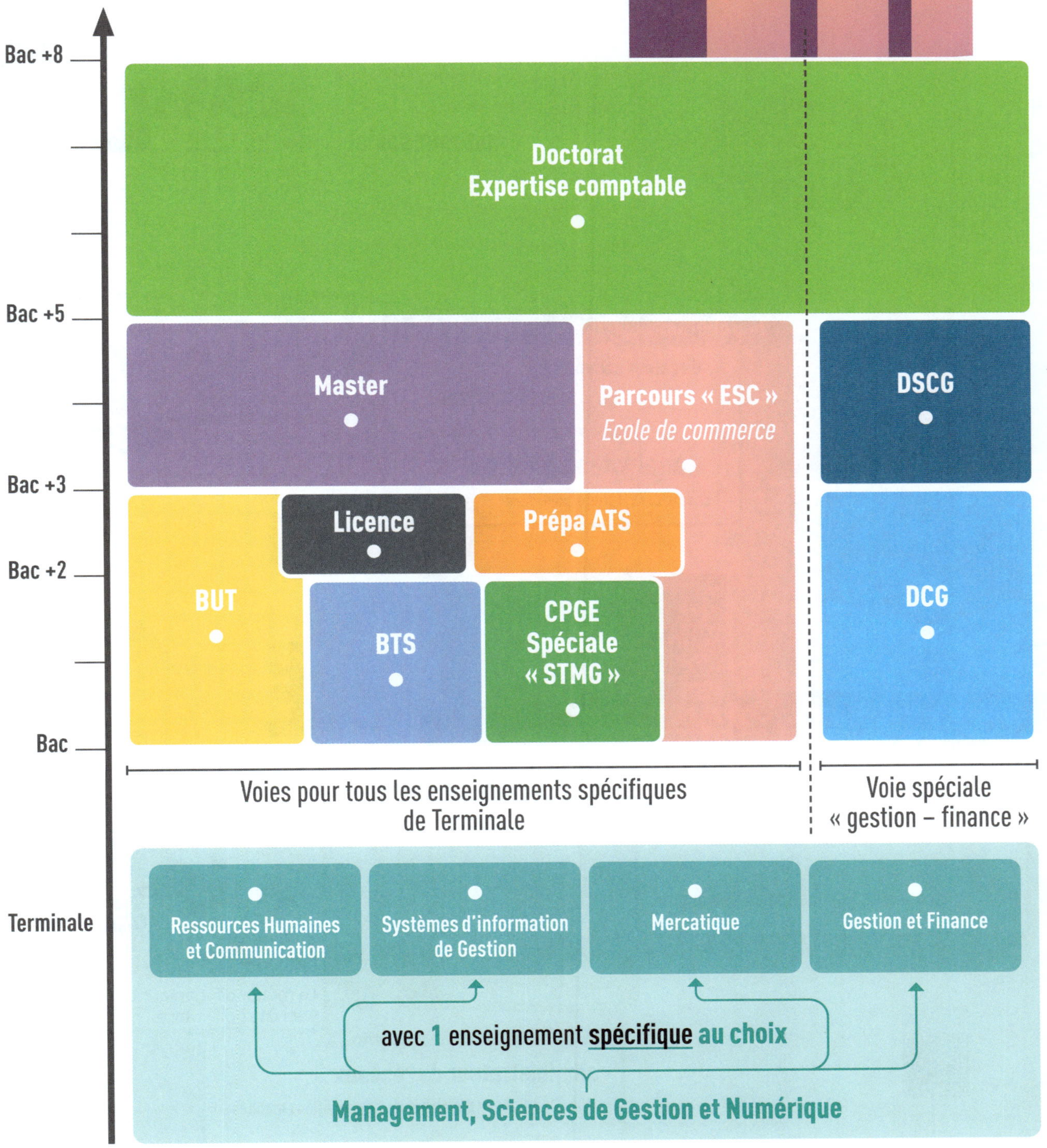

Des métiers pour tous les goûts avec JE VIENS BOSSER CHEZ VOUS

Il est temps d'explorer le monde du travail !

Le moment est venu de t'éclaircir les idées à propos de ton futur professionnel. Explore la multitude de possibilités qui s'ouvre à toi après un Bac STMG en découvrant les ficelles de métiers passionnants et accessibles.

Pour lequel de ces métiers es-tu fait ?

Les métiers qui misent sur l'humain

- responsable du bonheur
- auditeur social
- chasseur de tête
- chargé de recrutement

Thierry, DRH chez Sixt.

Marquer les esprits avec la mercatique !

- directeur commercial
- marchandiseur
- responsable de communication
- analyste marketing
- chargé des relations publiques

Romain, chargé de marketing chez Ets Lucien.

Marion, conseillère aux particuliers à la Banque Populaire du Grand Ouest.

Pas de postes bancals dans les métiers de la banque !

- courtier
- agent d'assurance
- analyste de crédit
- responsable de banque en ligne
- conseiller en gestion de patrimoine

Le métier d'ingénieur développeur web chez SII France.

Des possibilités infinies dans le numérique !

- architecte de cybersécurité
- administrateur de réseaux
- développeur d'applications mobiles
- consultant digital

SITE WEB
hachette-clic.fr/22sdgnstmg03
Retrouvez les vidéos de la page

Bilan de ma première année en STMG

Voilà un an que tu es en STMG. C'est l'heure du bilan !

Je mets une croix dans la colonne du smiley qui correspond à mon ressenti.

	Non	Moyen	Oui
J'apprécie les matières technologiques *(SDGN, Droit, Économie, Management)*			
J'ai un bon niveau général			
J'ai un bon niveau dans les matières technologiques			
J'ai confiance en moi			
J'ai confiance en ma capacité à réussir			
Je suis autonome, je sais m'organiser			
Je peux choisir sereinement mon enseignement spécifique			
J'ai des idées pour ma formation post-bac			
J'ai hâte de poursuivre en Terminale			

Je relie les croix entre elles.

Je suis plutôt rouge ? orange ? vert ? mixte ?

COMMENT LIRE TON BILAN

ROUGE : Que s'est-il passé cette année ?
Si tu as des difficultés, tes professeurs seront là pour t'épauler l'an prochain.
Si l'avenir est encore flou, tu as encore une année pour te décider !
Garde confiance !

ORANGE : La progression est en cours… La STMG te réussit, tes efforts vont payer ! Bravo !

VERT : La STMG est vraiment faite pour toi. Tu vas faire des étincelles l'an prochain, garde le cap !

MIXTE : Certains points progressent vite, pour d'autres il te faut plus de temps !
Encore un an pour passer au vert, garde confiance !

Bonnes vacances !
À l'année prochaine.

THÈME 1

À la rencontre du management des organisations

Charlie & Gus
La websérie STMG

VIDÉO

hachette-clic.fr/22m01

Épisode #1

Gus top manager

1. Quel est l'objectif stratégique du club de basket pour les poussins cette année ?
2. Quels rôles vont jouer Gus et Charlie pour aider à atteindre cet objectif ?
3. Déduisez-en les fonctions d'un manager.
4. Comment le président du club pourra-t-il évaluer l'efficacité de Charlie et Gus en tant que coach à la fin du championnat ?

THÈME 1 À la rencontre du management des organisations

L'action collective est le premier pas vers l'organisation. En effet, l'**organisation** est la réponse au besoin de l'action collective de se structurer, de coordonner les actions de ses membres et de s'inscrire dans une démarche pérenne.

Le passage **de l'action collective à l'organisation** va impliquer un cadre juridique, une **structure**, des règles et la mobilisation de **ressources**, nécessaires à sa **pérennité**.

Comment distinguer action individuelle et action collective ?

CHAPITRE 1
Organiser l'action collective

Il existe plusieurs types **d'organisations.**

Les organisations sont-elles toutes semblables ?

Comment caractériser les organisations, qu'elles soient privées, publiques ou encore des organisations de la société civile ?

CHAPITRE 2
Appréhender la diversité des organisations

Le **management** trouve sa raison d'être dans la **conduite** de cette action collective.

Qu'est-ce que le management ?
Quelles sont ses grandes fonctions ?

Quels sont les niveaux des prises de décision ?

Comment distinguer les décisions relevant du management stratégique des décisions relevant du management opérationnel ?

CHAPITRE 3
Le management des organisations

L'organisation évolue dans un **environnement** précis. Les mutations de l'environnement poussent chaque organisation à s'adapter, à prendre des décisions, à se transformer pour assurer sa **pérennité**.

Comment l'entreprise satisfait-elle ses parties prenantes et tient-elle compte des évolutions de son environnement ?

Comment le management va-t-il s'adapter aux évolutions de l'environnement ?

Quelles sont ces évolutions ?

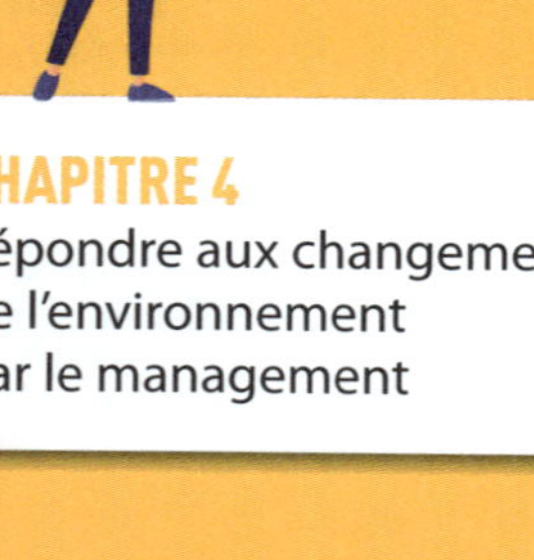

CHAPITRE 4
Répondre aux changements de l'environnement par le management

CAPACITÉS

- **Distinguer** l'action individuelle et l'action collective organisée
- **Identifier** le passage de l'action collective organisée à l'organisation
- **Repérer** les ressources nécessaires à l'organisation

NOTIONS

- Action collective
- Objectifs
- Intérêts individuels et collectifs
- Groupe organisé
- Cadre juridique
- Organisation
- Ressources

1 Organiser l'action collective

1336 « Éveille les consciences, réveille les papilles »

VIDÉO

hachette-clic.fr/22m02

Fralib : les salariés devenus patrons (6 min)

FICHE D'IDENTITÉ 1336

Nom : société coopérative ouvrière provençale de thés et infusions

Nationalité : française

Type d'organisation : entreprise privée à but lucratif

Activité : transformation du thé et du café

Forme juridique : société coopérative de production

Chiffre d'affaires : 4 260 000 € (2020)

SITUATION

L'histoire ? Toujours la même : le combat d'une poignée de salariés pour défendre leur entreprise contre un géant de l'agroalimentaire, Unilever. En 2010, lorsque les 182 ouvriers apprennent la fermeture de leur usine de conditionnement de sachets de thé Lipton et Éléphant, c'est le choc. La lutte s'organise, les salariés occupent les locaux jour et nuit, Unilever propose un plan social de sauvegarde de leurs emplois qui sera rejeté trois fois par la justice… jusqu'en 2014, date fatidique où le géant cède aux revendications pour signer un accord de sortie de conflit. 1336 : c'est le nombre de jours de lutte des ouvriers pour sauver leur entreprise, qui a permis le passage d'une action collective à une organisation.

1 Comment distinguer l'action individuelle de l'action collective ?

À Gémenos, près de Marseille, un conflit social oppose 182 salariés : les Fralib et Unilever. Le motif : la fermeture du site de production. Quand les intérêts d'une minorité se heurtent aux intérêts d'une multinationale.

DOC 1 Le bras de fer entre les salariés Fralib et Unilever

Les salariés de Fralib avaient la banane vendredi dernier, sous le soleil de midi, en partageant un barbecue avec nombre de militants et responsables syndicaux et politiques, histoire de « savourer la grande victoire sur Unilever » selon l'expression du secrétaire CGT du CE, Gérard Cazorla. Tous les licenciements étant annulés, les « Fralib » ont cessé l'occupation du site de Gémenos commencée le 2 septembre [2011] et reprennent ce matin le chemin des ateliers et des bureaux. Ce qui fait dire au délégué CGT Olivier Leberquier : « *Nous avons bien fait de résister aux provocations de la direction et d'occuper pacifiquement l'usine, sinon aujourd'hui il n'y aurait sans doute plus de machines !* ». Dans ce climat dégradé, que peut-il maintenant advenir ? Côté salariés, les choses paraissent claires. « *Nous demandons l'application de la décision de justice, ce qui implique le redémarrage de l'usine, la réintégration, s'ils le souhaitent, des licenciés. Si la fermeture est confirmée, nous avons notre projet alternatif – la relance de la production autour de la marque Éléphant –, qui est toujours d'actualité… La patate chaude est donc entre les mains de la direction* », estime Gérard Cazorla. […]

En tout cas, l'un des « entraîneurs » syndicaux, grand amateur de foot, Olivier Leberquier, se déclare prêt : « *On vient de remporter la demi-finale, on est en finale, il faut se mobiliser pour la jouer et la remporter, car seule la victoire est belle.* ».

« Fralib : la balle dans le camp d'Unilever et de Fillon », www.humanite.fr, 21/11/2011

FOCUS

• **Un syndicat**, qu'est-ce que c'est ? C'est un groupe de personnes qui s'associent pour représenter et défendre les intérêts professionnels des salariés, que ce soit au niveau collectif ou individuel. Ils ont à la fois un rôle de représentation des salariés et de négociation (exemple : augmentation des salaires, amélioration des conditions de travail, etc.).

• Un CE, qu'est-ce que c'est ? Depuis le 1er janvier 2020, **le CE ou comité d'entreprise** a été remplacé par le CSE : **comité social et économique**. Son rôle est de représenter les salariés auprès de la direction et de participer aux décisions de la vie de l'entreprise. On connaît le CE/CSE pour ses actions culturelles et sociales (arbre de Noël, voyages organisés, billetterie à un tarif préférentiel, participation à la prévoyance, etc.).

1 **Repérez et citez les éléments dans ce texte qui montrent une action collective des salariés de Fralib.** ▶ Doc. 1 et ▶ Focus

....

....

....

2 **Identifiez l'objectif commun des salariés de Fralib.** ▶ Doc. 1

....

....

DOC 2 Fralib contre Goliath

VIDÉO
hachette-clic.fr/22m03
(jusqu'à 3 min 07)

DOC 3 Un seul objectif : se mobiliser

1/05/2012

3 **Complétez le schéma illustrant les actions mises en place par les salariés pour atteindre leur objectif.** ▶ Doc. 2 et 3

2010
- Annonce de la fermeture de l'usine de Gémenos et délocalisation de l'outil industriel en Pologne

2011
- ....
- ....

de 2011 à 2014
- ....
- ....

2014
- Sauvegarde de leurs emplois
- Récupération des locaux et de l'outil industriel
- Création de la SCOP-TI

4 **Montrez en quoi la mobilisation collective est plus efficace que si chacun des salariés avait défendu seul ses propres intérêts.** ▶ Doc. 1, 2 et 3

....

....

....

....

....

Bilan

Expliquez ce qui distingue l'action collective de l'action individuelle en vous appuyant sur l'exemple de Fralib.

....

....

....

....

Vers la synthèse
JE ME TESTE
hachette-clic.fr/22m04
Je révise l'essentiel p. 28-29

2 Comment passer du collectif à l'organisation ?

Les Fralib sortent victorieux du combat qui les oppose pendant 1 336 jours à Unilever, mais tout reste à faire. Ils ont sauvé leur usine et ses moyens de production, il faut à présent la faire revivre et la rendre pérenne.

A Fixer un cadre juridique

DOC 4 Les statuts juridiques possibles

	Associé(s)	Capital social minimum	Direction	Responsabilité de l'associé ou des associés
Entreprise individuelle (EI)	L'entrepreneur individuel (personne physique)	Aucun	L'entrepreneur dispose des pleins pouvoirs.	Responsable sur l'ensemble de ses biens personnels
Société coopérative de production (SCOP)	2 associés minimum en SAS/SARL ; 7 en SA	30 € (SCOP SARL ou SAS) ; 18 500 € (SCOP SA)	Un gérant élu par les associés. Le dirigeant ou gérant est assimilé à un salarié s'il est rémunéré.	Limitée à leur apport en SAS et SA
Société anonyme (SA)	2 minimum (personnes physiques ou morales)	37 000 €	Un conseil d'administration (de 3 à 18 membres) obligatoirement actionnaires, avec un président désigné parmi les membres.	Limitée à l'apport des associés
Société à responsabilité limitée (SARL)	2 à 100 personnes (physiques ou morales)	Libre	Un ou plusieurs gérants (personnes physiques) qui peuvent être ou non les associés.	Limitée à l'apport des associés (sauf faute de gestion)
Société par actions simplifiées	1 associé minimum (personne physique ou morale)	Libre	Un président (personne physique ou morale), obligation d'un représentant légal (qui peut être le président). Les règles d'organisation de la société sont fixées librement dans les statuts.	Limitée à l'apport des associés

DOC 5 Le choix du statut juridique

VIDÉO
hachette-clic.fr/22m05
Comment les ex-Fralib ont monté leur coopérative (à partir de 0 min 50)

DOC 6 La coopérative, une valeur partagée par l'ensemble des salariés

Le choix de la forme de société coopérative de production constitue une adhésion à des valeurs coopératives fondamentales :
- la prééminence de la personne humaine ;
- la démocratie ;
- la solidarité et le partage.

Extraits des statuts de SCOP-TI

1 **Repérez le statut juridique de SCOP-TI et expliquez son intérêt.** ▶ Doc. 4 et 5

....

....

....

....

....

DOC 7 Des principes établis lors de la création de la SCOP-TI

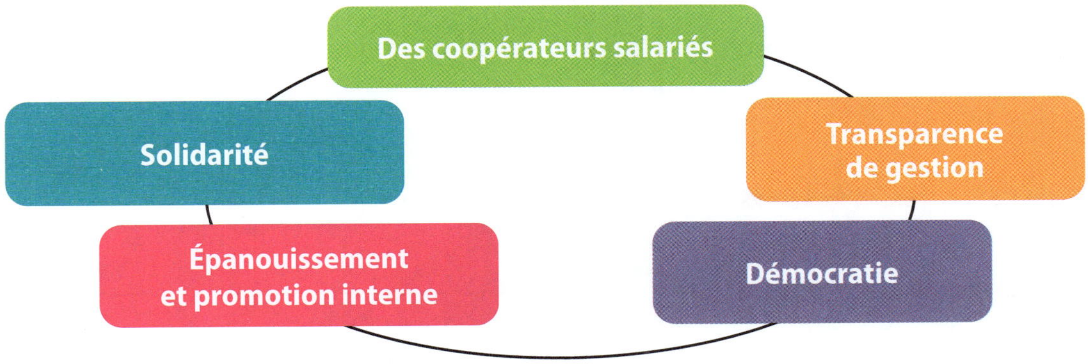

2 **Montrez l'intérêt de ce type de statut juridique dans la circulation de l'information.** ▶ Doc. 6 et 7

DOC 8 Organiser et coordonner l'activité des équipes

Désireux d'en finir avec un modèle social hiérarchique, soutenant la recherche de profit au détriment de l'emploi, les anciens salariés de Fralib ont établi le projet de maintenir l'usine en activité et de se constituer en coopérative. Le rêve d'instaurer une « république sociale » dans l'usine « comme dans l'atelier », garantissant de fait la « souveraineté » des salariés au sein de l'entreprise, s'est concrétisé par la création de la **Société Coopérative Ouvrière Provençale de Thé et Infusions [SCOP-TI]**, dont les statuts ont été déposés le 5 Août 2014. Scop-TI est composée de 58 personnes qui se sont battues pendant 1 336 jours, contre leur ancien employeur, pour préserver leur emploi et montrer qu'un autre choix de société est possible…

L'organisation de l'entreprise a profondément changé puisque chaque voix désormais compte et tout se décide en Assemblée Générale des Coopérateurs ou par le biais du Conseil d'Administration qui en est issu. Ce dernier est composé de 11 personnes, élues par les salariés pour une durée de quatre ans révocable à tout moment par la majorité des coopérateurs. Un comité de pilotage a été ensuite mandaté pour mener à bien le projet de la coopérative dans les démarches administratives et opérationnelles.

Les coopérateurs ont dû également se réorganiser en termes d'adaptation de postes et de montée en compétences pour pallier [les] pertes de savoirs enregistrés au niveau des différents secteurs d'activité de l'entreprise à l'issue du conflit (Administration, Production, Qualité, Hygiène Santé Environnement, Logistique), de façon à maintenir l'activité dans une perspective de développement pérenne.

SCOP-TI

3 **Expliquez le mécanisme de prise de décision de cette entreprise.** ▶ Doc. 5 et 8

2 Comment passer du collectif à l'organisation ?

Les salariés ont pris le pouvoir mais la partie est loin d'être gagnée. L'avenir est incertain, il faut tout reconstruire, s'organiser et mobiliser différemment ses ressources pour rester sur le marché.

B Mobiliser les ressources

DOC 9 Les ressources d'une organisation

Ressources

- **Humaines** : individus qui composent l'organisation et qui participent au développement et à l'atteinte des objectifs
- **Financières** : moyens mobilisés pour financer son fonctionnement ou ses investissements (subventions, emprunts, dons, apports personnels, etc.)
- **Immatérielles** : les connaissances, les compétences, les informations (image de marque, savoir-faire, brevets, réputation, notoriété, etc.)
- **Matérielles** : biens détenus par l'organisation (locaux, moyens de production, matériel, véhicules, etc.)
- **Technologiques** : moyens mobilisés pour développer l'activité de l'entreprise (maîtrise des réseaux sociaux, intelligence artificielle, logiciels, etc.)

DOC 10 L'adaptation des ressources aux besoins de la SCOP

[…] « *Contents d'être là aujourd'hui et faire la démonstration qu'un autre modèle économique peut fonctionner. On n'est pas là pour devenir des milliardaires, notre rêve c'est de faire fonctionner cette entreprise correctement de manière à ce qu'on puisse tous avoir des salaires pour vivre convenablement avec nos familles. On espère aussi créer plus d'emplois lorsque l'activité le permettra* », détaille Olivier Leberquier, ancien délégué syndical, qui parlait au nom des 57 coopérateurs qui ont décidé de se réunir au sein de cette coopérative en investissant toutes leurs indemnités de licenciement dans la Scop. « *Nous, nous n'aurons pas de dividendes à verser aux actionnaires. Les écarts de salaire vont de 1 à 1,25 lorsqu'ils étaient de 1 à 210 sous Unilever… L'objectif maintenant est de faire pérenniser notre activité* », renchérit Gérard Cazorla.

Une vingtaine de salariés a été d'ores et déjà embauchée et une trentaine va suivre d'ici 2016 au gré de la montée en charge de l'activité.

À 47 ans, Marc Décugis, ancien technicien de maintenance est devenu directeur de la nouvelle entité. D'autres salariés vont suivre le même cursus de reconversion « *afin de ne pas aller chercher les compétences ailleurs* ». C'est le cas de Omar Dahmani, également technicien de maintenance qui va préparer une licence en mobilité des ressources humaines. « *Le pôle ressources humaines sera au service de notre modèle coopératif contrairement à Unilever. Pour nous l'humain prime d'abord !* », souligne-t-il.

Mustapha Chtioui, « SCOP-TI : une coopérative engagée sur l'humain », *La Marseillaise*, 27/05/2015

4 **Repérez les changements qui ont été nécessaires pour adapter les ressources à l'activité.** ▶ Doc. 9 et 10

Repérage des ressources	Changement opéré
....	....
	....
....	....
	....

DOC 11 Les ressources mobilisées par SCOP-TI

Extraits	Ressources
A « La Scop-TI a fait plusieurs fois appel à des campagnes de crowdfunding, la dernière ayant permis de récolter plus de 67 000 euros depuis début juillet. »	....
C « Les autres salariés se sont, eux, courageusement reconvertis : une ouvrière qui avait fait des études de secrétariat s'est formée à la comptabilité, un technicien machine a pris la fonction achat, un autre la logistique, etc. »	....
B « Au terme de 1 336 jours d'occupation des locaux par 77 salariés, ces derniers ont fini par arracher en mai 2014 près de 20 millions d'euros sous forme d'indemnités de licenciement ou encore pour le rachat des machines. »	....
A « Aujourd'hui, la Scop TI produit dans l'année près de 200 tonnes pour des marques distributeurs et 35 tonnes pour sa marque en nom propre "1336" »	....
A « La vente en ligne représente 15 % du chiffre d'affaires »	....
B « La société coopérative et participative (Scop) a également prévu de commercialiser une seconde marque directement sous la dénomination ScopTi, qui sera notamment présente dans les réseaux spécialisés du bio, dont elle a obtenu la certification. »	....
C « Des 182 salariés de l'époque, il ne reste aujourd'hui qu'une minorité : 58 coopérateurs, dont 40 toujours en activité. »	....
C « Dans un récent numéro de *60 millions de consommateurs*, leur Earl Grey 1336 s'est vu gratifié d'un 15/20 alors que le Lipton Rich Earl Grey faisait figure de bonnet d'âne avec un pitoyable 6,5/20. »	....
C « Unilever leur a cédé l'ensemble des machines, d'une valeur comptable de 7 millions d'euros, pour 1 euro symbolique. »	....

A Caroline Delabroy, « Marseille : Neuf ans après, nous sommes toujours vivants ! lancent les ex-Fralib », 20minutes.fr, 27/09/2019

B www.latribune.fr, 26/05/2015

C Éric Waltez, « Fralib : les ouvriers découvrent qu'être patron, c'est pas si facile ! », Capital, 10/01/2018

5 **Qualifiez les ressources de la SCOP-TI à travers les extraits de presse en complétant le tableau.**

▶ Doc. 9 et 11

Bilan

Montrez en quoi l'action collective des salariés a permis la création de SCOP-TI.

....

....

....

....

....

....

....

....

Vers la synthèse
JE ME TESTE
hachette-clic.fr/22m06
Je révise l'essentiel p. 28-29

À moi de jouer

1 Jouez avec *Kyushi* !

Des quiz interactifs pour réviser en classe !

hachette-clic.fr/kyushi

2 Activité

Cochez les cases des images illustrant des actions collectives.

3 Identifier le passage de l'action collective à l'organisation

L'histoire de Michel et Augustin

Michel et Augustin, ce sont d'abord deux amis d'enfance. En 2003, Augustin a une idée en tête : éditer un guide sur les meilleures boulangeries de Paris. Augustin sait que cette thématique peut séduire un public très large et croit en son idée. Et la personne qu'il appelle pour lui faire part de son projet et lui demander s'il veut être de la partie, c'est naturellement… Michel ! […] Après avoir édité le guide, Michel et Augustin comprennent qu'ils sont très complémentaires. Ils ont donc envie de proposer des recettes simples, compréhensibles par tous, mais avec des produits de très bonne qualité, donc un peu plus chers que la moyenne des produits comparables. L'aventure commence dans la cuisine d'Augustin. Le premier jour de leur activité, Michel arrive chez Augustin avec un petit bananier en pot… d'où le nom de « bananeraie » donné à la cuisine d'Augustin, et qui s'est naturellement imposé lorsque nous avons emménagé dans nos locaux de Boulogne-Billancourt. […] Les sablés sont rapidement victimes de leur succès ! Surtout quand le Monoprix, première enseigne de grande distribution à leur avoir fait confiance, leur demande une deuxième recette, pour que les consommateurs ne se lassent pas !

À partir du moment où une deuxième recette est demandée, Michel et Augustin savent qu'ils entrent dans une autre dimension ! Ils doivent donc s'entourer d'un ensemble de compétences et intensifient les recrutements. […] [Aujourd'hui] nous sommes une petite centaine. Environ 60 travaillent à notre siège de Boulogne-Billancourt. Mais nous recensons également une trentaine de trublions tout-terrain - nos commerciaux itinérants - toujours en recherche de nouveaux points de vente, qui s'assurent également que nos produits sont bien mis en valeur chez chaque distributeur. Enfin, une petite dizaine de trublions sont établis à New-York, où Michel et Augustin sont aussi bien connus… en particulier pour leurs célèbres « petits carrés », à savoir un biscuit carré surmonté d'une ganache, que nous déclinons en plusieurs recettes et formats.

Alphea Conseil, www.alphea-conseil.fr, 31/08/2020

1. **Montrez que l'association de Michel et Augustin sur ce projet correspond aux critères de l'action collective.**
2. **Schématisez les étapes qui permettent de montrer l'évolution du projet de Michel et Augustin et indiquez pour chacune des étapes les ressources mobilisées pour atteindre leur objectif.**

4 Repérer les ressources nécessaires au fonctionnement d'une organisation

La Fondation Assistance aux Animaux

La Fondation Assistance aux Animaux est une œuvre caritative qui ne reçoit aucune subvention d'aucune sorte. Son fonctionnement est donc assuré par les dons et legs de particuliers qui souhaitent, sur le plan des idées, participer à ses efforts pour faire avancer la protection animale en France et en même temps, sur un plan technique, aider à la résilience des centaines d'animaux recueillis chaque année dans ses refuges et maisons de retraite. En 2019, elle s'enorgueillit de 73 464 donateurs - soit une hausse de 3,8 % par rapport à l'année 2018 - qui l'aident à assurer la pérennité de ses 23 établissements destinés à accueillir, soigner et héberger les animaux abandonnés. Le Conseil d'administration et le Président sont bien entendu bénévoles. Mais chaque unité fonctionne comme une PME. Au sein de ces établissements qui ont accueilli plus de 2 000 animaux en 2019, ce sont 170 salariés […] qui se sont dévoués aux animaux : 84 d'entre eux sont des femmes et 42, des hommes. Au siège administratif de Versailles où œuvrent la Direction et le service des Ressources Humaines, 17 administratifs assurent au jour le jour le suivi des enquêtes, du courrier postal et numérique, du standard téléphonique, du secrétariat, de la comptabilité, des fichiers donateurs, des dons, legs et assurances-vie, du pilotage des travaux. À Cannes, la délégation Magnoux, chargée de gérer l'ensemble des bénévoles, complète le travail accompli au siège.

C'est la confiance toujours renouvelée des donateurs en notre structure qui a permis le développement et la pérennité de l'Association, puis depuis 1989, de la Fondation Assistance aux Animaux. Et cette confiance se nourrit, sous le contrôle du Conseil d'administration, de la transparence de nos actions, de nos comptes, de nos projets et de notre engagement.

Rapport moral de la Fondation Assistance aux Animaux

La Fondation Assistance aux Animaux s'inscrit résolument sur le long terme

VIDÉO
hachette-clic.fr/22m07
Reportage vidéo sur le refuge de Carros (1 min 36)

Revenus du patrimoine solidaire → Donateurs & Légataires → Bénévoles

… contribuent tous à pérenniser notre œuvre

1. En duo, présentez les ressources dont dispose la Fondation Assistance aux Animaux à l'aide d'un support visuel interactif de votre choix (Genially, Canva, Prezi, Tiki-Toki). Vous pouvez compléter vos travaux en vous aidant du site Internet de la Fondation.
2. Montrez la nécessité pour la Fondation Assistance aux Animaux de pérenniser ses ressources.

L'essentiel

JE RÉVISE

hachette-clic.fr/22m08

- Le podcast du cours
- La synthèse en 1 clic
- Je manipule les notions

NOTIONS

- **Action collective :** action concertée d'un groupe de personnes ayant un but/objectif commun.
  SDGN de l'individu à l'acteur
- **Cadre juridique :** ensemble de règles qui encadrent et délimitent les actions des personnes et des organisations.
- **Groupe organisé :** ensemble restreint de personnes qui partagent un objectif commun et organisent collectivement une action pour l'atteindre.
- **Objectif :** but fixé par l'organisation.
- **Organisation :** ensemble de personnes interdépendantes qui partagent un intérêt commun et mobilisent durablement des ressources dans un cadre juridique fixé pour atteindre ses objectifs.
- **Ressources :** ensemble des moyens mobilisés par une organisation pour atteindre un objectif. Elles sont humaines, matérielles, immatérielles, financières, technologiques.

COURS

1 Comment distinguer l'action individuelle de l'action collective ?

- **L'action individuelle** repose sur un individu, il agit seul pour atteindre des **objectifs** qu'il s'est fixés. **L'action collective** repose, elle, sur plusieurs personnes qui partagent un intérêt commun et qui décident d'atteindre collectivement le ou les objectifs fixés. Leurs actions sont souvent délimitées dans le temps.
- Le **partage d'un ou plusieurs objectifs** par un groupe de personnes nécessite une action concertée. Il faut s'organiser pour mener à bien l'action et atteindre l'objectif prévu. Pour cela, les personnes doivent se répartir les tâches et se coordonner : on parle ici de **groupe organisé.**

2 Comment passer du collectif à l'organisation ?

- Devenir une **organisation**, c'est donner un cadre. L'organisation va se doter d'un **statut juridique** (SARL, SA, SCOP, association loi 1901, commune, etc.) qui va lui permettre d'être reconnue légalement. Ce statut confère des droits comme des obligations à chacune des organisations.
- Également, l'organisation va devoir **se structurer**, mettre en place des **règles**, coordonner les individus et s'assurer que l'**information** circule correctement au sein de l'organisation.
- Chaque **organisation** va **mobiliser des ressources :** humaines, financières, matérielles, immatérielles et/ou technologiques pour assurer son fonctionnement et atteindre ses objectifs. Les ressources sont différentes d'une organisation à une autre et sont nécessaires à son développement et à sa pérennité.

CULTURE+

Leader à la loupe :
Paul Watson de *Sea Shepherd*

SEA SHEPHERD

- Imaginez un garçon de 10 ans passant tous ses étés à nager avec les castors dans les eaux canadiennes. L'été suivant, c'est le drame, la famille de castors qui avait partagé ses jeux et ses baignades est introuvable. La cause : des pièges de trappeurs. Paul Watson décide alors très jeune de s'engager pour la cause animale. Il intègre une association que nous connaissons aujourd'hui sous le nom de Greenpeace. Lors d'une campagne de protection des blanchons ou bébés phoques, Paul Watson s'empare du gourdin d'un chasseur qui avait déjà fracassé le crâne d'un bébé phoque et qui s'apprêtait à en tuer un second. Pour Greenpeace, ce geste est trop radical, la violence est exclue, Paul Watson quitte l'association.
- Paul Watson a une seule idée en tête : défendre la cause animale. Pour atteindre son objectif, il décide de créer sa propre organisation en 1977 : « Sea Shepherd » qui signifie « Berger des mers »… Une référence aux bébés phoques petits et blancs comme des moutons.

POUR RETENIR AUTREMENT

1 Comment distinguer l'action individuelle de l'action collective ?

Un individu + ... = ...

Un groupe de personnes + ... = ...

2 Comment passer du collectif à l'organisation ?

....

....

Groupes de personnes

\+

....

\+

....

.... + ... + ...

OBJECTIF BAC

1 Je comprends une question de management

1 À chacun sa définition

Retrouvez la bonne définition.

Organisation •	• action concertée d'un groupe de personnes ayant un but/objectif commun
Action collective •	• ensemble de personnes interdépendantes qui partagent un intérêt commun et mobilisent durablement des ressources dans un cadre juridique fixé pour atteindre ses objectifs
Action individuelle •	• repose sur un individu, il agit seul pour atteindre des objectifs qu'il s'est fixé

2 La logique avant tout

Les verbes directeurs permettent de comprendre les consignes et donc le travail à réaliser.
Classez les verbes suivants dans le tableau.
comparer / structurer / analyser / citer / apprécier / identifier / repérer / exposer / expliquer / caractériser / présenter / distinguer / montrer / lister.

Chercher des informations dans les documents	Comprendre un contexte de management	Appliquer ses connaissances au contexte de management étudié	Raisonner
....	....	....	....
....	....	....	....
....	....	....	....
....	....	....	....

3 Décrypter une question de management pas à pas

Au cours de l'année, tu vas intégrer un grand volume de connaissances qu'il faudra mobiliser pour traiter les sujets de management. Un contexte de management sur une ou plusieurs organisations sera donné et c'est grâce à tes connaissances que tu pourras le traiter correctement. Pour ce faire, il faut avant tout bien comprendre ce que l'on attend de toi à travers le questionnement.

Exemple :

> Repérez dans les documents l'objectif commun partagé par ces individus et identifiez le moment où ce groupe d'individus est devenu une organisation.

Fiche méthode
① Argumenter autour d'un problème de management. P 170-171

1. Cherchez et soulignez le(s) verbe(s) directeur(s) dans la consigne.
2. Donnez la définition de ce(s) verbe(s) directeur(s).
3. Retrouvez dans la consigne les notions qui font référence à votre cours et notez leur définition au brouillon.

CAPACITÉS

- **Identifier** les critères et les spécificités permettant de distinguer les grandes catégories d'organisations
- **Caractériser** une organisation donnée

NOTIONS

- **Finalités – Buts – Intérêts individuels/collectifs**
- **Biens et services : marchands, non marchands**
- **Secteur privé - Secteur public – Partenariats public-privé**
- **Financement privé – Financement public**
- **Secteur d'activité**
- **Entreprises privées**
- **Organisations et entreprises publiques – Participation de l'État dans des entreprises dans des marchés concurrentiels**
- **Organisations de la société civile : associations, ONG, syndicats, fondations**

2 Appréhender la diversité des organisations

TESLA

avem

VIRE AU NOIREAU
DE LA VIRE AU NOIREAU
TERRE D'EXCELLENCE

Un stand de l'AVEM (association promouvant les véhicules électriques)

VIDÉO

hachette-clic.fr/22m09

Qui est l'entreprise Tesla ? (1 min 07)

➔ **Regardez la vidéo et présentez succinctement l'entreprise Tesla.**

SITUATION

Face au réchauffement climatique, de nombreuses organisations agissent. Ces entreprises privées, organisations publiques ou organisations de la société civile proposent notamment des moyens de transport plus écologiques.

Tesla est le leader mondial de la voiture électrique. L'intercom Vire au Noireau, une communauté de communes comprenant la commune de Vire dans le Calvados, propose à ses habitants de modifier leur façon de se déplacer. Ainsi, un service de location de voitures électriques a été mis en place en 2019. Créée en 1998, l'association AVEM (Association pour l'avenir du véhicule électro-mobile) a pour vocation de promouvoir toutes les actions qui concourent au développement et à l'utilisation du véhicule électrique avec une implication plus active dans la région Sud-Provence-Alpes-Côte d'Azur où son siège est basé.

1 Une entreprise privée, c'est quoi ?

Connue pour la construction et la vente de véhicules électriques, Tesla offre aussi à ses clients des solutions pour la production et le stockage d'énergie nouvelle génération.

DOC 1 Tesla, l'entreprise qui souhaite révolutionner le monde de l'automobile

Tesla a été fondé en 2003 par un groupe d'ingénieurs qui désiraient prouver qu'il était possible de rouler à bord d'un véhicule électrique sans faire de compromis – que les véhicules électriques pouvaient être plus performants, plus rapides et plus agréables à conduire que les véhicules à combustion classiques. Aujourd'hui, Tesla construit des véhicules 100 % électriques, mais également des solutions extensibles de production et de stockage d'énergie nouvelle génération. Pour Tesla, au plus vite l'humanité s'affranchira des énergies fossiles au profit d'énergies renouvelables, au mieux le monde se portera.

tesla.com

NOTION

L'entreprise privée est une organisation à but lucratif, c'est-à-dire qu'elle produit des biens et/ou des services marchands. La vente de ces biens ou services à ses clients lui permet de dégager du profit (autrement dit de faire des bénéfices) afin de rémunérer les propriétaires de l'entreprise et d'assurer sa pérennité (c'est-à-dire sa survie).

DOC 2 Les chiffres clés de rentabilité de Tesla

Chiffre d'affaires 2020	Résultat net 2020	Bénéfice net par action en 2020	Bénéfice net par action, estimation 2022
25,7 milliards d'euros	702 millions d'euros	2,24 USD	7,28 USD

D'après boursorama.com, consulté le 19/09/2021

1. **Identifiez en les surlignant les informations montrant que Tesla produit des biens et des services marchands.** ▶ Doc. 1, 2 et ▶ Notion

2. **Montrez que Tesla est bien une entreprise privée.** ▶ Doc. 1, 2 et ▶ Notion

....

....

....

....

....

DOC 3 Les ressources financières de Tesla

En 2021, Tesla a déposé une demande de subvention auprès de l'État allemand de 1,14 milliards d'euros pour la construction d'une usine de batteries. Cette demande a ensuite été abandonnée.

Ressources financières 2020	en milliers d'€
Capitaux propres (capital + bénéfices + bénéfices en réserve)	19 324 104
Dettes financières (emprunts auprès des établissements financiers)	9 517 915
Disponibilités (argent disponible en banque et en caisse)	15 785 016

D'après boursorama.com, consulté le 19/09/2021

3 **Classez dans le schéma suivant les sources de financement de Tesla.** ▶ Doc. 1

Ressources propres	Financement privé	Financement public
....	....	....
....	....	....

DOC 4 Les actions de Tesla en faveur de ses salariés et de l'environnement

Afin d'atteindre notre objectif visant à posséder les usines les plus sûres au monde, Tesla adopte une approche proactive quant à la sécurité et demande aux employés de production de participer à un programme de formation de plusieurs jours avant d'entrer dans l'usine. […] Ainsi, le taux de sécurité de Tesla continue de s'améliorer à mesure que la production s'accélère.

Pour mettre en place un écosystème énergétique durable, Tesla produit également un éventail unique de solutions énergétiques. Le Powerwall, le Powerpack et le Solar Roof permettent aux particuliers et aux professionnels de maîtriser leur production, stockage et consommation d'énergie renouvelable. C'est dans le but de soutenir les gammes automobiles et énergétiques de Tesla qu'a été créée la Gigafactory 1, une usine créée pour réduire de manière significative le coût des cellules. En internalisant la production de cellules, Tesla fabrique des batteries en quantité nécessaire pour atteindre ses objectifs de production, créant dans le même temps des milliers d'emplois.

Et ce n'est que le début. En produisant son véhicule (modèle 3) le plus accessible actuellement, Tesla continue d'offrir des produits de plus en plus abordables et accessibles au plus grand nombre, accélérant ainsi le développement du transport propre et de la production d'énergie renouvelable.

tesla.com

NOTION

La responsabilité sociétale des entreprises
Au-delà de leur finalité lucrative, les entreprises privées assurent de plus en plus une responsabilité sociétale (RSE). L'objectif est d'agir au niveau social pour le bien-être et la sécurité des salariés ainsi que la préservation de l'emploi. L'objectif est aussi d'agir au niveau écologique pour la protection de l'environnement.

4 **Listez les actions de Tesla qui montrent que cette organisation a une responsabilité sociale et environnementale.** ▶ Doc. 4

Actions en faveur du social	....
Actions en faveur de l'environnement	....

Bilan

Expliquez les spécificités d'une entreprise privée.

....

....

....

....

....

Vers la synthèse
JE ME TESTE
hachette-clic.fr/22m10
Je révise l'essentiel p. 40-41

2 Une organisation publique, c'est quoi ?

La commune de Vire, dans le département du Calvados (14) en Normandie, fait partie de l'intercom Vire au Noireau. Elle souhaite être actrice de la transition énergétique. Elle propose à ses habitants de nombreux services tels que la location de vélos et de voitures électriques.

1 **Expliquez, en effectuant des recherches sur le site de la commune de Vire, pourquoi il s'agit d'une organisation publique.** ▶ Notion

....

....

....

....

....

....

NOTION

L'organisation publique a une finalité non lucrative, c'est-à-dire qu'elle offre des services non marchands. Ces services sont alors gratuits ou quasi gratuits pour les usagers ou les habitants de l'organisation publique. Les organisations publiques sont de plusieurs types : collectivité territoriale (commune, communauté de commune, département, région, État) ou établissement public.

DOC 5 Le service Éco mobil proposé par l'intercom Vire au Noireau

VIDÉO

hachette-clic.fr/22m11

(2 min 14)

DOC 6 Les services de mobilité proposés par la commune de Vire et l'intercom Vire au Noireau

Transports

Transport scolaire

Transport urbain Amibus

Transport à la demande TADAMI

Location de voitures électriques

Location de vélos électriques

Portail citoyens, site de la commune de Vire.

2 Relevez les services que proposent la commune de Vire et l'intercom Vire au Noireau à leurs habitants en termes de mobilité et montrez qu'il s'agit de services non marchands. Présentez votre réponse sous forme de sketchnote ou de schéma. ▶ Doc. 5 et 6 et ▶ Notion

DOC 7 Le budget de la commune de Vire

Libellé	En k€ 2020	En k€ 2019	En k€ 2018	En k€ 2017
Recettes de fonctionnement	**27 704**	**27 209**	**26 813**	**25 850**
Attributions de compensation	5 844	5 843	5 917	5 870
Produits de services, du domaine et ventes diverses	1 541	1 564	1 452	1 580
Impôts et taxes	11 609	11 180	10 767	10 730
Dotations et participations	7 860	7 940	8 195	6 228
Atténuation de charges	180	200	200	450
Autres produits de gestion courante	250	282	282	312
Produits exceptionnels	420			430
Travaux en régie		200		250
Dépenses de fonctionnement	**24 416**	**23 224**	**23 148**	**22 673**
Charges à caractère général	6 731	6 400	6 580	6 350
Charges de personnel	12 280	12 280	11 922	11 750
Autres charges de gestion courante	5 006	4 214	4 163	4 050
Charges d'intérêts	123	152	183	223
Charges exceptionnelles	244	178	300	300
Atténuations de produits	32			
Épargne brute	**3 288**	**3 985**	**3 665**	**3 177**
Remboursement du capital	1 109	1 040	1 065	1 295
Épargne nette	**2 179**	**2 945**	**2 600**	**1 882**

Rapport d'orientations budgétaires 2020, commune de Vire Normandie, 24/07/2020.

3 Expliquez comment la commune de Vire finance les services qu'elle propose à ses habitants. ▶ Doc. 7

....

....

....

Bilan

Expliquez les spécificités d'une organisation publique.

....

....

....

....

Vers la synthèse

JE ME TESTE

hachette-clic.fr/22m12

Je révise l'essentiel p. 40-41

3 Une organisation de la société civile, c'est quoi ?

L'association pour l'avenir du véhicule électro-mobile (AVEM) promeut le développement et l'utilisation du véhicule électrique. Pour mieux se faire connaître, elle est présente sur les réseaux sociaux et peut compter sur une équipe de bénévoles.

DOC 8 Les actions de l'AVEM

L'AVEM se définit comme une communauté d'acteurs de l'électro-mobilité. Ses missions sont de promouvoir, informer, partager, former et éduquer sur les expériences de l'électro-mobilité. Pour cela, elle a pour vision de soutenir l'accélération de la transition énergétique en étant un acteur majeur du développement de l'électro-mobilité.

Ses actions sont :

- des actualités quotidiennes
- un site internet référent
- de la veille règlementaire et législative
- des études
- un événement phare : les Journées AVEM
- des réunions d'information à destination de divers publics

AVEM

L'AVEM peut compter actuellement sur le soutien financier de 130 adhérents de tous secteurs et de toutes tailles. Parmi les adhérents, nous pouvons trouver Mitsubishi Motors Automobiles, Kia, le Syndicat d'énergies de la Vendée, la Métropole de Nice-Côte d'Azur, le fabricant de bornes de recharge ABB et l'association Leaf France Café.

NOTION

Les organisations de la société civile (OSC) poursuivent un but non lucratif : elles proposent des services non marchands destinés à satisfaire leurs adhérents ou l'ensemble d'une population (action humanitaire par exemple).
Les OSC sont de plusieurs types : associations, organisations non gouvernementales (ONG), syndicats ou fondations.

1 **Identifiez les informations indiquant que l'AVEM est une organisation de la société civile.** ▶ Doc. 8 et ▶ Notion

....

....

....

2 **Expliquez pourquoi ces services permettent à l'AVEM d'atteindre sa finalité.** ▶ Doc. 8

....

....

....

DOC 9 Nombre de salariés

Taille de l'organisation

▼

2 employés

AVEM

DOC 10 L'AVEM a recours au bénévolat pour fonctionner

L'AVEM [...] a été fondée avec le concours de parrains institutionnels, EDF, l'ADEME et l'association Espace pour demain. Les permanents de l'AVEM travaillent en lien étroit avec les bénévoles.

Toute l'équipe du Conseil d'Administration est bénévole, chacun aide en fonction de ses compétences, de ses connaissances ou de son réseau de contact. Le président gère la structure, certains bénévoles aident à la construction d'événement, d'autres apportent leur support technique.

AVEM

4 **Montrez l'intérêt pour l'AVEM de faire appel à des bénévoles.** ▶ Doc. 9 et 10

....

....

....

....

....

....

Bilan

Expliquez les spécificités d'une organisation de la société civile.

....

....

....

....

Vers la synthèse
JE ME TESTE
hachette-clic.fr/22m13
Je révise l'essentiel p. 40-41

À moi de jouer

1 Jouez avec *Kyushi* !

Des quiz interactifs pour réviser en classe !

hachette-clic.fr/kyushi

2 À relier

Reliez chaque organisation à sa forme.

Les Restos du Cœur •	
Mc Donald's •	
Le département des Vosges •	• Entreprise privée
La France •	• Organisation publique
Facebook •	• Organisation de la société civile
Fondation Bill et Melinda Gates •	
CFDT •	

3 Caractériser une organisation

DOC 1 Trois organisations

Solidhair — TikTok — Assistance Publique Hôpitaux de Paris

Par groupe de trois, réalisez une présentation de ces trois organisations.

1. Caractérisez les trois organisations.

2. Mettez en évidence leurs différences et leurs points communs.

Fiche méthode
② Caractériser une organisation p. 172-173

4 Choisir la forme d'organisation la plus adéquate

Vous souhaitez créer ou être membre d'une organisation qui propose un service de remise en forme *via* des appareils de musculation et des cours de fitness.

1. Précisez les avantages et les inconvénients de le faire sous forme :
– d'entreprise privée ;
– d'organisation publique ;
– d'organisation de la société civile.
Vous ferez un débat par groupe de trois.

2. Quelle forme d'organisation préférez-vous pour développer votre activité de remise en forme ? Expliquer les raisons de ce choix *via* une infographie ou un diaporama.

5 Comprendre le problème de management d'une organisation publique

DOC 1 Présentation de l'organisation La Poste

Création	1879 : 1er ministère des Postes et Télégraphes
Dates clés	1991 : La Poste devient une entreprise publique autonome 2010 : La Poste devient une société anonyme
Fondateurs	Louis XI de France
Forme juridique	Société anonyme à capitaux publics depuis le 1er mars 2010
Slogan	« Vous simplifier la vie »
Siège social	Paris France
Direction	Philippe Wahl, président-directeur général
Directeurs	Philippe Wahl (depuis le 26 septembre 2013)
Actionnaires	Caisse des dépôts et consignations : 66 % [1] État français : 34 % [1]
Activité	Courrier, colis et nouveaux services du facteur, banque et assurance, colis express BtoB et BtoC en France, en Europe et dans le monde - GeoPost, contribution à l'aménagement du territoire (réseau postal et services), produits et services numériques : messagerie web, identité et coffre-fort numériques.
Produits	Acheminement et distribution de courriers, colis ; produits financiers ; téléphonie
Filiales	La Banque postale, La Poste Mobile, Poste Immo, Geopost, Docaposte, DPDgroup, GREENOVIA, Viapost, Mediapost
Effectif	249 304 en 2019

Fiche wikipedia de l'organisation La Poste
Contenu soumis à la licence CC-BY-SA 3.0

DOC 2 Chiffre d'affaires et résultat net de La Poste

Résultat net du Groupe

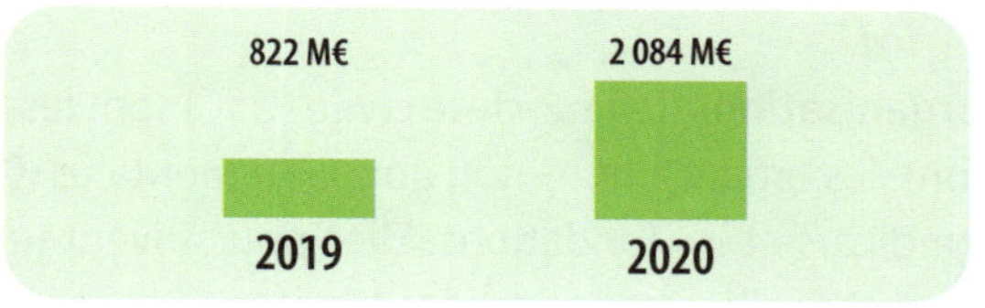

Chiffre d'affaires global

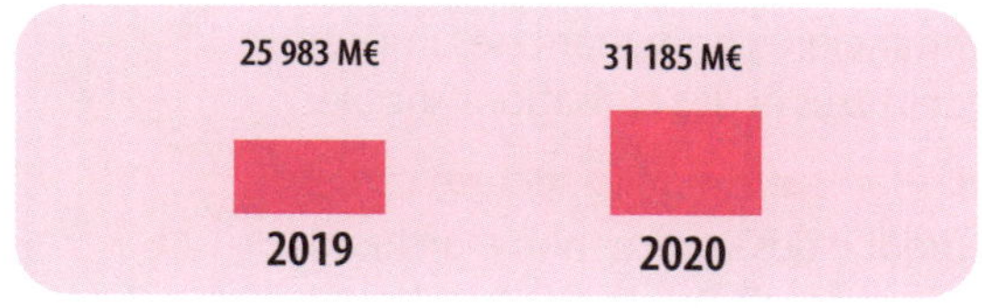

Groupe La Poste

DOC 3 18 mai 2021 : grève à La Poste sur fond de primes rabotées, de salaires gelés et de réorganisations permanentes

L'ensemble des postiers sont appelés à une journée de grève nationale le 18 mai par plusieurs syndicats. Mépris, manque de reconnaissance, réorganisations à outrance, perte de sens des métiers, rigueur salariale, sont autant de griefs reprochés à la direction de La Poste. [...]

« *Nous ne sommes pas valorisés à la hauteur du travail que l'on fait* », explique Valentin*, douze ans de boîte au compteur à l'âge de 35 ans. Il constate que, réorganisation après réorganisation, les tournées sont de plus en plus lourdes. « *Avec la surcharge de travail, les gens ne disent rien, encaissent, et à un moment, c'est une cocotte minute : ça explose* », avance-t-il pour imager son vécu et celui de ses collègues. [...]

Fermeture de bureaux pour les guichetiers, suppression de tournées pour les facteurs, les réorganisations vont bon train à La Poste. Les syndicats en dénombrent un millier sur l'ensemble du territoire. Avec des suppressions de position de travail et des gains de productivité pour l'entreprise, non démentis par le plan stratégique 2030 de la direction de l'opérateur postal.

Stéphane Ortega, rapportsdeforce.fr, 17/05/2021

Fiche méthode
② Caractériser une organisation p. 172-173

1. **Expliquez pourquoi La Poste est une organisation publique.**
2. **Caractérisez l'organisation La Poste. Vous pouvez vous aider de recherches complémentaires sur internet.**
3. **Montrez et expliquez les tensions et les conflits d'intérêt qui opposent La Poste et ses différents partenaires.**

L'essentiel

JE RÉVISE
hachette-clic.fr/22m14
- Le podcast du cours
- La synthèse en 1 clic
- Je manipule les notions

NOTIONS

- **Bien ou service marchand :** bien ou service fourni à des clients dans le but de faire des bénéfices.
- **Entreprise privée :** produit et vend des biens ou des services marchands sur des marchés concurrentiels.
- **Entreprise publique :** produit des services marchands. Le capital est détenu, totalement ou en partie, par une organisation publique.
- **Finalité :** but ultime ou raison d'être d'une organisation. La finalité peut être lucrative (recherche du profit) ou non lucrative.
- **Financement privé :** ressources financières provenant des particuliers ou des entreprises privées.
- **Financement public :** ressources financières provenant des impôts, des taxes et des cotisations sociales.
- **Organisation de la société civile :** produit des services non marchands pour ses adhérents ou offre des services d'intérêt général.
- **Organisation publique :** produit des services non marchands pour des usagers ou des habitants (administrations publiques et collectivités territoriales).

COURS

1 Une entreprise privée, c'est quoi ?

- Les **entreprises privées** produisent des **biens et des services vendus sur des marchés**, correspondant à une demande qui leur permet d'atteindre une **finalité lucrative** : dégager du profit et assurer leur pérennité.
- Pour produire ses biens et services, les entreprises privées ont besoin de **financements privés** (capitaux propres, disponibilités, emprunts) et **parfois publics** (subventions).
- Les entreprises doivent aussi assumer leur responsabilité sociale et environnementale (RSE).

2 Une organisation publique, c'est quoi ?

- Les **organisations et les entreprises publiques** sont de plusieurs types (administration, collectivité territoriale).
- Elle ont une **finalité non lucrative** ; c'est-à-dire offrir des services non marchands à ses usagers ou habitants.
- Leur financement est **public :** prélèvement d'impôts et de taxes, emprunts ou paiement d'un prix par l'usager-client.

3 Une organisation de la société civile, c'est quoi ?

- Les **organisations de la société civile** (OSC) sont les associations, les organisations non gouvernementales (ONG), les syndicats et les fondations. Elles poursuivent un **but non lucratif** : elles proposent des services non marchands destinés à satisfaire leurs adhérents ou l'ensemble d'une population (action humanitaire par exemple).
- Les OSC ont recours à la fois à des **financements privés** (cotisations, emprunt) et à des financements **publics** (subventions, générosité publique). Les OSC ont principalement des **bénévoles** même si elles peuvent avoir des **salariés**.

CULTURE+ > ÉVÉNEMENT À LA LOUPE !

Z Event 2021 : Action contre la faim à l'honneur

Le Z Event est un évènement gaming caritatif qui rassemble les meilleurs gamers du monde et les influenceurs du jeu vidéo les plus connus. L'objectif est de récolter des fonds pour la bonne cause pendant tout un week-end. Les joueurs font des appels aux dons pendant leurs sessions de jeu suivies par des millions de passionnés sur des plateformes comme Twitch.

En 2021, Action contre la faim a été choisie pour être la bénéficiaire. Les gamers ont pu récolter 10 millions d'euros de dons. Un record pour cet évènement annuel créé en 2016. Action contre la faim est une association qui a pour mission de lutter contre la sous- et la malnutrition des enfants dans le monde.

POUR RETENIR AUTREMENT

1 Une entreprise privée, c'est quoi ?

....
Capitaux propres, emprunts

....
Subventions

Entreprise privée

Responsabilité
....

Produit
....

= Finalité
....

....

2 Une organisation publique, c'est quoi ?

.... : impôts, taxes

Paiement par ....

Organisation publique

Offre
....

= Finalité
....

3 Une organisation de la société civile, c'est quoi ?

....
Cotisations, emprunts

....
Subventions

Ressources humaines
....

Organisation de la société civile

....

....

Offre
....

= Finalité
....

OBJECTIF BAC

2 Je caractérise une organisation

1 Faire un reportage sur une organisation

Présentez une organisation de votre choix sous la forme d'une vidéo de 2 minutes.

Fiche méthode
③ Caractériser une organisation. P 172-173

2 Escape game

Résolvez l'énigme proposée.

Nous sommes le vendredi avant les vacances. Tu viens d'assister au dernier cours de la semaine avec ton professeur de Management. Tu dois prendre le bus qui te ramène chez toi à 18h. Tu regardes ta montre qui affiche 17h. Ton meilleur ami t'invite à te promener en centre-ville en attendant. Pour éviter de repasser par le lycée, tu décides de prendre tes affaires dans ton casier qui est fermé avec un cadenas. Tu cherches la clé dans ta poche ; mais celle-ci n'y est plus ! Tu réfléchis quelques secondes... Cela te revient ; tu avais passé ta clé à ta meilleure amie qui voulait déposer son livre de Sciences de gestion et Numérique qui était trop lourd. Elle ne te l'a pas rendue depuis. Tu lui envoies un message sur Snapchat pour savoir où elle est. Elle te répond le message suivant : « Résous ces énigmes et l'acrostiche te guidera vers moi ». Visiblement, ton amie adore te faire des blagues. Tu reçois un deuxième message avec ces 5 éléments.

1. Je suis la raison d'être d'une organisation.
2. Forme d'organisation de la Moselle.
3. Je suis un entrepreneur né en 1930. Je fonde mon entreprise de cosmétique en 1959 aux Fougerêts dans le Morbihan. Depuis janvier 2022, c'est Jean-David Schwartz qui dirige mon entreprise que j'ai légué à mes enfants le jour de ma mort en 2009. Aujourd'hui, mon entreprise est un véritable empire de 3 100 boutiques dont 680 en France.
4. 10-5 4-5-7-1-7-5 4-21 16-18-15-6-9-20 16-15-21-18 1-19-19-21-18-5-18 13-1 16-5-18-5-14-14-9-20-5.
5. À la fois matérielle ou non, humaine ou financière, je peux être également technologique.

3 Air France, entreprise publique ou privée ?

Pourquoi le gouvernement refuse-t-il de voler au secours d'Air France ?

1. Quel est le secteur d'activité d'Air France ?
2. Expliquez pourquoi Air France est passé d'un statut d'organisation publique à un statut d'entreprise privée. Argumentez votre réponse.
3. Donnez la réponse au titre du document. Pour cela, résumez l'article et le podcast.

ARTICLE ET PODCAST
hachette-clic.fr/22m15

CAPACITÉS

- **Définir** le management et ses fonctions
- **Distinguer** les décisions relevant du management stratégique et celles relevant du management opérationnel

NOTIONS

- **Définition du management**
- **Management privé/public**
- **Fonctions du management**
- **Management stratégique/opérationnel**
- **Décisions stratégiques/opérationnelles**
- **Évaluation de l'efficacité du management**

3 Le management des organisations

VIDÉO

hachette-clic.fr/22m16

Le Coq sportif et l'AS Saint-Étienne : pour l'amour des Verts (4 min 45)

SITUATION

1882. Dans son atelier de textile de Romilly-sur-Seine dans l'Aube, un passionné de sport, Émile Camuset, décide de confectionner des maillots jersey pour ses amis sportifs. Il pose ainsi les fondations de la marque Le Coq sportif.

Au cours du XXe siècle, celle-ci trouve rapidement son public grâce à des vêtements souples et résistants. C'est elle qui invente, en 1939, le survêtement. Grâce à la qualité de ses produits, elle devient le fournisseur officiel de nombreuses équipes professionnelles.

Dans les années 1970, la marque subit des pertes financières à cause d'une concurrence internationale féroce et de la hausse de ses coûts de production. Adidas rachète alors Le Coq sportif et délocalise entièrement la production vers l'étranger, où le coût de la main-d'œuvre est moins élevé.

Mais en 2010, la marque opte pour un nouveau positionnement : ses objectifs stratégiques lui permettent alors de relever de nouveaux défis !

1 Comment définir le management et ses grandes fonctions ?

Dans les années 2010, Le Coq sportif décide de rouvrir son usine à Romilly-sur-Seine, misant sur un savoir-faire « 100 % français ». Cet objectif implique la mise en œuvre d'actions et de moyens conséquents.

DOC 1 Le Coq sportif se relocalise !

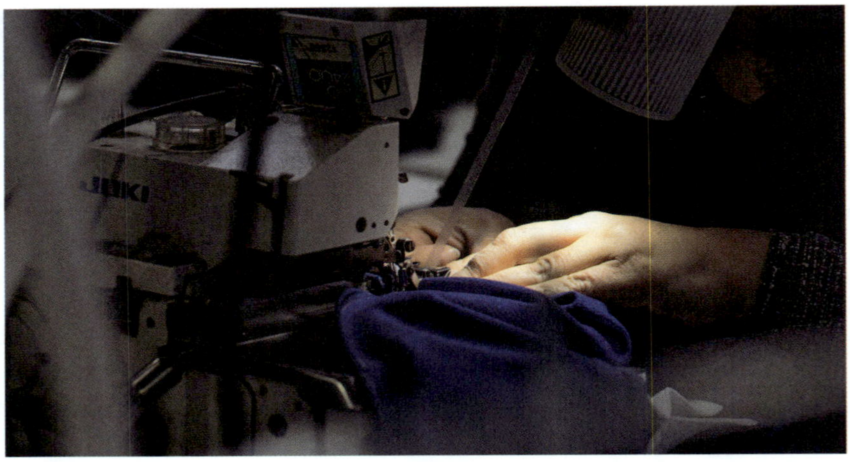

VIDÉO

hachette-clic.fr/22m17

Le retour du Coq Sportif à Romilly-sur-Seine : les atouts de la France comme territoire industriel (4 min 10)

1 Énoncez la difficulté à laquelle a été confronté Le Coq sportif dans les années 1990 et l'objectif de la marque. ▶ Doc 1

....

....

DOC 2 Le Coq sportif et le *made in France*

La marque, dirigée par Marc-Henri Beausire [...] a rouvert un atelier dans ses anciens bâtiments de Romilly-sur-Seine, à proximité de Troyes. De quelques prototypes au commencement de l'activité en 2010, le site est passé aujourd'hui à la fabrication des maillots professionnels de l'ASSE et du Tour de France. [...]
Car le Coq sportif a créé un véritable circuit industriel autour de son site de Romilly, participant ainsi à la revalorisation d'une région au fort passé textile. [...]
Elle s'est ainsi rapprochée des derniers acteurs locaux encore en activité, comme Aube Tricotage à qui elle a confié la production de ses tissus. [...] « *L'ambition du Coq est de maîtriser son produit de A à Z* », explique Guy Hérard, gérant de l'usine d'Aube Tricotage à Sainte-Savine [...].
Autre défi auquel sont confrontés Le Coq sportif et ses partenaires : la formation et le recrutement de la main-d'œuvre. Les trois entreprises se sont ainsi engagées dans la formation et la transmission des savoir-faire de leurs équipes pour leur permettre de maintenir voire d'augmenter leur production locale.

Olivier Guyot, « Le Coq sportif : le *made in France*, plus qu'un atout marketing », fashionnetwork.com, 24/04/2017

2 Relevez les décisions prises pour développer l'entreprise Le Coq sportif. ▶ Doc. 2

....

....

....

....

3 Identifiez l'acteur à l'origine de ces décisions. ▶ Doc. 2

....

4 Relevez et classez dans le tableau ci-dessous les différentes ressources engagées pour mettre en œuvre ces décisions. ▶ Doc. 1 et 2

Ressources financières	....
Ressources humaines	....
Ressources matérielles	....
Ressources immatérielles	....

DOC 3 Évolution du chiffre d'affaires du Coq sportif en millions d'euros

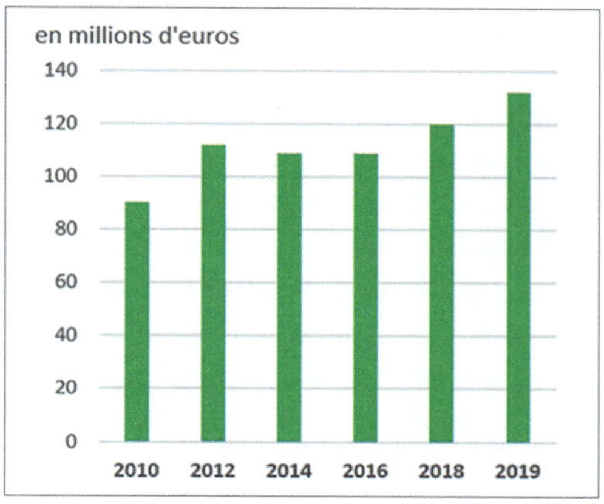

D'après Statista.fr et fashionnetwork.com, mars 2020

DOC 4 Les grandes fonctions du management

5 Justifiez si l'objectif a été atteint. Effectuez le calcul nécessaire. ▶ Doc. 3

....

....

Bilan

Illustrez, à partir de l'exemple du Coq sportif et du ▶ Doc. 4, les quatre fonctions du management.

- Fixer des objectifs : ....
....
- Organiser : ....
....
- Mobiliser/contrôler : ....
....
....
- Évaluer les résultats : ....
....

Vers la synthèse
JE ME TESTE
hachette-clic.fr/22m18
Je révise l'essentiel p. 50-51

2 Comment repérer les décisions relevant du management stratégique et celles relevant du management opérationnel ?

Les choix opérés par Le Coq sportif pour atteindre ses objectifs impliquent plusieurs types de décisions : les décisions stratégiques et les décisions opérationnelles.

DOC 5 Le Coq sportif entre dans le monde du *e-sport*

Depuis son retour à sa terre d'origine dans l'Aube, Le Coq sportif multiplie les partenariats. En cette nouvelle année, la marque de sportswear ouvre une page de son histoire en entrant sur le terrain du *e-sport*. Le Coq sportif est devenu partenaire officiel et équipementier du Club GameWard, une équipe née il y a deux ans, mais qui joue au plus haut niveau français et international sur des jeux comme League Of Legends, Fortnite ou encore NBA2K. Le Coq sportif a créé une ligne textile, dont un maillot, que portera l'ensemble de l'équipe lors des compétitions physiques et virtuelles en 2021. […] Le partenariat entre Le Coq sportif et GameWard a été signé sur le long terme et repose sur leurs valeurs communes. « *Nous sommes heureux d'intégrer l'*e-sport *à notre histoire de marque* », a expliqué Patrick Ouyi, directeur de marque Le Coq sportif. « *L'e-sport est le prolongement du sport tel qu'on le connaît. Nous partageons les mêmes valeurs, notamment celle de la proximité par le streaming où les communautés interagissent en direct avec les joueurs.* […] Arnaud Moulet, CEO et co-fondateur de Game Ward [ajoute :] *Au-delà de cette belle collaboration entre le Club et Le Coq sportif, c'est aussi un grand pas pour tout le secteur en France. GameWard est fier d'avoir l'opportunité d'écrire l'histoire de l'e-sport tricolore.* »

Leslie Mucret, sportmag.fr, 13/01/2021

NOTIONS

Management stratégique ou opérationnel ?

VIDÉO

hachette-clic.fr/22m19

(2 min 43)

1 **Relevez la décision prise par Le Coq sportif pour accroître son développement.** ▶ **Doc. 5**

....

....

2 **Qualifiez cette décision. S'agit-il d'une décision stratégique ou opérationnelle ?**
Justifiez votre réponse. ▶ **Doc. 5** et ▶ **Notion**

....

....

....

DOC 6 L'usine de Romilly-sur-Seine se développe et recrute du personnel

Le Coq sportif, équipementier des JO de Paris en 2024 basé à Romilly-sur-Seine, doit se préparer à confectionner les tenues des athlètes. Pour cela – et alors que la crise sanitaire a retardé les projets de l'entreprise – le site de l'avenue de La Liberté doit s'étendre et recruter. […] Un bâtiment sera ainsi construit afin d'assurer une continuité des ateliers jusqu'aux anciens locaux […].
En parallèle, Le Coq sportif a besoin de recruter entre 60 et 80 personnes à l'horizon 2023.
[…] Le Coq a donc décidé de créer son propre centre de formation. […]
[Il] accueillera des apprentis de moins de 26 ans (moins de 29 ans pour ceux reconnus travailleurs handicapés). « *On veut une vraie motivation* », explique Isabelle Piat, de l'agence Pôle Emploi, en précisant que c'est la méthode de recrutement par simulation qui s'appliquera. Une méthode qui écarte diplôme et expérience (donc le CV) pour évaluer avant tout les aptitudes du candidat par rapport au profil recherché. […]

Si les premiers métiers recherchés sont essentiellement dans la confection, le directeur des opérations David Pécard met aussi en avant les perspectives d'évolution des salariés qui peuvent passer de la confection à la vente par exemple. Et ce, alors que Le Coq, après les JO, « *va continuer de grandir* » afin de « *redevenir la marque n°1 en France* ».

Sandra Roger, « Le centre de formation du Coq sportif à Romilly-sur-Seine en quatre points », lest-eclair.fr, 23/07/2021

3 **Pourquoi l'entreprise a-t-elle décidé d'agrandir son usine ?** ▶ Doc. 6

....

....

....

....

4 **Relevez l'impact de cette décision sur les ressources matérielles et humaines de l'entreprise.** ▶ Doc. 6

....

....

....

....

Bilan

Distinguez les décisions relevant du management stratégique de celles relevant du management opérationnel.

- Partenariat avec l'équipe de *e-sport* Game Ward •
- Agrandissement de l'usine de Romilly-sur-Seine •
- Embauche d'apprentis •
- Mise en place d'une méthode de recrutement par simulation •

- • Décisions stratégiques
- • Décisions opérationnelles

Vers la synthèse
JE ME TESTE
hachette-clic.fr/22m20
Je révise l'essentiel p. 50-51

À moi de jouer

1 Jouez avec *Kyushi* !

Des quiz interactifs pour réviser en classe !

hachette-clic.fr/kyushi

2 VRAI ou FAUX ?

Cochez la bonne réponse.

1. Le management concerne uniquement les entreprises privées.	☐ VRAI	☐ FAUX
2. Les décisions stratégiques sont prises sur le long terme.	☐ VRAI	☐ FAUX
3. Les décisions opérationnelles découlent des décisions stratégiques.	☐ VRAI	☐ FAUX
4. Une décision opérationnelle requiert des moyens importants.	☐ VRAI	☐ FAUX

3 Analyser le management d'une organisation publique

Fiche méthode
③ Différencier les décisions de management stratégique et opérationnel p. 174-175

Le plan de déplacements urbains de la ville de Rennes

Comment assurer la mobilité de 500 000 métropolitains sur le territoire de Rennes Métropole, à l'horizon 2030, en respectant l'environnement ? C'est l'enjeu du Plan de déplacements urbains adopté le 30 janvier 2020, après cinq ans de concertation.

Le nouveau Plan de déplacements urbains (PDU), document obligatoire dans les agglomérations de plus de 100 000 habitants, fixe, pour 10 ans, l'organisation des mobilités et les actions en matière de transports et déplacements sur le territoire. […]

Grands enjeux

L'environnement et le climat. Le PDU vise à réduire, à l'échelle locale, de 40 % les émissions de gaz à effet de serre d'ici 2030 et à diminuer la pollution, en cohérence avec le Plan climat air énergie territorial (PCAET) et le Plan de protection de l'atmosphère. […]

Objectif principal : développer les offres alternatives à la voiture solo

Le nouveau PDU comprend une série d'actions qui répondent aux besoins de déplacements en accordant une plus grande place au covoiturage et à l'autopartage, aux transports collectifs, aux modes actifs, à l'intermodalité et en accompagnant le changement des comportements. Objectif : favoriser les pratiques alternatives à la voiture solo. […]

Extra-rocade : des perspectives pour renforcer l'offre […]

- **Intégration dans le PDU de deux «TMV»** (trains sur la même voie), en partenariat avec SNCF réseau, l'État et la Région visant à **augmenter le nombre de trains en heures de pointe** (horizon 2023).
- Partenariat avec l'État, la Région et le Conseil départemental pour l'**aménagement de voies réservées** (bus, covoitureurs), la **création de pôles d'échanges**, des mesures pour **limiter la congestion sur la rocade** […]

Plan de déplacements urbains, Rennes Métropole

1. **Indiquez quelle grande décision est mise en place par la ville de Rennes. Pourquoi peut-on qualifier cette décision de stratégique ?**

2. **Montrez comment la mairie de Rennes s'assure de la mise en place de cette décision par le management opérationnel.**

4 Se mettre dans la peau d'un manager sur le terrain

Depuis quelques mois, vous travaillez pour une société de restauration rapide qui rassemble 40 restaurants. Vous êtes responsable de l'établissement de Toulouse. Vous devez proposer trois exemples concrets d'actions pour appliquer les décisions stratégiques du PDG de Déliss Pizza.

DÉLISS PIZZA

Identité de l'entreprise

DÉLISS PIZZA, société par actions simplifiée, est active depuis 5 ans.
Localisée à Paris XII (75012), elle est spécialisée dans le secteur d'activité de la restauration de type rapide, uniquement en vente en livraison.
Son effectif est de 250 collaborateurs. InfoEntreprise.com recense 40 restaurants en France.
Jonathan Koskas est président de l'entreprise DÉLISS PIZZA.

Présentation des décisions stratégiques par Jonathan Koskas devant tous les collaborateurs de Déliss Pizza

MES DÉCISIONS STRATÉGIQUES :

- Augmenter le chiffre d'affaires de 15 % sur 3 ans (+ 15 %)
- Accroître notre savoir-faire et la qualité de nos pizzas (+ de qualité)
- Poursuivre notre transformation digitale pour répondre aux nouvelles habitudes d'achat et de consommation de nos clients (+ de digital)

DÉLISS PIZZA TOULOUSE

Identité de l'établissement

Déliss Pizza Toulouse a actuellement domicilié son établissement principal à Paris XII (siège social de l'entreprise). C'est l'établissement siège où sont centralisées l'administration et la direction effective de l'entreprise.
Chiffre d'affaires 2021 : 800 000 € (en hausse de 2 % sur 1 an)
Effectif : 5 collaborateurs (effectif théorique : 6 collaborateurs)

Notes et avis sur Déliss Pizza Toulouse sur le site Le Couteau et la Fourchette

3,5 ●●●◐○ 398 avis — **Notes** > Cuisine ●●●◐○ Service ●●●○○ Rapport qualité-prix ●●●●○

Lorenzo31000 — 25 avis
●○○○○ Avis publié : il y a 4 semaines
Trop long !
J'ai attendu ma commande super longtemps : c'est pas censé être de la restauration rapide ???

Emmanuelle P — 336 avis
●○○○○ Avis publié : il y a 4 semaines
À éviter...
Après plusieurs commandes passées dans ce restaurant, je trouve que les pizzas sont vraiment trop chères par rapport à la concurrence et d'une qualité parfois variable. C'est sans doute lié au *turnover* important (3 démissions de pizzaiolo en 2 ans !), mais ce n'est pas le problème du client !

Vous présenterez vos décisions opérationnelles au PDG sous la forme d'un diaporama.

L'essentiel

JE RÉVISE
hachette-clic.fr/22m21
- Le podcast du cours
- La synthèse en 1 clic
- Je manipule les notions

NOTIONS

- **Management :** conduite d'actions collectives et mise en œuvre de moyens (humains et matériels) dans le but d'atteindre les objectifs fixés par l'organisation.
- **Management stratégique :** prise de décisions stratégiques émanant de la direction générale de l'organisation. Elles sont irréversibles et engagent l'organisation sur le long terme en mobilisant des moyens importants.
- **Management opérationnel :** prise de décisions opérationnelles émanant des managers de terrain. Elles assurent le fonctionnement courant de l'organisation.

COURS

1 Comment définir le management et ses grandes fonctions ?

- Le management se définit comme la conduite d'actions collectives et la mise en œuvre de moyens (humains et matériels) dans le but d'atteindre les objectifs fixés par l'organisation.
- Les quatre grandes fonctions de la démarche managériale sont :
  – **fixer des objectifs** ;
  – **organiser** (déterminer les moyens à mettre en œuvre) ;
  – **mobiliser, animer** (diriger les hommes et les femmes) ;
  – **évaluer** les actions et les résultats.

2 Comment repérer les décisions relevant du management stratégique et celles relevant du management opérationnel ?

- Le management **stratégique** concerne les **décisions stratégiques** qui engagent l'organisation à long terme. Elles sont prises par les dirigeants et nécessitent un investissement important. Par ailleurs, ces décisions stratégiques sont difficilement réversibles.
- Le management **opérationnel** s'exerce au niveau intermédiaire (responsables de sites, chefs de service, etc.) et ses impacts s'inscrivent dans le court terme. Les **décisions opérationnelles** prises sont la mise en œuvre concrète des décisions stratégiques.

CULTURE+

Leaders à la loupe !

Jennifer Morgan
Codirectrice exécutive de l'ONG Greenpeace *depuis 2016*

Jennifer Morgan a axé sa stratégie sur des campagnes de communication médiatisées et provocantes afin de sensibiliser la population aux questions écologiques. En tant que dirigeante, elle est souvent décrite comme capable de mettre en place et d'animer de grandes équipes, flexibles, dans de grandes structures. « *Il s'agit de trouver les bonnes personnes pour les bons objectifs, non pas de créer des structures ou des organigrammes. Et il s'agit de développer une vision ensemble, pas à pas, au lieu de l'imposer depuis le haut. Je ne connais rien de plus satisfaisant que de créer les conditions dans lesquelles les gens peuvent donner le meilleur d'eux-mêmes, ce qui implique d'éliminer les obstacles qui pourraient les ralentir.* »

D'après le site de l'ONG Greenpeace

POUR RETENIR AUTREMENT

1 Comment définir le management et ses grandes fonctions ?

Les 4 grandes fonctions du management

- Fixer des ....
- **Organiser** = Déterminer les .... à mettre en œuvre
- **Mobiliser, animer** = Diriger les hommes et les femmes
- .... **actions et résultats** = Vérifier la réalisation des objectifs

se traduisent par

des prises de décisions .... et ....

2 Comment repérer les décisions relevant du management stratégique et celles relevant du management opérationnel ?

Les décisions relevant du management stratégique

- Prises par les ....
- .... importants
- Sur le long terme
- Difficilement réversibles

sont mises en œuvre concrètement par

Les décisions relevant du management opérationnel

- Prises par le personnel d'encadrement
- À .... terme
- Gestion courante
- Plus facilement ....

3 Je différencie les décisions de management stratégique et opérationnel

Le management stratégique se distingue du management opérationnel par les effets de la décision sur le devenir de l'organisation et le niveau hiérarchique de la prise de décision. Vérifiez que vous maîtrisez ces deux notions.

1 Mots croisés

Remplissez la grille.

Vertical

1. Gouvernance des organisations.
2. Type de décision émanant des managers de proximité.

Horizontal

3. Type de décision engageant l'organisation sur le long terme.
4. But, cible à atteindre.

2 Les deux font la paire

Associez chaque situation au management qui lui correspond.

- Olivier, manager de rayon, a modifié le planning de l'équipe afin de faire face à la période des soldes. •
- Le comité de direction de l'entreprise Audi a décidé que 20 % de sa production de voitures sera électrique d'ici à 2025. •
- Monsieur Dubert, directeur de l'usine de fromages Président, a mis en place une organisation du travail en 3/8 permettant de doubler la cadence de production. •
- Le PDG de Netflix a récemment pris la décision d'augmenter le prix de l'ensemble de ses abonnements de 12,5 %. •

- • Management stratégique
- • Management opérationnel

3 Argumenter

« Le management opérationnel est-il vital pour l'organisation ? »
Rédigez votre réponse en suivant le plan.

1. Le management opérationnel est vital au bon fonctionnement de l'organisation.
2. Le management opérationnel n'est pas suffisant.

Fiche méthode
① Argumenter autour d'un problème de management.
P 170-171

4

CAPCITÉS

- **Montrer** en quoi les décisions managériales constituent des réponses aux orientations stratégiques
- **Montrer** en quoi les décisions managériales constituent des réponses aux évolutions de l'environnement et aux évolutions extérieures

NOTIONS

- L'organisation comme système complexe
- Parties prenantes
- Régulation managériale
- Transformations numériques
- Mutations écologiques
- Responsabilité sociétale des entreprises (RSE)

CRÉDIT AGRICOLE

Répondre aux changements de l'environnement par le management

CHIFFRES CLÉS

1er assureur en France,
1er financier de l'économie française

Entités : Amundi, CA Indosuez Wealth management, Crédit Agricole Consumer Finance (dont Sofinco), Crédit Agricole CIB, etc.

Clients : 52 millions dans le monde

Sociétaires : 10,9 millions

Effectif : 142 000 collaborateurs

Agences : 10 000, dont 8 200 en France

Chiffre d'affaires (PNB*) : 36,7 milliards € en 2021

Recrutements : 19 000 prévus en 2022

*PNB : produit net bancaire.

Rendez-vous sur le site du Crédit Agricole, rubrique Notre groupe/Nous sommes/notre histoire et résumez l'histoire du Crédit Agricole.

SITUATION

« Rendre le monde plus juste pour les agriculteurs » : tel était le but commun de deux visionnaires qui s'associent pour créer, au XIXe siècle, le Crédit Agricole. Initialement conçu comme un outil de soutien et de développement de l'agriculture française, le Crédit Agricole a su relever de nombreux défis depuis 1894. En 2019, fort de son histoire, de l'universalité de son action et de sa place de premier financeur de l'économie française, le Crédit Agricole exprime sa raison d'être : « Agir chaque jour dans l'intérêt de nos clients et de la société ».

credit-agricole.com

1 En quoi une organisation est-elle un système complexe ?

Le groupe Crédit Agricole est une organisation comportant de nombreux acteurs, dont les intérêts peuvent être différents. Elle évolue dans un environnement aux dimensions multiples et doit pourtant rechercher l'équilibre et la stabilité.

DOC 1 Le Crédit Agricole accompagne un projet d'écoquartier à Cergy

Le Crédit Agricole accompagne la ville de Cergy dans la construction d'un écoquartier, un projet avant tout guidé par la recherche de performance énergétique. Cergy se prépare à accueillir ses nouveaux habitants qui emménageront dans les 300 premiers logements de l'écoquartier, de futurs clients potentiels pour le Crédit Agricole. L'opération, d'un montant total de 65 millions d'euros, est menée avec le constructeur et fournisseur Bouygues immobilier, accompagné des investisseurs Crédit Agricole immobilier et Spirit, à hauteur de 52 millions d'euros. La volonté du Crédit Agricole, et de ses dirigeants, est de se démarquer de ses concurrents, très dynamiques. Un million d'euros supplémentaire a été déboursé par les promoteurs pour développer l'écoquartier. La ville de Cergy, la communauté d'agglomération de Cergy-Pontoise et les organismes gouvernementaux ont ajouté 12 millions d'euros. Côté activité économique, le projet verra l'arrivée de la nouvelle usine de Dassault Aviation en 2023. Cette dernière met en place une démarche axée sur le bien-être au travail et la formation des salariés. Le salaire et les conditions de travail sont au cœur des intérêts des salariés, défendus par leurs syndicats.

Les auteurs

NOTION

« Une **partie prenante** est un individu ou groupe d'individus qui peut affecter ou être affecté par la réalisation des objectifs organisationnels. Elle peut être interne ou externe à l'organisation. »

D'après *Divergent stakeholder theory*, de E. Freeman (1990)

1 **Identifiez en les surlignant les parties prenantes concernées par le projet « écoquartier » financé par le Crédit Agricole.** ▶ Doc. 1 et ▶ Notion

2 **Classez les parties prenantes dans la colonne de gauche du tableau ci-dessous, en fonction de leur intérêt dans l'organisation.** ▶ Doc. 1

Parties prenantes internes	Intérêt dans l'organisation
....	Définir la meilleure stratégie pour assurer la pérennité de l'organisation
....	Obtenir des salaires et des conditions de travail adaptés
....	Défendre les intérêts des salariés
Parties prenantes externes	**Intérêt dans l'organisation**
....	Faire respecter leurs conditions
....	Acheter un produit avec un bon rapport qualité-prix
....	Reprendre des parts de marché
....	Rembourser leurs investissements
....	Garantir le respect des normes, des taxes, des impôts, accompagner les projets

3 **Expliquez pourquoi il est essentiel que le management d'une organisation s'efforce de concilier les intérêts des différentes parties prenantes lors d'un nouveau projet.** ▶ Doc. 1

....

....

DOC 2 Les dimensions de l'environnement d'une organisation

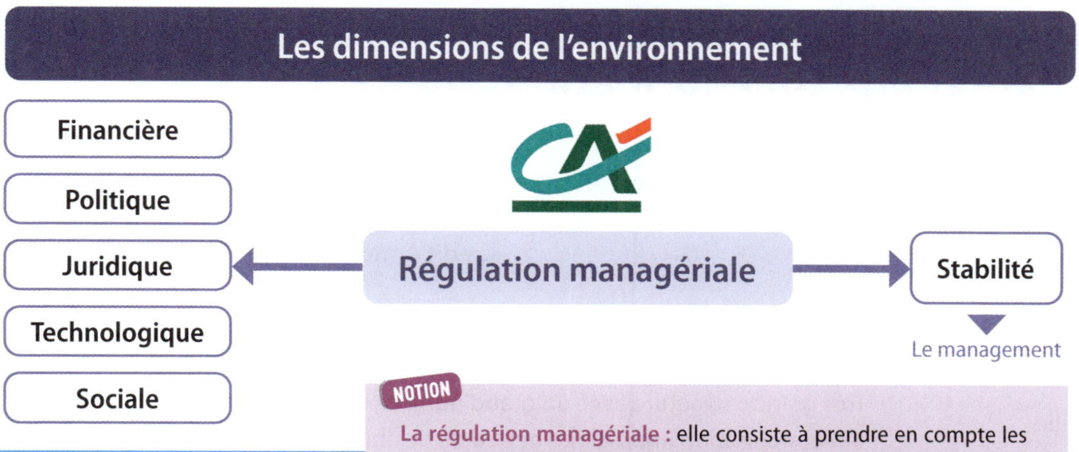

NOTION

La régulation managériale : elle consiste à prendre en compte les parties prenantes de l'organisation et les dimensions de l'environnement pour rechercher l'équilibre et la stabilité de l'entreprise.

DOC 3 L'environnement du Crédit Agricole

Le Plan Moyen Terme 2022 de Crédit Agricole CIB

[…] Dans un contexte de marché de plus en plus concurrentiel, face à la pression réglementaire (……………………) et à un environnement en pleine mutation technologique, Crédit Agricole CIB doit poursuivre sa transformation. Le Plan Moyen Terme 2022 permettra de répondre à ces enjeux […].

Crédit Agricole CIB a décidé de regrouper ses activités de Coverage et de Banque d'investissement au sein d'une structure globale unique […] (……………………)

Cette structure regroupe désormais plus de 330 banquiers conseil et 220 banquiers d'investissement. (……………………)

[…] Ce modèle intégré permet d'être plus agile dans l'allocation des ressources au niveau mondial et de couvrir près de 4 000 clients. L'objectif étant d'accroître la création de valeur pour la Banque. (……………………)

[…] Crédit Agricole CIB intègre son projet *data* au cœur de sa stratégie digitale de long terme. Une équipe Innovation est directement rattachée au Directeur général, avec un mandat clair : accompagner et coordonner les métiers dans leur transformation digitale, renforcer l'innovation et conduire le projet *data* sur 3 ans. (……………………)

Plan moyen terme 2022 du Crédit Agricole CIB, crédit-agricole.com, 2020

4 **Catégorisez les éléments soulignés en fonction de la dimension de l'environnement qu'ils représentent. Pour cela, complétez les pointillés.** ▶ Doc. 2 et 3

Bilan

Expliquez en quoi l'organisation est aujourd'hui un système complexe et indiquez le rôle de la régulation managériale.

....

....

....

....

Vers la synthèse
JE ME TESTE
hachette-clic.fr/22m22
Je révise l'essentiel p. 62-63

2 Comment s'adapter aux changements ?

Le groupe Crédit Agricole est en permanence confronté à un environnement en mutation, notamment en raison de la transformation numérique.

A S'adapter aux transformations numériques

DOC 4 Les facteurs internes et leurs conséquences sur le management

Facteurs	Crédit Agricole
L'âge	Entreprise ancienne → grand nombre de procédures héritées de l'histoire de l'organisation
La taille	Très grande structure avec un grand nombre de salariés → hiérarchisation importante et peu de flexibilité
La culture	Culture coopérative et mutualiste → codes et pratiques du coopératif et du mutualisme
Le système technique	Omniprésence des technologies de l'information et de la communication (TIC) → flexibilité, réactivité et innovation

1 **Listez les facteurs internes qui favorisent l'adaptation du Crédit Agricole aux transformations numériques et ceux qui la pénalisent.** ▶ Doc. 4

+	−
....	....

DOC 5 L'application Ma Banque du Crédit Agricole

Parce que vous utilisez au quotidien votre smartphone et que vous avez besoin de suivre votre compte et réaliser des opérations à portée de main, le Crédit Agricole a conçu pour vous une application utile et pratique : Ma Banque.

credit-agricole.fr

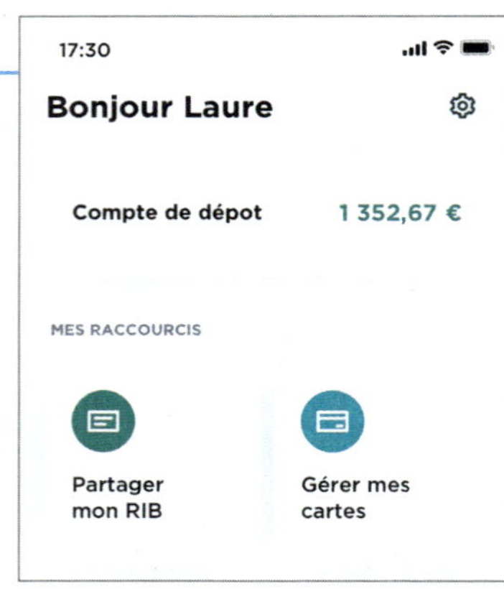

NOTION

La transformation numérique : c'est un processus continu permettant aux entreprises d'intégrer les nouvelles technologies comme le *cloud*, l'internet des objets ou l'intelligence artificielle et ceci à tous les aspects de l'entreprise, et aux différents niveaux de l'entreprise. Mais attention, la transformation numérique ce n'est pas que des problématiques technologiques. Il y a un aspect humain très important que ce soit par exemple une nouvelle culture à mettre en place une nouvelle approche des métiers, des process, etc. La transformation numérique est donc une transformation globale de l'entreprise.

D'après francenum.gouv.fr

DOC 6 Les opérations faciles et sécurisées avec Ma Banque

Le Crédit Agricole facilite et sécurise vos opérations en ligne avec Sécuripass dans l'application Ma Banque.

VIDÉO
hachette-clic.fr/22m23
Comment valider vos achats avec Sécuripass ? (0min52)

2 **Indiquez en quoi Ma Banque montre que le Crédit Agricole intègre la transformation numérique dans sa stratégie.** ▶ Doc. 5, 6 et ▶ Notion

....

....

....

DOC 7 La fabrique by Crédit Agricole

Avec le digital, la banque doit réinventer son modèle relationnel qui est au centre de son fonctionnement opérationnel, de sa tarification et surtout de ce que le client attend d'une banque sur le long terme. Engagement et proximité sont des piliers de la revalorisation d'une banque utile à ses clients au-delà des seuls services financiers.

[...] La banque n'a pas pris ce virage, car elle affirme déjà offrir le meilleur dans son modèle de banque universelle. C'était effectivement le cas lorsque le conseiller intermédiait la relation banque/client pour personnaliser le service, et que seule une grande banque pouvait assumer les investissements nécessaires dans ce secteur fortement réglementé. Pourtant le secteur bancaire est désormais ébranlé par deux phénomènes indépendants...

D'une part, la baisse des taux, qui s'est concrétisée jusqu'à proposer des rendements négatifs depuis juillet 2019, a neutralisé un pilier de la banque de détail : la transformation financière. Le métier du banquier est de conserver l'argent des épargnants pour le prêter à des investisseurs [...].

D'autre part, le digital, justement, change la donne avec de nouveaux entrants qui développent une stratégie alternative [...]. Les néobanques ont modifié la donne de deux façons dans leur stratégie « océan bleu » (c'est-à-dire fondée sur la création de nouvel espace stratégique en rupture de la concurrence) [...] pour réduire le prix en réduisant les coûts dans une démarche 100 % digitale ; et simplifier l'offre à l'essentiel de la banque du quotidien *via* un ou deux forfaits [...] en agissant ainsi, les néobanques ont modifié un grand équilibre de la banque de détail en France où le conseil est gratuit car la banque gagne sa vie avec la marge qu'elle génère sur ses produits financiers et crédits. Les grandes banques réagissent [...]. Le Crédit Agricole a lancé Eko (« un compte, une carte et une agence pour 2 € par mois ») [Le] Crédit Agricole [...] a défini sa nouvelle raison d'être, « Agir chaque jour pour être utile à ses clients et à la société », et [...] propose désormais des services qui vont au-delà des seuls services financiers : JeSuisEntrepreneur.fr (plateforme d'aide à la création d'entreprise) ou encore Yapla.fr (plateforme de gestion pour les associations). [...]

Laurent Darmon, « La banque face aux défis du digital », presse.credit-agricole.com

3 **Relevez en les surlignant les décisions de management prises par Crédit Agricole visant la digitalisation de l'organisation.** ▶ Doc. 7

4 **Expliquez en quoi les nouvelles offres du Crédit Agricole permettent de s'adapter aux transformations numériques.** ▶ Doc. 7

....

....

....

2 Comment s'adapter aux changements ?

Le Crédit Agricole doit s'adapter aux mutations économiques et écologiques. Ces dernières participent à l'émergence de nouveaux modèles économiques.

B S'adapter aux mutations économiques et écologiques

DOC 8 Le dispositif FreD du Crédit Agricole

FReD est le dispositif interne de suivi et de mesure des progrès de Crédit Agricole S.A. en matière de RSE

Il permet de piloter les enjeux RSE au sein des différentes entités, et de favoriser l'implication des dirigeants et de l'ensemble des collaborateurs du Groupe. Mis en place en 2012, il devient, en 2019, l'outil de déploiement et de pilotage des engagements sociétaux et environnementaux pris dans le cadre de « Ambitions 2022 » du Groupe. Volontairement participative, la démarche consiste à définir, chaque année, 12 projets à mettre en œuvre au sein de chaque entité dont neuf définis spécifiquement par chaque entité et trois définis au niveau Groupe. Pour être éligibles, ils doivent être répartis pour un tiers dans chacun des trois axes (« Fides », « Respect » et « Demeter ») et diversifiés en termes d'échéance : court terme (à un an), moyen terme (deux ans) et long terme (trois ans).

Pilotage de la performance extra-financière avec le dispositif FreD, crédit-agricole.com, consulté le 9/03/2022

FIDES Renforcer la confiance	RESPECT Respect du salarié	DEMETER Respect de la planète
Projet « client »	Projet « humain »	Projet « sociétal »

DOC 9 L'organisation responsable

Une entreprise appliquant une démarche RSE (responsabilité sociétale des entreprises) tient compte de son impact social et environnemental en plus de ses objectifs économiques.

resonancerse.com

5 **Expliquez en quoi le programme FReD du Crédit Agricole permet de concilier intérêt économique de l'entreprise et démarche écologique.** ▶ Doc. 8 et 9

....

....

DOC 10 La finance verte du Crédit Agricole

Le constat scientifique est sans appel, le réchauffement climatique est une réalité à laquelle nous devons faire face.

L'Accord de Paris, conclu en 2015 à l'issue de la COP21, engage les États signataires sur une trajectoire de limitation du réchauffement climatique inférieur à +2 °C, en 2100, correspondant au scénario du GIEC le plus ambitieux. Il vise également à « rendre les flux financiers compatibles avec un profil d'évolution vers un développement à faible émission de gaz à effet de serre et résilient aux changements climatiques ». La contribution des institutions financières est en effet essentielle dans cette transition [...]

Leader mondial en matière de green bonds, pionnier de la finance climat depuis près de 10 ans (estimation de l'empreinte carbone de notre portefeuille de financement dès 2011, mise en place de politiques sectorielles incluant le refus de l'*offshore* arctique dès 2012 et en 2015, fin des financements de projet de mines et de centrales à charbon en 2015 et 2016), le Groupe Crédit Agricole est plus que jamais déterminé à œuvrer en faveur de la transition énergétique.

Finance verte, crédit-agricole.com, consulté le 9/03/2022

DOC 11 Le Crédit Agricole soutient l'expédition « Plastic Odyssey »

Le Groupe Crédit Agricole, mécène du prototype du navire

[...] L'inauguration de ce prototype baptisé « Ulysse » est prévue le vendredi 15 juin 2018 au port de Concarneau.

Cette version de 6 mètres partira en tournée dans toute la France pendant six mois jusqu'à décembre 2018. Objectif : adapter à la navigation la technologie de la pyrolyse qui permet la transformation de déchets plastiques en carburant.

Une expédition internationale de trois ans

[...] La version finale du navire de 25 mètres baptisé « Plastic Odyssey » partira en 2020 pour une expédition de trois ans autour du monde. Les déchets seront récoltés sur les littoraux lors de chaque escale, puis triés. [...]

Le principe d'action de la politique de mécénat du Crédit Agricole est l'utilité au territoire : grâce à ses fondations, aux partenariats avec des associations, sa participation à des fonds de dotation, le groupe Crédit Agricole soutient ceux qui s'engagent tant dans le domaine de la culture et de la solidarité que de l'environnement.

Le Crédit Agricole soutient l'expédition « Plastic Odyssée », presse.credit-agricole.com, 2018

6 Entourez les éléments indiquant que le Crédit Agricole est une organisation responsable et compléter les pointillés ci-dessous avec les projets correspondants. ▶ Doc. 9 à 11

- Social : ....
- Environnement : ....

....

Bilan

Résumez les décisions prises par le Crédit Agricole pour s'adapter aux changements de son environnement et les contraintes posées par les facteurs internes.

....

....

....

....

Vers la synthèse — JE ME TESTE
hachette-clic.fr/22m24
Je révise l'essentiel p. 62-63

À moi de jouer

1 Jouez avec *Kyushi* !

Des quiz interactifs pour réviser en classe !

hachette-clic.fr/kyushi

2 Schéma à compléter

Complétez les cases du schéma avec les composantes de l'organisation.

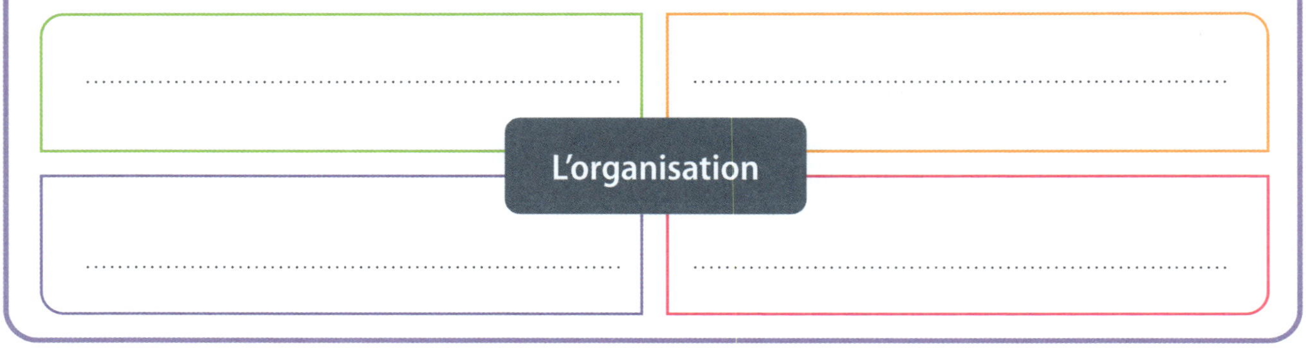

3 Identifiez les parties prenantes et leurs attentes

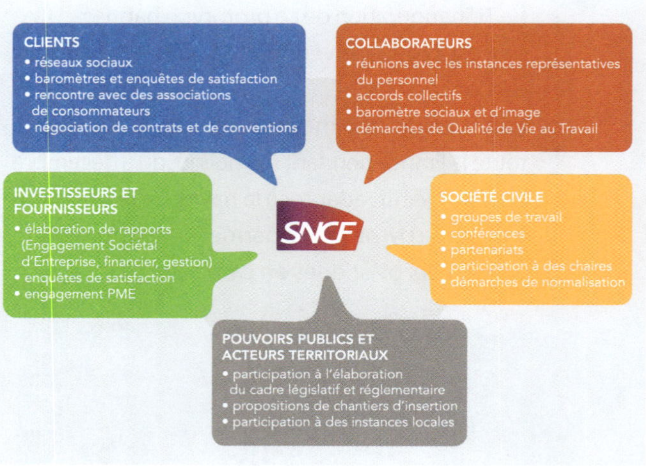

Les parties prenantes de la SNCF

Construire une vision partagée de l'avenir
Avec les organisations représentatives du personnel, le Groupe Public Ferroviaire s'attache à bâtir une démarche de concertation constructive avec 33 Comités sociaux et économiques (CSE). […]

La sécurité, une exigence fondamentale
La sécurité est une condition essentielle pour la mobilité des biens comme des personnes. Raison pour laquelle nous déployons un très grand nombre de programmes à l'intention de nos entités et de nos filiales. À l'instar du programme PRISME lancé en 2015, le but est de renforcer la culture de la sécurité chez tous nos collaborateurs. […]

Notre action contre les incivilités
Formés et assermentés, nos agents de la Sûreté Ferroviaire sont au nombre de 2 800. Dans vos gares et vos trains, aidés par les nombreux systèmes de vidéosurveillance, ils veillent quotidiennement à votre sécurité et celle de leurs collègues.

Former pour faire progresser
Notre politique de ressources humaines s'appuie sur la formation, la mobilité interne et l'innovation. [N]os priorités RH sont de maintenir les compétences indispensables aux activités et d'adapter nos métiers aux évolutions technologiques. […]

C'est quoi être acheteur responsable ?
Parce que nous prenons en compte les répercussions de notre activité sur l'économie, l'environnement et la société, nous avons mis en place une stratégie d'achats responsables, en privilégiant notamment les PME et TPE.

Nos actions dans les établissements scolaires
Depuis 2006, une convention nous lie à l'Éducation nationale dans le but d'enseigner aux jeunes les bons gestes en milieu ferroviaire, la citoyenneté comme la sécurité dans les transports en commun. […]

Un dialogue à différents niveaux
Nombreux et divers, nos partenariats concernent des associations telles que France Nature Environnement (FNE), […], le monde académique et ses réseaux. Nous pouvons notamment évoquer notre collaboration avec l'association Orée ou le Forum Vies Mobiles.

SNCF, 2022

Identifiez les différentes parties prenantes de la SNCF et comment cette dernière souhaite répondre à leurs attentes respectives.

4 Expliquer la transformation numérique

Ⓐ Une expérience repensée autour de la satisfaction du client

[…] En juin 2019, Decathlon a inauguré à Lyon son troisième point de vente en expérimentant un concept innovant axé autour de l'expérience client et le digital. […] Dans les cabines d'essayage, les clients ont à leur disposition des tablettes pour commander une autre taille ou un article supplémentaire et se le faire apporter par l'un des vendeurs. Grâce à la technologie RFID, le produit est directement détecté dans les cabines connectées et les stocks du magasin sont accessibles en temps réel. Les vendeurs reçoivent une notification à la fois sur leur smartphone et leur montre connectée pour satisfaire les besoins de la clientèle. En ce sens, Decathlon a développé en interne l'application *Help Me* à destination des vendeurs. Lorsqu'un client souhaite des informations sur un article, les conseillers du rayon reçoivent une notification sur leur montre connectée lui indiquant où se situe le consommateur, en ayant une courte description physique de celui-ci afin de pouvoir le retrouver.

Ⓑ La réalité virtuelle s'invite en magasin pour guider le client dans ses achats

[D]e nombreux écrans sont mis à disposition des acheteurs pour commander directement des produits, notamment pour les sports non représentés dans le point de vente. Pour pallier le manque de place en magasin et permettre aux vendeurs de présenter tous les produits d'une gamme, […] l'enseigne utilise la réalité virtuelle pour agrandir ses rayons et augmenter l'expérience client. […] Équipés de casques HTC fournis par le magasin, les utilisateurs peuvent ainsi découvrir les caractéristiques des produits à taille réelle dans un décor virtuel très proche de la réalité. Développée en partenariat avec l'agence digitale Valtech, cette technologie, recommandée par près de 95 % des utilisateurs, continue à être améliorée et déployée sur l'ensemble des points de vente dans l'hexagone […].

Ⓒ Quand l'expérience client s'exporte hors du magasin

Le service *Try and buy*, […] offre la possibilité aux acheteurs de tester gratuitement pendant sept jours les produits de leur choix. Convaincu que les articles de sport tels que les chaussures de running ou un vélo ne s'essaient pas de manière optimale dans un magasin, Decathlon offre ainsi la possibilité d'essayer les produits grandeur nature en pratiquant le sport. […]
[C]e magasin d'expérimentation a également développé en interne un *Foot Scan*. Ce dispositif permet de réaliser un scan du pied du client en trois dimensions pour lui proposer la paire de baskets la plus appropriée à son activité. En proposant un tel degré de personnalisation des produits, Decathlon se montre pionnière dans la grande distribution en proposant au grand public des articles de bonne qualité […] pour répondre aux moindres exigences du client.

Ⓓ La technologie RFID révolutionne le processus d'achat

[T]ous les vendeurs sont équipés de Terminaux de Paiement Electronique et peuvent ainsi directement procéder à l'encaissement mobile. [Les] étiquettes RFID disposées sur les articles, permet[tent] à l'acheteur de conclure son expérience de manière plus agréable lorsque la vente a nécessité l'accompagnement d'un conseiller, plutôt que de se rendre aux caisses […]. Ainsi, l'acheteur n'a pas besoin de sortir ses produits. Il lui suffit de poser son sac de courses sur le bac et l'intégralité des articles est scannée. Comme le magasin est sous balisage électronique, cela permet d'avoir une mise à jour toutes les nuits des prix, des avis clients et des notes des produits et de gérer à la journée l'évolution des demandes et des stocks. Intégrer la technologie RFID […] a ainsi permis aux vendeurs de libérer du temps pour accompagner et conseiller les clients.

Marie Voinçon, « Decathlon inaugure un nouveau concept store axé sur l'expérience client et le digital », digilor.fr, 27/10/2020

En groupe et à l'aide de vos recherches sur Internet, présentez sous la forme d'un diaporama la transformation numérique de Decathlon. Vous pourrez utiliser le plan suivant.

1. **Analyse de l'environnement de Decathlon.**
2. **Les transformations numériques de Decathlon.**
3. **Comment le management de Decathlon, par sa régulation, répond aux attentes de l'environnement en se transformant.**

L'essentiel

hachette-clic.fr/22m25

JE RÉVISE
- Le podcast du cours
- La synthèse en 1 clic
- Je manipule les notions

NOTIONS

- **Mutations écologiques :** changements écologiques.
- **Partie prenante :** individu ou groupe d'individus qui peut affecter ou être affecté par la réalisation des objectifs organisationnels. Une partie prenante peut être interne ou externe à l'organisation.
- **Régulation managériale :** consiste à concilier les intérêts parfois divergents des parties prenantes internes et externes dans un environnement en pleine mutation.
- **RSE :** responsabilité sociétale des entreprises. L'entreprise se préoccupe des dimensions sociale, environnementale et économique de son activité.
- **Système complexe :** l'organisation est impactée par un ensemble d'acteurs et de facteurs internes et externes, formant un système complexe.
- **Transformation numérique :** les technologies numériques modifient les comportements des parties prenantes.

SDGN numérique et intelligence collective

COURS

1 En quoi une organisation est-elle un système complexe ?

- L'organisation est un **système complexe.** Ce système comprend **les parties prenantes internes** et **externes** qui peuvent avoir des intérêts différents. Le management doit prendre en compte ces intérêts.
- L'organisation fait partie d'un environnement qui comporte des **dimensions financière, politique, économique, sociale, technologique, écologique et juridique**. Ces dimensions doivent être intégrées dans le management de l'organisation.
- L'organisation doit pouvoir assurer son **équilibre** et sa **stabilité** en protégeant ses intérêts par sa **régulation managériale**.

2 Comment s'adapter aux changements ?

- Le management de l'organisation est impacté par **son environnement et ses mutations numériques, économiques et écologiques**. Pour répondre à ces changements, l'organisation doit pouvoir innover et développer une **démarche RSE** (responsabilité sociétale des entreprises).
- Le management doit également tenir compte des **facteurs internes** : l'histoire, la taille, les technologies maîtrisées par l'organisation, l'intérêt individuel et collectif pour **répondre aux changements**.

CULTURE+

La transformation numérique au service de la santé : l'ascension de Doctolib

- Stanislas Niox-Château, ancien champion de tennis, a fondé la start-up Doctolib en 2013 avec trois partenaires. Son objectif ? Rendre l'accès aux soins plus simple et diminuer le temps de gestion administrative des praticiens. Spécialisée d'abord dans la prise de rendez-vous médicaux en ligne, l'entreprise s'est ensuite lancée dans la téléconsultation en 2019.
- Doctolib adapte sa stratégie en co-construction avec ses clients, les professionnels de santé. Parmi ses grandes réussites, on peut citer la conquête du marché de l'AP-HP (Hôpitaux de Paris) et la campagne de vaccination contre la Covid-19. Pour cette dernière, Doctolib revendique une part de marché de 90 %.

POUR RETENIR AUTREMENT

L'organisation, un système ……………………

Dimensions de l'environnement

……………………………………………………
……………………………………………………
……………………………………………………

Facteurs internes

……………………………………………………
……………………………………………………
……………………………………………………

intègre les

est contrainte par les

Régulation managériale

……………………………
……………………………

s'adapte aux

tient compte des

tient compte des

Mutations

- ……………………………
- ……………………………
- ……………………………

→ Mise en place d'une démarche RSE

Parties prenantes

……………………………

Parties prenantes

……………………………

OBJECTIF BAC

4 Je schématise les différents acteurs autour de l'organisation

L'organisation est un système complexe dont le management doit assurer l'équilibre et la stabilité en tenant compte de tous les acteurs.

1 Le ciel de l'organisation

Placez à l'intérieur de chaque nuage les notions qu'il regroupe.

Les parties prenantes internes	Les parties prenantes externes
....	....
....	....
....	....
....	....
....	....

2 L'un va avec l'autre

Associez les parties prenantes à leurs objectifs.

Parties prenantes	Objectifs
Les dirigeants •	• La défense des consommateurs, de l'environnement
Les banques •	• Des prix intéressants, de la qualité, des services
Les fournisseurs •	• Le respect des engagements de l'organisation
Les salariés •	• Une rémunération et des bonnes conditions de travail
Les syndicats •	• Un volume d'achat
Les clients •	• Le remboursement des prêts
L'État, les collectivités territoriales •	• Le paiement des impôts et taxes
Les ONG environnementales, les associations de consommateurs •	• Le développement de l'entreprise

3 Argumenter

Comment les relations entre les acteurs sont impactées par les mutations technologiques ? Rédigez votre réponse selon le plan suivant :

1. L'organisation, un système complexe
2. La régulation managériale

Fiche méthode
① Argumenter autour d'un problème de management.
P 170-171

Mini-cas d'entraînement

THÈME 1

sodexo
Tout commence au quotidien

JE SAIS : (OUI ✓ NON ✗)

- **articuler** action individuelle et action collective ☐ ☐
- **identifier** les critères et les spécificités permettant de distinguer les grandes catégories d'organisations ☐ ☐
- **caractériser** une organisation donnée ☐ ☐
- **repérer** les décisions relevant du management stratégique et celles relevant du management opérationnel ☐ ☐
- **montrer** en quoi les décisions managériales constituent des réponses aux orientations stratégiques, aux évolutions de l'environnement, aux volontés de croissance et aux évolutions extérieures ☐ ☐

Sodexo, une organisation en constante croissance

VOTRE MISSION

1. **Montrez que Sodexo est passée d'une action individuelle à une organisation.**
2. **Caractérisez l'organisation Sodexo.**
3. **Repérez les décisions stratégiques de Sodexo.**
4. **Expliquez pourquoi ces décisions assurent à Sodexo une responsabilité sociétale.**
5. **Montrez en quoi ces décisions sont liées à une stratégie de croissance.**

DOC 1 L'histoire de Sodexo

1966 : Pierre Bellon crée à Marseille Sodexho, une société spécialisée dans la restauration au service des collectivités, entreprises, écoles, hôpitaux.

1971 : Après son entrée sur le segment de la gestion des Bases-Vie avec un contrat confié par le CNES en Guyane et ses premiers contrats de services aux entreprises, plaçant Sodexho sur le terrain d'une offre « multiservices », le groupe décroche ses premiers contrats en restauration scolaire dans les écoles.

1971 – 1978 : Première implantation internationale de Sodexho en Belgique, en Italie et en Espagne et développements en Afrique et au Moyen-Orient. Lancement d'une nouvelle activité en Belgique : les chèques de services.

1983 : Sodexho est cotée à la Bourse de Paris.

1985 – 1993 : Implantations en Amérique du Nord, en Amérique du Sud, au Japon, en Russie et en Afrique du Sud ; renforcement des positions en Europe continentale. Le Groupe développe également ses activités sur le segment Sports & Loisirs avec l'acquisition des Bateaux Parisiens et la gestion des services de restauration lors des Jeux Olympiques de Calgary.

1995 : Sodexho acquiert Gardner Merchant et Partena pour devenir la plus grande entreprise de services alimentaires au monde.

1996 : Sodexho lance Stop Hunger, affirmant l'engagement du groupe dans sa lutte contre la faim et développe l'activité Chèques et Cartes de services au Brésil avec l'acquisition de Cardápio.

1997 : Rapprochement de Sodexho avec Marriott International. Sodexho Marriott Services devient ainsi leader sur le marché des services aux entreprises aux États-Unis.

2005 : 40 ans après la création de l'entreprise, Michel Landel, Directeur Général de Sodexho Alliance, lance un nouveau défi au groupe : « Devenir l'expert mondial des Services qui améliorent la Qualité de Vie ».

2008 : Sodexho Alliance devient Sodexo. Le groupe acquiert VR, confortant ainsi sa place de leader dans l'activité chèques et cartes de services au Brésil et réalise aussi des acquisitions complémentaires dans plusieurs domaines, dont Zehnacker, qui lui permet de doubler sa taille en Allemagne et de devenir le leader sur le segment de la santé.

2020 : Sodexo prend des mesures pour gérer de manière proactive les impacts de COVID-19 en mettant l'accent sur la sécurité et la santé de nos employés, clients, consommateurs et le bien-être des communautés que nous servons.

2011 : Grâce à l'acquisition de Lenôtre, emblème de la gastronomie française, Sodexo renforce son savoir-faire en restauration d'exception à Paris et dans le monde.

2016 : À compter du 26 janvier 2016, Sophie Bellon occupe la fonction de Présidente du Conseil d'Administration. Elle succède à son père Pierre Bellon, qui devient Président d'Honneur.

2018-2019 : Sodexo renforce sa présence sur les marchés mondiaux, devenant l'un des leaders mondiaux sur le segment Sports & Loisirs grâce à l'acquisition de Centerplate. Le Groupe investit également dans la startup FoodChéri, l'un des pionniers de la restauration 3.0 en France et renforce son portefeuille de services au travers d'acquisitions et de prises de participations stratégiques, notamment dans des entreprises du secteur digital avec Meican en Chine et Zeta en Inde.

2020-2021 : Après un premier semestre 2020 porteur d'une nouvelle dynamique de croissance, le second semestre a été marqué par l'impact de la pandémie de Covid-19. Sodexo prend des mesures pour gérer de manière proactive les impacts de cette crise en mettant l'accent sur la sécurité et la santé de ses employés, clients, consommateurs et le bien-être des communautés qu'il sert. Le Groupe entend désormais accélérer sa transformation en matière de restauration et de numérique avec des investissements stratégiques tels que Fooditude, Nourish, Foodee et Wedoogift ainsi que des partenariats mondiaux comme UberEats, Deliveroo et JustEat Take Away.

2022 : Présidente du Conseil d'Administration, Sophie Bellon est également nommée Directrice Générale de Sodexo.

sodexo.com, Qui nous sommes, Histoire
Présentation du Groupe Sodexo, Exercice 2020 - 2021

DOC 2 Services de management environnemental chez Sodexo

Gestion des déchets : Valoriser vos déchets

Les organisations ne sont plus seulement jugées sur ce qu'elles produisent. Elles sont aussi jugées sur ce qu'elles gaspillent. Gérez-vous vos déchets dans le respect de l'environnement, et de façon responsable ? Vos plans de gestion des déchets atteignent-ils vos objectifs ? Prenez le temps de contacter Sodexo.

sodexo.com, Services, Gestion des installations

DOC 3 Enjeu collectif : lutter contre le gaspillage

Depuis son lancement, WasteWatch a permis une réduction de 50 % de notre gaspillage alimentaire sur les sites concernés, soit une économie d'environ 2 468 tonnes de nourriture et 17 163 tonnes d'émission de carbone en moins.

Pour Sodexo, la lutte contre le gaspillage alimentaire est un engagement quotidien. Grâce au programme **WasteWatch** et à sa technologie intelligente de mesure des déchets, les équipes Sodexo collectent facilement les données du gaspillage dans ses restaurants et mettent en œuvre les changements opérationnels et comportementaux nécessaires à l'élimination des déchets générés par les cuisines ou jetés par les consommateurs.

sodexo.com, Vers une production plus durable

DOC 4 Le travail des personnes en situation de handicap chez Sodexo

VIDÉO

hachette-clic.fr/22m26

(3 min 53)

THÈME 2

Le management stratégique, du diagnostic à la fixation des objectifs

Charlie & Gus
La websérie STMG

1. Comparez les deux entreprises sur le plan de la stratégie et des objectifs.
2. Montrez comment les patrons de Gus et de Charlie pourraient améliorer la fixation des objectifs de leurs collaborateurs.
3. Expliquez l'utilité d'un diagnostic de la stratégie, comme suggéré par Gus.

VIDÉO

hachette-clic.fr/22m27

Épisode #2

Objectif canapé !

THÈME 2 Le management stratégique, du diagnostic à la fixation des objectifs

La **stratégie** désigne l'ensemble des décisions prises par les organisations dans le but d'atteindre des objectifs fixés en tenant compte de leurs ressources et de leur environnement.

La mise en place de la stratégie s'inscrit sur le long terme.

Qu'est-ce que la démarche stratégique ?

Sur quoi s'appuie-t-elle ?

CHAPITRE 5
La stratégie

La réalisation du diagnostic se fait en plusieurs étapes.

Qu'est-ce que la veille stratégique ?

En quoi consiste le diagnostic interne ?

Qu'est-ce que le diagnostic externe ?

CHAPITRE 6
Le diagnostic stratégique

Les objectifs stratégiques sont ensuite fixés grâce au diagnostic.

Qui définit les objectifs ?

Quels sont les éléments pris en compte dans la détermination des objectifs ?

CHAPITRE 7
Interpréter le diagnostic et le traduire en objectifs

Les objectifs doivent faire l'objet d'une évaluation.

Qu'est-ce que la performance ?

Comment la mesure-t-on ?

Quand l'entreprise doit-elle prendre des mesures correctrices ?

CHAPITRE 8
Évaluer les objectifs et les pratique

5 La stratégie

CAPACITÉS
- **Définir** la notion de stratégie
- **Repérer** les étapes de la démarche stratégique

NOTIONS
- **Stratégie**
- **Démarche stratégique**

KUSMI TEA PARIS

VIDÉO
hachette-clic.fr/22m28
Le bio chez Kusmi Tea
(1 min 40)

AUTOPORTRAIT

Kusmi Tea est le leader français du thé de qualité que l'on appelle *premium*, par opposition aux thés *mass-market* que l'on trouve dans la grande distribution. Bien qu'étant un commerçant, fort de plus de 100 boutiques dans le monde, Kusmi Tea est aussi un industriel, puisqu'il reçoit un produit brut qu'il mélange, aromatise selon des recettes propres et conditionne dans ses ateliers.

Sylvain Orebi, dans *Alternatives économiques*, 29/06/2018

SITUATION

- 1867. Pavel Kousmichoff, fils de paysan, fonde sa maison de thé à Saint-Pétersbourg après avoir quitté l'école à 14 ans. Très rapidement, le succès est au rendez-vous et le thé Kusmi devient le préféré des tsars. En 1917, la famille Kousmichoff fuit la révolution russe et installe ses ateliers à Paris.
- 2003. L'entreprise, au bord de la faillite, est rachetée par Sylvain et Claude Orebi, qui voient en Kusmi une promesse de réussite en s'appuyant sur la renommée d'une marque centenaire. Aujourd'hui, elle a supplanté ses concurrents grâce aux stratégies gagnantes mises en place par les deux frères.

1 Qu'est-ce que la stratégie ?

Après le rachat de Kusmi Tea, Sylvain et Claude Orebi ont pris plusieurs décisions stratégiques afin de réaliser leurs objectifs, des décisions parfois contrariées…

DOC 1 Les ambitions de Kusmi Tea

VIDÉO

hachette-clic.fr/22m29

(jusqu'à 3 min 07)

1 Identifiez les objectifs fixés par Sylvain Orebi pour Kusmi Tea. ▶ Doc. 1

....

....

....

....

....

....

DOC 2 Le repositionnement de la marque

Le bio devient-il le nerf de la guerre ? *A priori*, ce n'est pas Kusmi Tea qui dira le contraire. Devenue en une quinzaine d'années une référence incontournable du segment haut de gamme, la marque de thés russes bascule l'ensemble de ses produits sous pavillon bio […].

« *Le bio devient un prérequis, comme l'atteste le succès de nos produits labellisés. Le consommateur, aujourd'hui, réclame deux choses : le bio et le local. C'est pour cela qu'outre le conditionnement de nos produits, nous avons rapatrié la production de nos sachets de thé au Havre il y a deux ans* » […].

Sorlin Chanel, « Kusmi Tea verdit sa stratégie », strategies.fr, 24/08/2020

Kusmi Tea, 2022

2 Identifiez les décisions stratégiques prises par Kusmi Tea dans trois domaines. ▶ Doc. 1 et 2

- Positionnement : ....
- Distribution : ....
- Produits : ....

DOC 3 La croissance de Kusmi Tea vue par son PDG

Nous sommes passés du stade de la petite PME à celui de l'ETI. [...] Cette croissance, c'est parce que l'on a toujours senti le potentiel de cette marque et l'on agit, depuis nos débuts, comme une grande marque. C'est-à-dire que l'on n'a pas hésité à dépenser un budget important en communication, recruter des profils de grandes écoles, ouvrir une boutique sur les Champs-Elysées, ce qui pour une PME ne paraît pas le plus simple. Ces risques, mesurés, que l'on a pris par le passé ont porté leurs fruits.

Propos recueillis par Julien Gagliardi pour *Atlantico Business*, 17/06/2015

3 Repérez différents moyens utilisés par Kusmi Tea pour atteindre ces objectifs en les surlignant.
▶ Doc. 3

DOC 4 Une stratégie bousculée ?

[Le règlement européen 848/2018] prévoit notamment de renforcer l'exigence de qualité des arômes que Sylvain Orebi utilise pour donner leur goût à ses thés biologiques. [...] Des exigences très contraignantes. « *C'est très difficile à trouver, très contraignant et beaucoup plus cher* », explique Sylvain Orebi. Depuis des mois, il tente avec ses fournisseurs d'arômes de se mettre en conformité avec ce règlement qui devait à l'origine entrer en vigueur en 2021, mais a, depuis, été repoussé d'un an pour cause de Covid, notamment. [...]

Mais son véritable problème, c'est que ce règlement prévoit des délais de grâce pour certains pays situés en dehors de l'Union européenne qui exportent leurs produits bio vers son marché unique. Une quinzaine de pays [...] pourront continuer à produire leurs arômes selon leur propre règlement jusqu'à fin 2026 [...].

« *Si vous produisez votre thé bio aux Émirats ou au Maroc avec vos arômes naturels classiques, vous pouvez continuer à les vendre dans l'Union européenne [jusqu'à fin 2024] sans subir le changement de recettes et les augmentations de prix qui vont avec* », s'indigne Sylvain Orebi [...].

Marc Vignaud, « Ce règlement européen qui désavantage les producteurs... européens », LePoint.fr, 06/04/2021

NOTIONS

La stratégie :
La stratégie est l'ensemble des décisions prises dans le but d'atteindre des objectifs fixés en tenant compte des ressources et de l'environnement.

VIDÉO
hachette-clic.fr/22m30
Qu'est-ce que la stratégie d'entreprise ?
(4 min 28)

4 Expliquez en quoi le nouveau règlement européen vient contrarier la stratégie de Kusmi Tea.

....

....

....

....

Vers la synthèse — JE ME TESTE
hachette-clic.fr/22m31
Je révise l'essentiel p. 76-77

Bilan

En vous appuyant sur l'exemple de Kusmi Tea, expliquez à l'oral ce qu'est la stratégie.

2 Quelles sont les étapes de la démarche stratégique ?

Afin de réaliser son ambition de devenir n° 1 européen, Kusmi Tea doit mettre au point un plan d'action, qui commence par un état des lieux.

DOC 5 Les étapes de la démarche stratégique

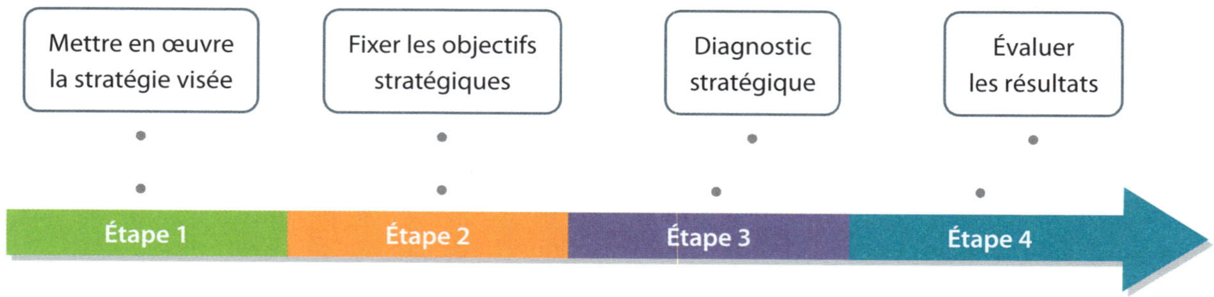

1 **Identifiez les étapes de la démarche stratégique en les reliant à leur numéro.** ▶ Doc. 5

DOC 6 Le diagnostic stratégique de Kusmi Tea

Le SWOT (*strengths - weaknesses - opportunities - threats*), ou MOFF pour les francophones (menaces - opportunités - forces - faiblesses), est un outil très pratique lors de la phase de diagnostic stratégique. Il présente l'avantage de synthétiser les forces et faiblesses d'une entreprise au regard des opportunités et menaces générées par son environnement.

D'après manager-go.com

	FORCES	FAIBLESSES
INTERNE	• Leader sur le segment *premium* • Entreprise créée il y a 150 ans • Forte notoriété	• Boutiques principalement implantées en France (seulement 10 % à l'étranger) • Le thé *premium* en vrac coûte cher (flambée du fret et des matières premières)
EXTERNE	• Consommation mondiale de thé en hausse • Comportement des consommateurs orienté vers le bien-être et la santé	• Forte concurrence et présence d'acteurs internationaux puissants (exemple : Unilever) en grande distribution • Règlementation européenne exigeante sur la qualité des arômes utilisés
	OPPORTUNITÉS	MENACES

2 **Identifiez les différentes opportunités soulevées par l'analyse externe de l'entreprise Kusmi Tea.** ▶ Doc. 6

....

....

3 **Montrez l'intérêt d'établir un diagnostic stratégique pour une organisation comme Kusmi Tea.** ▶ Doc. 6

....

....

....

DOC 7 Des choix stratégiques vers l'international

Le spécialiste du thé *premium* dans ses boutiques et en épicerie fine vient de lever 20 millions d'euros auprès de NextWorldEvergreen (NWE), un fonds franco-américain spécialisé dans les marques et chaînes *premium*. Grâce à ce nouveau tour de table « *d'un investisseur sur le long terme* », […] la famille Orebi – qui restera majoritaire *via* son holding Orientis –, veut poursuivre son expansion internationale, à la fois en ouvrant des boutiques et en accélérant sa présence dans les réseaux de distribution *premium*. Alors que [85 de sa centaine de magasins sont en France, le groupe est désormais distribué dans 25 pays. Il réalise 25 %] de ses 80 millions d'euros de chiffre d'affaires (+ 15 % sur un an) à l'international. « *Nos priorités sont l'Europe (l'Allemagne, les pays limitrophes de la France, et l'Europe de l'Est) […]* », détaille Sylvain Orebi.

Olivia Détroyat, « Kusmi Tea pousse les feux à l'international », lefigaro.fr, 17/10/2017

4 **Montrez que les décisions prises par Kusmi Tea tiennent compte à la fois de l'analyse interne et externe de l'entreprise.** ▶ Doc. 6 et 7

....

....

....

....

DOC 8 Interview du PDG de Kusmi Tea, Sylvain Orebi

Monsieur Orebi, quel bilan pouvez-vous tirer de votre stratégie d'ouverture de points de vente à l'international ?

Suite à une revue stratégique menée par le cabinet de conseil EY, nous avons identifié que le magasin de thé était une spécificité française. Seuls quelques pays en accueillent. De ce fait, nous avons réorienté notre développement en privilégiant les circuits de distribution B2B* et e-commerce qui sont moins coûteux. Cette stratégie a été menée avec succès en Suisse, Belgique et Allemagne et prend corps en Italie et Pologne. Le déploiement dans le monde se fera donc en B2B et sur nos sites marchands en ligne ainsi qu'à travers des *market places* de type Amazon ou Ocado. Suite à la crise du Covid, nous avons décidé de fermer toutes nos boutiques en Allemagne et Autriche.

Propos recueillis par les auteurs, décembre 2021

*Le B2B, ou *business to business*, est l'ensemble des process permettant de mettre en relation des entreprises, dans un cadre clients/fournisseurs.

5 **Identifiez les ajustements stratégiques mis en place par Kusmi Tea.** ▶ Doc. 8

....

....

....

Bilan

Montrez comment l'environnement a poussé Kusmi Tea à réorienter sa stratégie.

....

....

....

....

....

Vers la synthèse – JE ME TESTE
hachette-clic.fr/22m32
Je révise l'essentiel p. 76-77

À moi de jouer

1 Jouez avec *Kyushi* !

Des quiz interactifs pour réviser en classe !

hachette-clic.fr/kyushi

2 VRAI ou FAUX ?

Cochez les cases correspondant à la bonne réponse.

1. La démarche stratégique nécessite d'ajuster les choix en fonction de l'environnement. ☐ VRAI ☐ FAUX
2. Le diagnostic interne met en évidence les points forts et points faibles de l'organisation. ☐ VRAI ☐ FAUX
3. L'environnement est peu pris en compte dans la formulation des choix stratégiques. ☐ VRAI ☐ FAUX
4. La stratégie poursuit des objectifs à long terme. ☐ VRAI ☐ FAUX
5. L'environnement est davantage prévisible que par le passé. ☐ VRAI ☐ FAUX

3 S'entraîner à l'oral

Choisissez une entreprise dans la liste suivante. Effectuez des recherches sur Internet, puis présentez à l'oral les grands axes stratégiques pris par l'organisation choisie.

Disney | BMW | Nike | Tesla | Airbnb

4 Repérer les étapes de la démarche stratégique

DOC 1 L'engagement d'Orange face aux enjeux du monde

Notre monde change très rapidement et les attentes des populations se font entendre partout sur la planète. **Quelques indicateurs donnent la mesure des mutations que nous sommes en train de vivre :**

- D'ici à 2025, la moitié de la croissance de la population mondiale proviendra du continent africain et dans le même temps s'opérera une mutation démographique en Europe, qui comptera +20 % de personnes âgées de plus de 65 ans.
- 20 % de l'électricité mondiale sera consommée par la data.
- 50 % de l'utilisation de Google s'effectuera « à la voix ».
- Le marché mondial du paiement mobile a doublé au cours des 4 dernières années.
- 67 % des personnes ne peuvent plus se passer de l'internet et des smartphones.
- Une personne sur deux est soucieuse du piratage des données personnelles.
- 59 % des Français pensent qu'ils vont devoir changer leurs choix de vie en raison des changements climatiques (+ 7 points *vs* 2018).

« Notre plan stratégique Engage 2025 », orange.com, 04/12/2019

DOC 2 Le nouveau plan stratégique d'Orange

Orange présente aujourd'hui son nouveau plan stratégique à l'horizon 2025. Ce nouveau plan de croissance, qui prend la suite du plan Essentiels2020 lancé en 2015, est guidé par **l'exemplarité sociale et environnementale** et s'appuie sur 4 ambitions :

- **Réinventer le métier d'opérateur d'Orange**
- **Accélérer sur les territoires porteurs de croissance**
- **Placer la data et l'IA au cœur de son modèle d'innovation**
- **Construire ensemble l'entreprise de demain**

À l'occasion de l'annonce de ce nouveau plan stratégique, Stéphane Richard, Président-Directeur Général du groupe Orange, a déclaré :

« *Si je devais résumer Engage2025, le nouveau plan stratégique d'Orange, j'emploierais deux mots : croissance et responsabilité.*

Croissance *tout d'abord, parce que nous allons faire croître notre cœur de métier, la connectivité, grâce à de nouveaux avantages comparatifs et une meilleure valorisation de nos infrastructures réseaux. Nous allons également stimuler la croissance au-delà de la connectivité en Europe, grâce à trois leviers qui nous différencient de nos concurrents, à savoir l'Afrique Moyen-Orient, les services IT B2B, et les services financiers. L'intelligence artificielle et la data seront au cœur de cette réinvention, à la fois pour améliorer l'expérience client et pour rendre nos réseaux plus intelligents et l'ensemble de l'entreprise plus agile. Orange devra en parallèle relever le défi des compétences tout en accompagnant au mieux l'ensemble de ses collaborateurs.*

Responsabilité *enfin, parce que chez Orange nous sommes convaincus que dans les années à venir, il n'y aura pas de performance économique sans exemplarité sociale et environnementale.* » [...]

Orange s'engage pour l'inclusion pour que chacune et chacun puisse bénéficier de la révolution digitale. En complément de ses ambitions pour la couverture numérique des territoires, Orange s'engage à former et accompagner les exclus du numérique. [...]

Le défi climatique est le second axe de l'engagement d'Orange. Le Groupe se fixe un objectif ambitieux : anticiper de 10 ans les objectifs de la GSMA en étant neutre en carbone d'ici 2040, malgré l'explosion des données sur les réseaux. Cela passera par un recours accru aux énergies renouvelables, qui représenteront en 2025 plus de 50 % du mix énergétique du Groupe, mais aussi par un effort sans précédent d'efficacité énergétique. [...]

La première ambition d'Orange est de réinventer son métier d'opérateur en capitalisant sur son avance dans les réseaux. [...]

Sur le mobile, Orange prendra le tournant de la 5G. Après un premier lancement commercial en Roumanie, le déploiement de la 5G commencera en 2020 dans l'essentiel des pays européens où le Groupe est présent.

« Orange présente son nouveau plan stratégique, Engage2025 », orange-business.com, 04/12/2019

1. **Identifiez les finalités du plan stratégique « Engage 2025 ».**
2. **Présentez les forces d'Orange.**
3. **Identifiez les opportunités et les menaces sur le marché d'Orange.**
4. **Montrez comment Orange s'appuie sur ces éléments pour définir sa stratégie.**

L'essentiel

hachette-clic.fr/22m33

JE RÉVISE
- Le podcast du cours
- La synthèse en 1 clic
- Je manipule les notions

NOTIONS

- **Démarche stratégique :** processus qui permet à l'organisation de mettre en évidence ses forces et faiblesses, ainsi que les opportunités et menaces de son environnement ; de définir des objectifs ; de choisir les moyens pour les mettre en œuvre ; de contrôler l'efficacité de la stratégie adoptée.
- **Stratégie :** ensemble des décisions prises par les organisations dans le but d'atteindre des objectifs fixés en tenant compte de leurs ressources et de leur environnement.

COURS

1 Qu'est-ce que la stratégie ?

- La stratégie désigne l'ensemble des **décisions** prises par les organisations dans le but d'atteindre des **objectifs** fixés en tenant compte de leurs ressources et de leur environnement.
- Les actions mises en place s'inscrivent sur le **long terme** et peuvent nécessiter des **ajustements** si l'**environnement** est fluctuant ou incertain. En effet, le contexte actuel est de plus en plus imprévisible (concurrence accrue, volatilité des marchés financiers, etc.) et les organisations peuvent être amenées à modifier leurs choix.

2 Quelles sont les étapes de la démarche stratégique ?

- Tout d'abord, la **démarche stratégique** s'appuie sur la réalisation d'un **diagnostic** interne et externe de l'organisation. L'identification des **points forts** et des **faiblesses** constitue le diagnostic interne. C'est l'analyse des ressources et des compétences de l'entreprise. En complément, le diagnostic externe permet à l'organisation d'étudier son environnement à travers l'analyse des **opportunités** et des **menaces**.
- La deuxième étape consiste à définir des **choix stratégiques** cohérents avec le diagnostic préalablement établi.
- La troisième étape est la **mise en œuvre** et le **contrôle** de la stratégie adaptée.

CULTURE+

Leader à la loupe :
Cécile Duflot,
Directrice-générale d'OXFAM France

OXFAM France

- Cécile Duflot a pris la direction générale d'Oxfam France au mois de juin 2018. Oxfam France, organisation de solidarité internationale, mobilise le pouvoir citoyen contre les inégalités et la pauvreté depuis 30 ans, en agissant à la fois sur les causes profondes et les conséquences directes de celles-ci. Oxfam France a donc mis au point un plan stratégique qui décrit les grands objectifs à atteindre.
- Étudiante, Cécile Duflot a commencé à militer au Genepi, auprès des personnes incarcérées. De 2006 à 2012, elle est secrétaire nationale d'EELV puis devient ministre de l'Égalité, des territoires et du logement de 2012 à 2014. Jusqu'en juin 2017, elle est députée de la 6e circonscription de Paris, avant de quitter la vie politique et de prendre la direction générale d'Oxfam France.

Source : Oxfam France

POUR RETENIR AUTREMENT

1 Qu'est-ce que la stratégie ?

....

=

Décisions prises

En fonction des

....

En mobilisant des moyens

En s'adaptant à

....

.... stratégiques

↓

Atteindre la finalité de l'organisation

2 Quelles sont les étapes de la démarche stratégique ?

1. Réaliser le diagnostic .... *(forces/faiblesses)* et .... *(opportunités/menaces)* de l'organisation

↓

2. Fixer les .... stratégiques

↓

3. Mettre en œuvre la .... choisie

↓

4. .... les résultats

OBJECTIF BAC

5 Je repère les étapes de la démarche stratégique

Il est nécessaire de bien distinguer les différentes étapes de la démarche stratégique, qui sert de feuille de route pour aider l'organisation à trouver son chemin.

1 Mots croisés

Remplissez la grille.

Vertical

1. Caractère de ce qui est opportun.
2. Raisonnement menant à l'identification de la cause (l'origine).

Horizontal

3. Art d'élaborer un plan d'actions coordonnées ; ensemble d'actions coordonnées.
4. Ensemble des éléments qui sont en relation avec une organisation.
5. Moyens d'action, éléments à la disposition de quelqu'un désirant accomplir une tâche précise.

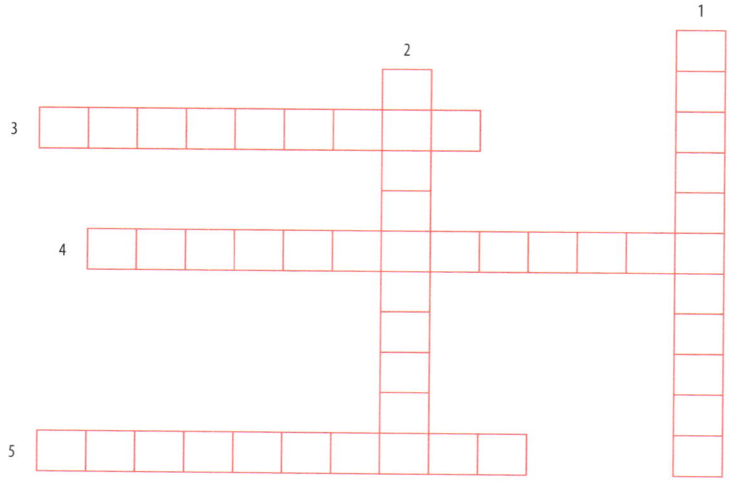

2 In English please!

Regardez la vidéo, puis associez les termes suivants aux éléments du diagnostic stratégique.

VIDÉO
hachette-clic.fr/22m34
Starbucks
SWOT analysis (3 min 35)

- Forte notoriété •
- Marque aimée et appréciée par les consommateurs •
- Uniformisation de l'offre •
- Tarifs élevés •
- *Turnover* élevé des employés •
- Nouveaux marchés potentiels des pays émergents •
- Saturation du marché américain •

- • Force
- • Faiblesse
- • Opportunité
- • Menace

3 QQOQCP : le b.a.-ba

Afin d'éviter les hors sujets, la méthode QQOQCP permet de cerner le sujet et de délimiter celui-ci. Il s'agit d'une première étape avant toute rédaction.

Remplissez les champs de la méthode QQOQCP afin de cerner le sujet suivant : « Quel est l'intérêt de la démarche stratégique pour les organisations ? »

• Qui ? • Quoi ? • Où ? • Quand ?
• Comment ? • Pourquoi ?

Fiche méthode
⑤ Repérer les étapes de la démarche stratégique p. 178-179

6

CAPACITÉS

- **Recenser** des éléments de diagnostic interne et externe
- **Identifier** les facteurs clés de succès à partir de l'analyse des facteurs environnementaux (macro et micro)
- **Identifier** les compétences distinctives à partir de l'analyse des compétences et des ressources de l'organisation, et des bonnes pratiques du secteur

NOTIONS

- **Veille stratégique**
- **Diagnostic interne : forces, faiblesses, ressources, compétences**
- **Diagnostic externe : opportunités, menaces, facteurs clés de succès**

ANDROS Le diagnostic stratégique

FICHE D'IDENTITÉ ANDROS

Nom : Andros, marque

Nationalité : française

Type d'organisation : entreprise privée à but lucratif

Activité : industrie agro-alimentaire, préparation et conserves de fruits, biscuiterie sucrée, viennoiserie, pâtisserie chocolaterie, confiserie, confiture, miel, yaourts, desserts laitiers et végétaux

Forme juridique : société en nom collectif

Chiffre d'affaires : 2,4 milliards d'euros estimé en 2019

➔ **Rendez-vous sur le site de l'INA, rubrique « l'INA éclaire l'actu » et recherchez trois publicités Andros : « Compotes Andros : Andros 1 » (2006), « Andros : compotes de fruits » (1991) et « Andros : confiture » (1985).**

1. **Cherchez le point commun entre toutes ces publicités. Notez les évolutions.**
2. **À votre avis, quels sont les éléments qui ont amené Andros à modifier sa stratégie au fil des années ?**
3. **Identifiez les points forts qui permettent à Andros de se distinguer de ses concurrents depuis sa création.**

SITUATION

Cachée dans son village enclavé du Sud-Ouest, la PME familiale a grossi à l'abri des regards. Elle est aujourd'hui un groupe aussi diversifié et mondial que secret. Mais ne vous y trompez pas : derrière ses airs légers et ses habitudes de patron de PME, Frédéric Gervoson dirige en fait un empire. Andros, c'est d'abord un portefeuille de signatures iconiques : Pierrot Gourmand, Mamie Nova ou encore Bonne Maman. Elle croque 19,5 % des jus de fruits au rayon frais, 47 % des confitures ou même 62,4 % des compotes réfrigérées…

Claire Bader, « Les secrets d'Andros, le géant de l'agroalimentaire », *Capital*, 05/10/2017

1 Le diagnostic externe

Si Andros est désormais un empire du fruit, ce n'est pas par hasard. L'entreprise a su utiliser les outils à sa disposition pour définir et orienter sa stratégie.

DOC 1 Qu'est-ce que la veille stratégique ?

Innovation, concurrence, réglementation : ne pas opérer de veille en entreprise, c'est risquer d'être aveugle sur des marchés où tout évolue vite. De la surveillance Internet aux missions ciblées, il existe des méthodes et des outils pour s'ouvrir à la veille stratégique.

Journal du net

1 Définissez la veille stratégique et montrez son intérêt. ▶ Doc. 1

....

2 Listez un ensemble d'informations sur l'environnement d'Andros qui vous paraissent indispensables à connaître pour améliorer sa stratégie, ou qui risqueraient d'influencer cette dernière. ▶ Doc. 1

....

DOC 2 L'entreprise et son environnement

Le diagnostic externe permet à l'entreprise d'étudier des éléments externes susceptibles d'influencer son activité et son équilibre. On distingue 2 catégories d'environnement :

– l'**environnement macroéconomique**, sur lequel l'entreprise ne peut exercer aucune influence. Il est souvent divisé en catégories : politique, économique, sociologique, technologique, écologique et légal (PESTEL) ;

– l'**environnement microéconomique**, composé des parties prenantes, que l'entreprise peut influencer et, réciproquement, qui peuvent influencer l'entreprise.

L'environnement comporte soit des **opportunités** (événement favorable) qu'il faudra saisir, soit des **menaces** (événement contraire) qu'il conviendra de surmonter. La capacité de l'entreprise à s'adapter à son environnement est liée à ses **facteurs clés de succès**. Ils sont en général peu nombreux et se traduisent par la maîtrise indispensable de certaines compétences et ressources pour rester compétitif.

Les auteurs

3 Rappelez la définition d'opportunité et de menace. ▶ Doc. 2

- Opportunité : ....
- Menace : ....

4 Faites la différence entre macro et microenvironnement. ▶ Doc. 2

- Microenvironnement : ....
- Macroenvironnement : ....

DOC 3 L'environnement d'Andros

Ⓐ Cerise, myrtille, groseille, cassis… L'envolée des prix de certaines denrées fragilise les filières de la confiture, des compotes et des conserves de fruits. Des relèvements tarifaires sont à prévoir sur les produits vendus en grande surface.

Ⓑ Malgré le poids du rituel, le petit déjeuner des Français évolue par petites touches sous l'influence des injonctions nutritionnelles, de modes de vie plus mobiles et d'une consommation plus individuelle. Cette réinitialisation quotidienne généralise les tendances bio, durable et équitable. Mais sans jamais sacrifier le plaisir gustatif.

Ⓒ En moins de 5 ans, la marque drômoise Charles et Alice est devenue un acteur-clé du secteur des desserts aux fruits et le leader des compotes sans sucres ajoutés. La toute jeune marque, qui réalise 140 M€ de CA (dont 20% à l'export) détient 66% de parts de marché en valeur des compotes sans sucres ajoutés et 54% des compotes bio en GMS.

Ⓓ

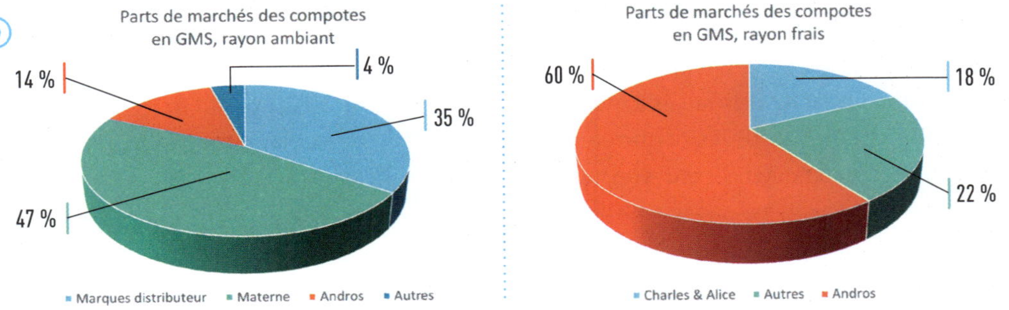

FranceAgrimer

Ⓔ Développer des innovations d'ampleur : des nouvelles familles de produits ou des process industriels inédits. « *Chacun travaille sur cinq à sept projets en parallèle* », explique Hélène Clowez, la responsable de ce centre R&D […] Quand un Danone peut consacrer des fortunes à valider ses innovations auprès de centaines de quidams, Andros organise des « *family panels* ». Un nom ronflant pour une pratique de TPE : des salariés prennent des produits chez eux et rapportent les impressions de leurs familles. « *On essaie de devenir un peu plus marketeux mais on mise beaucoup sur l'intuition,* admet Florian Delmas. *On reste des industriels !* »

Claire Bader, « Les secrets d'Andros, le géant de l'agroalimentaire », *Capital*, 05/10/2017

5 **Relevez les opportunités et les menaces de l'environnement d'Andros et reportez-les dans le tableau ci-dessous.** ▶ **Doc. 3**

Diagnostic externe	
Opportunités	**Menaces**
....	....
....	....
....	....

Bilan

Montrez la façon dont Andros a su adapter sa stratégie en fonction de son environnement par rapport à ses concurrents. Identifiez les facteurs clés du succès du groupe.

....

....

....

....

....

....

Vers la synthèse
JE ME TESTE
hachette-clic.fr/22m35
Je révise l'essentiel p. 86-87

2 Le diagnostic interne

Andros parie sur les produits naturels, et a su faire de Bonne Maman une marque à l'histoire et à l'image forte : recettes de grand-mère, ingrédients faciles à trouver et visuels vichy.

DOC 4 Qu'est-ce qu'un diagnostic stratégique interne ?

Toute entreprise est analysable comme un ensemble d'activités qui se complètent autour de son produit : la **chaîne de valeur**. Chaque catégorie d'activité nécessite la mise en œuvre de certaines compétences (savoirs et savoir-faire) qui sont autant de ressources à mobiliser (humaines, matérielles, immatérielles, financières). Cette analyse, à la fois des compétences et des ressources, appelée diagnostic interne, permet de cerner les **forces** tout en repérant les **faiblesses** de l'entreprise. Elle permet de mettre en évidence les activités qui créent le plus de valeur et celles pour lesquelles l'entreprise dispose d'un avantage compétitif grâce à des compétences particulières, les **compétences distinctives**.

Les auteurs

1 **Repérez les éléments qui composent le diagnostic interne.** ▶ Doc. 4

Le diagnostic interne est composé des ressources et des compétences que l'organisation doit maîtriser tout au long de sa chaîne de valeur si elle veut se distinguer de ses concurrents et rester compétitive. Ils peuvent constituer des forces ou des faiblesses.

DOC 5 Les secrets d'Andros, le géant de l'agroalimentaire

« [...] *On prépare nos grands projets à cinq ans.* » Entre une belle cuisine et une chaîne dédiée aux tests, une quinzaine d'ingénieurs et de pâtissiers phosphorent dans le calme. Leur mission ? Développer des innovations d'ampleur : des nouvelles familles de produits ou des process industriels inédits. « *Chacun travaille sur cinq à sept projets en parallèle* », explique Hélène Clowez, la responsable de ce centre R&D.

[...] Confitures, jus, pâtisseries... Le fabricant étend ses marques à tous les rayons de nos supermarchés. La technique est simple : partir de discours marketing très clairs, la naturalité d'Andros ou le fait-maison de Bonne Maman, et décliner le récit à différentes catégories cohérentes de produits. Bonne Maman est ainsi passée des confitures aux compotes, puis aux biscuits grâce à Xavier Gervoson, le frère de Frédéric, aux desserts, et maintenant aux gâteaux frais. Avec une logique rigoureuse pour ne pas perdre le consommateur : se cantonner aux recettes de grand-mère, n'utiliser que des ingrédients du placard, et emballer le tout d'un packaging élégant reprenant le vichy sans en abuser.

Claire Bader, « Les secrets d'Andros, le géant de l'agroalimentaire », *Capital*, 05/10/2017

DOC 6 Andros, un champion atypique

Les fameuses compotées Bonne maman [étaient] en rupture de stocks fin 2019, victime de leur succès avec près de 2 000 tonnes vendus en grandes et moyennes surfaces dès la première année. C'est que le petit confiturier du Lot est devenu gros, très gros même. Et doit pousser les murs.

Jérôme Parigi, *LSA*, 18/03/2020

2,4
MILLIARDS D'EUROS
Le CA estimé en 2019

35 usines
(dans 16 pays)
et 22 pays commerciaux

9 400
Le nombre de collaborateurs

500 000 t
Le volume de fruits transformés par an
• **Créée en 1959**
• **Bonne Maman, marque lancée en 1971**, environ 450 M€ de CA aujourd'hui

« On reste une start-up du fruit, très light en organisation, à l'image du groupe où les décisions, rapides, ne sont prises que par quelques personnes, avec tout un schéma industriel qui bouge super vite. La nouvelle variable aujourd'hui, ce sont les durées de vie des produits transformés qu'on cherche à raccourcir pour être encore plus goûteux, toujours sans recourir aux additifs. C'est un savoir-faire unique. »

2 Réalisez le diagnostic stratégique interne d'Andros en distinguant les ressources et les compétences. ▶ Doc. 5 et 6

	Ressources	Compétences
Forces	Ressources humaines …………………………… …………………………… Ressources financières …………………………… …………………………… …………………………… Ressources immatérielles …………………………… …………………………… …………………………… Ressources matérielles …………………………… ……………………………	• …………………………… …………………………… • …………………………… …………………………… …………………………… • …………………………… …………………………… …………………………… • …………………………… • ……………………………
Faiblesses	Ressources matérielles …………………………… ……………………………	

3 Identifiez les compétences distinctives d'Andros, c'est-à-dire ce qu'il fait le mieux, qui le différencie de ses concurrents. ▶ Doc. 5 et 6

……………………………………………………………………………………

……………………………………………………………………………………

4 Dans ce contexte, serait-ce une bonne stratégie pour Andros de se lancer dans un dentifrice aux fruits ? Justifiez votre réponse.

……………………………………………………………………………………

……………………………………………………………………………………

Bilan

Complétez le schéma ci-dessous présentant le principe du diagnostic interne.

Diagnostic interne →

Ressources	Forces
…………………… …………………… ……………………	…………………… …………………… ……………………
Compétences	**Faiblesses**
…………………… ……………………	…………………… ……………………

→ ……………………
……………………

Vers la synthèse
JE ME TESTE
hachette-clic.fr/22m36
Je révise l'essentiel p. 86-87

À moi de jouer

1 Jouez avec *Kyushi* !

Des quiz interactifs pour réviser en classe !

hachette-clic.fr/kyushi

2 Activité

L'entreprise WoodFrance fabrique des jouets en bois. Précisez si les éléments du diagnostic stratégique listés ci-dessous font partie du diagnostic interne ou du diagnostic externe.

	Diagnostic interne	Diagnostic externe
Très forte concurrence	☐	☐
Autofinancement limité	☐	☐
Produits certifié AB	☐	☐
Engouement des clients pour des produits naturels	☐	☐
Fabrication 100 % française	☐	☐
Maladies du bois	☐	☐
Main-d'œuvre qualifiée difficile à recruter	☐	☐

3 Réaliser le diagnostic stratégique

Léa Nature, leader des soins du visage bio en grande distribution, développe son offre avec une nouvelle signature : La Source, à l'eau thermale de Rochefort. « *70 % des femmes déclarent avoir la peau sensible. Or, en grande et moyenne surface seulement 30 % de l'offre de soin leur est adaptée* », constate [la direction] marketing cosmétiques chez Léa Nature. *Il y a un vrai besoin à combler* ».

L'entreprise de taille intermédiaire s'est rapprochée de la ville de Rochefort […], en Charente-Maritime, afin d'utiliser son eau thermale aux propriétés apaisantes. « *En parapharmacie, deux tiers du marché des soins du visage sont faits par des marques à base d'eau thermale. Nous-mêmes, nous avons cette expertise [avec notre marque Eau thermale Jonzac distribuée en circuit spécialisé (pharmacies, para-pharma et magasins bio), d'ailleurs lancée sur le même modèle. Les banques n'ont donc pas hésité à soutenir notre investissement sur le projet La Source eau thermale Rochefort.]* »

[…] Les formules sont à base d'au moins 99 % d'ingrédients d'origine végétale, sans alcool, sans allergènes, équitables et certifiées Cosmos Organic Vegan. Les produits sont fabriqués en France. « *Nous avons privilégié un sourcing local pour les [quatre fleurs d'eau bio : Nymphéa, Myosotis, Iris et Angélique]. L'eau thermale est puisée à 30 km de nos usines* », assure la directrice. Les clientes recherchent des produits sains et bon marché.

La Source [Eau Thermale Rochefort] se veut accessible avec des prix de vente indicatifs de 12,25 € pour les soins apaisant, hydratant et pureté, et de 15,25 € pour l'anti-âge. Elle arrivera en avant-première chez Monoprix fin décembre, puis deux mois plus tard dans les autres enseignes.

LSA, 13/12/2019

Recensez les éléments du diagnostic interne et externe de Léa Nature.

4 Identifier les facteurs clés de succès à partir de l'analyse des facteurs environnementaux (micro et macro)

Castorama, le retour

Découvrir les autres engagements

Mieux vivre

Accompagner pour vous faciliter la vie

Écouter les Français

Innover utile

Éternel second du bricolage, Castorama renoue avec la croissance et avec les bases du commerce, Franck Moreno, directeur général de Castorama France, arrivé il y a 18 mois, nous livre sa feuille de route

LSA- La pandémie a bien profité à tout le secteur de la maison. À Castorama aussi ?

Franck Moreno – Les confinements ont réveillé un engouement fabuleux pour l'équipement de la maison, engouement que l'on trouve dans le monde entier. Il y aura des rééquilibrages dans les postes de dépenses des ménages, mais nous sommes confiants : le marché devrait rester élevé. Les jeunes générations se mettent aussi à bricoler, et la consommation responsable est partie pour s'ancrer dans les habitudes. Il y a une vraie demande pour tout ce qui tourne autour du jardin et pour l'optimisation de l'espace. Castorama en bénéficie : à la fin du premier semestre, l'enseigne affiche en France une progression de ses ventes de 23 % par rapport à 2020 et de 14 % par rapport à 2019. Nous avons gagné des parts de marché en 2020, après quatre à cinq années de régression. L'écart avec Leroy Merlin s'est réduit.

Comment expliquer ce retour en grâce ?

FM – Nous renouons avec les fondamentaux. Cela commence par l'offre : nous revoyons l'équilibre entre marques nationales et marques propres. Depuis un an, des grandes marques, comme Tollens, Bosch ou Sauter pour le chauffage, réapparaissent. Nous sommes aussi revenus sur une dynamique promotionnelle pour recréer du trafic. Nous avons dû régler beaucoup de dysfonctionnements, notamment dans les systèmes d'information, pour les adapter à notre marché. [...]

Cela signifie-t-il que le pouvoir au niveau local a repris la main ?

FM – La stratégie initiée par Alain Rabec est claire : la gestion se fait au niveau local. Il fallait redonner du pouvoir aux enseignes [...]

Est-ce à dire que Castorama s'était éloigné du terrain ?

FM – Nous écrivons tous les standards opérationnels en magasin et cela touche tous les métiers : commerce, gestion, flux de marchandises, ressources humaines, encaissement et services. Pour ces cinq grands métiers, nous réintroduisons les grandes lignes. Cela passe par des choses simples : les briefs quotidiens en magasin sont de retour depuis un an. Mais remettre en place tous ces standards prennent du temps. Offre, promotion, *supply chain* : nous avons bien progressé. Résultat les clients se disent plus satisfaits [...] et les salariés sont aussi plus fiers de travailler chez Castorama. Notre *turnover* autour de 13 % est inférieur au marché.

Magali Picard, *LSA*, 2/12/2021

1. **Relevez les facteurs environnementaux macro et micro.**
2. **Repérez les facteurs clés du succès de Castorama.**
3. **Expliquez les raisons pour lesquelles Castorama a connu un déclin et montrez l'importance de bien identifier les facteurs clés du succès pour une organisation. Présentez votre travail en utilisant un support visuel dynamique avec comme contrainte : une notion clé, une illustration.**

L'essentiel

JE RÉVISE

hachette-clic.fr/22m37

- Le podcast du cours
- La synthèse en 1 clic
- Je manipule les notions

NOTIONS

- **Diagnostic externe :** ce que l'entreprise devrait faire en termes d'opportunités, événements favorables ou de menaces, événements défavorables.
- **Diagnostic interne :** ce que l'entreprise à la capacité de faire en termes de compétences (savoir et savoir-faire) et de ressources (humaines, matérielles, immatérielles, financières). Cette combinaison peut constituer des forces ou des faiblesses.
- **Facteurs clés du succès :** compétences et ressources maîtrisées par l'organisation et indispensables pour rester compétitif sur le marché.
- **Veille stratégique :** démarche qui permet de surveiller l'environnement de l'organisation.

COURS

1 Le diagnostic externe

- La **veille stratégique** est une démarche qui permet de surveiller l'environnement de l'organisation. Elle consiste à collecter des informations, les analyser et proposer des préconisations pour orienter la stratégie de l'organisation et l'adapter à un environnement mouvant. Elle prend plusieurs formes : commerciale, concurrentielle, technologique, juridique.
- Le **diagnostic stratégique externe** permet de diagnostiquer les **facteurs clés de succès** dans un secteur ou une activité donnée. Il étudie l'**environnement** en termes d'opportunités, événements favorables ou de menaces, événements défavorables.
- Le **microenvironnement** est constitué des parties prenantes, qui influencent l'entreprise et réciproquement.
- Le **macroenvironnement**, lui, est constitué de facteurs politiques, économiques, socioculturels, technologiques, écologiques ou légaux (PESTEL) qui influencent l'entreprise mais sur lesquelles elle n'a aucune influence.

2 Le diagnostic interne

- Il permet de déterminer les **compétences distinctives**, c'est-à-dire ce qui différencie clairement l'organisation de ses concurrents. On parle de cœur de métier.
- Il recense ce que l'entreprise a la capacité de faire, la combinaison de ses **compétences (savoir et savoir-faire)** et de ses **ressources** (humaines, matérielles, immatérielles, financières). Cette combinaison peut constituer des forces ou des faiblesses et permet de cerner ses **potentialités** tout en repérant les **vulnérabilités** de l'organisation.

CULTURE+

Leader à la loupe :
Jacques-Antoine Granjon
Fondateur de Veepee, inventeur du déstockage en ligne

- *« [L]a question était à l'époque : comment transformer notre métier d'origine avec Internet ? Nous avons donc fait muter notre société de grossiste en fin de série pour créer ce modèle de vente événementiel en ligne très particulier : B to B to C 2. Nos premiers clients sont les marques, à qui nous rendons un service de déstockage, de promotion et de trafic. »*
- En 2019, suite à plusieurs attaques de rivaux, Jacques-Antoine Granjon décide de rebaptiser son entreprise. Fini vente privée, place à Veepee.
- Enfin, contrairement à beaucoup d'acteurs de l'e-commerce le Covid n'a pas été un âge d'or pour le site marchand, car les stocks de marque ont fondu. Pour rester dans le coup, le site de déstockage en ligne doit donc à présent se diversifier afin de sortir de sa dépendance au stock et s'adapter aux nouveaux modes de consommation. La seconde main séduit ? Veepee sort Re Turn, pour proposer à ses membres de revendre des produits du site, et Re-Cycle pour collecter auprès des marques des articles que le site remet, en partie en vente.

LSA, 12/2021

POUR RETENIR AUTREMENT

LE DIAGNOSTIC STRATÉGIQUE

1 Le diagnostic externe

Diagnostic externe

Macro

- P
- E
- S
- T
- E
- L

Micro

- Parties prenantes

Opportunités

Menaces

Facteurs clés du succès

2 Le diagnostic interne

Diagnostic interne

Ressources

Compétences

Forces

Faiblesses

Compétences distinctives

OBJECTIF BAC

6 Je réalise un diagnostic stratégique

Recensez les éléments internes et externes pour réaliser le diagnostic stratégique.

1 Mots croisés

Remplissez la grille.

Horizontal

2. Démarche permettant de surveiller l'environnement de l'organisation
5. Éléments environnementaux favorables à l'organisation
7. Éléments extérieurs à l'organisation sur lesquels elle n'a pas d'influence
8. Acronyme identifiant les éléments du macroenvironnement

Vertical

1. Démarche identifiant ce que l'entreprise a la capacité de faire
3. Dimension de l'environnement sur laquelle l'entreprise a une influence
4. Ensemble des savoirs et savoir-faire
6. Type de diagnostic portant sur les ressources et compétences

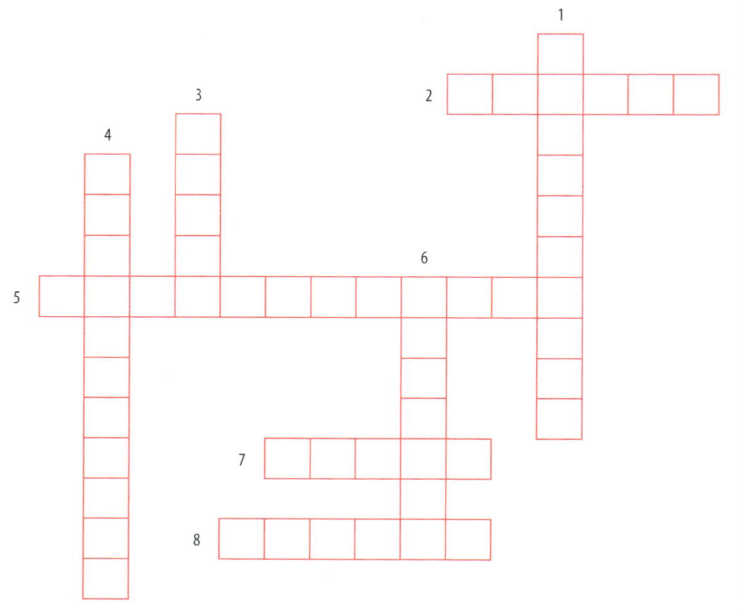

2 Jeu collaboratif

En groupe ou en classe entière, relevez les mots clés du chapitre et créez des étiquettes pour chaque mot. Tirez ensuite au sort une étiquette. Vos camarades de groupe ou de classe vous questionnent afin de trouver la définition exacte.

→ Variante possible : **mimer le mot, donner des exemples, etc.**

3 Argumenter

L'entreprise Sanova, spécialiste des travaux publics, subit de plein fouet les conséquences de la crise sanitaire. Les prix des matières premières ne cessent d'augmenter (ciments, sables, etc.), les fournisseurs sont en rupture de stock, la main-d'œuvre qualifiée se raréfie. Les devis aux clients doivent être sans cesse revus à la hausse d'un mois sur l'autre. L'engouement des clients pour les produits éco-responsables, la volonté de travailler avec des acteurs locaux qu'elle connaît bien depuis longtemps, laisse à penser à la dirigeante de l'entreprise qu'il est temps de changer de stratégie, d'autant plus qu'elle dispose d'une grande notoriété sur la région.

Les auteurs

Expliquez en une quinzaine de lignes pourquoi et comment l'entreprise doit changer de stratégie. Rédigez votre réponse selon le plan suivant :

1. Opportunités et menaces
2. Description et mise en place de la nouvelle stratégie

Fiche méthode
5 Repérer les étapes de la démarche stratégique p. 178-179

7

CAPACITÉS

- **Déterminer** les objectifs et les décisions stratégiques
- **Identifier** des nœuds de conflit et des points de consensus

NOTIONS

- **Objectifs stratégiques**
- **Lien finalité/objectifs**
- **RSE**
- **Conflits et consensus**

Interpréter le diagnostic et le traduire en objectifs

Uber Eats

FICHE D'IDENTITÉ

Uber Eats

Nom : Uber Eats

Nationalité : américaine

Type d'organisation : entreprise privée à but lucratif

Activité : livraison de plats cuisinés

Forme juridique : SAS

Chiffre d'affaires : 17,5 milliards de dollars en 2021 ; Uber a largement réduit ses pertes à 496 millions, contre 6,8 milliards en 2020

Chiffres clés en France :

- Présents dans près de 300 agglomérations françaises, soit près de 1 900 communes, couvrant ainsi plus de 60 % de la population ;
- 40 000 restaurants et commerçants ;
- 60 000 livreurs indépendants ;
- 17 millions de téléchargements de l'application

SITUATION

2008, sous la neige, deux Américains à Paris cherchent un taxi en vain… Ils imaginent alors une application pour smartphone permettant de commander une course en un clic. La société Uber voit le jour en 2010 à San Francisco.

Elle lance sa filiale Uber Eats en France en 2016 : il est désormais possible de se faire livrer des plats cuisinés chez soi. Les commandes sont prises *via* l'application mobile ou le site web d'Uber Eats auprès des restaurants partenaires et sont livrées par des livreurs indépendants (vélo, scooter, etc.). Les revenus d'Uber Eats explosent, passant de 595 millions de dollars en 2019 à 1,21 milliard de dollars en 2020, soit une croissance de 103 % sur 1 an. Cette forte croissance s'explique par la crise sanitaire, les restaurants étant fermés pendant de nombreux mois. Le nombre de livreurs a ainsi dépassé celui des chauffeurs !

1 Comment sont fixés les objectifs stratégiques ?

Uber Eats est en pleine croissance, mais cette croissance a un coût : pour l'assumer, l'entreprise doit dégager de meilleures marges, ce qui la contraint à revoir ses objectifs. Elle doit aussi s'adapter à l'évolution de la législation sur les emballages.

DOC 1 Les promesses de Dara Khosrowshahi

Assainir les comptes. Tel est, depuis quelques mois, le mantra d'Uber, qui multiplie les efforts pour parvenir à la rentabilité. En effet, depuis son entrée en Bourse en 2019, l'entreprise américaine encaisse des pertes abyssales.

Dara Khosrowshahi, qui a promis aux investisseurs « *la rentabilité en termes de bénéfice opérationnel* » pour l'année 2021, a déjà sabré dans les dépenses et a licencié plus de 1200 salariés en 2019.

Si Uber Eats grandit vite, la société fait face à une concurrence intense dans de nombreux pays. Toutefois, Uber est bien déterminé à tenir sa promesse : la division indienne d'Uber Eats, qui représentait environ 10 % des pertes du groupe au dernier trimestre, a été ainsi revendue. L'entreprise a aussi quitté le marché sud-coréen et ne compte pas s'arrêter là.

Les auteurs d'après Uber Eats

1 Repérez les objectifs stratégiques d'Uber Eats en les soulignant dans le document. ▶ Doc. 1

2 Montrez qu'ils sont cohérents avec la finalité de cette organisation. ▶ Doc. 1

....

....

....

DOC 2 Le diagnostic stratégique d'Uber Eats France

D'après : www.etudes-et-analyses.com, 16/04/2019

DOC 3 Uber Eats est sur tous les fronts

Uber Eats a fait une entrée remarquée dans le milieu du ballon rond en dévoilant sa stratégie de sponsoring. […] Uber Eats deviendra à compter de la saison 2020-2021, et ce pour deux saisons, partenaire titre du Championnat de France de Ligue 1 […] : « *Il y a une multitude de motivations. On sait que la Ligue 1 est la compétition préférée des Français. Avec ce futur naming, c'est l'occasion d'être sur le devant de la scène toute l'année, de toucher tout le monde, y compris la gent féminine,* explique le *Head of Marketing Europe* d'Uber Eats. *Tout est parti des centres d'intérêt de nos clients. Le foot est un point de passion fort et commun pour les Français et cela colle parfaitement à nos moments de consommation. Un fan de foot consomme deux fois plus qu'une personne devant sa TV. Dans ce sens, le sponsoring est un moyen d'atteindre nos objectifs et inclut de la visibilité média et particulièrement en TV. Notre pari, c'est de nous imposer comme le réflexe des Français quand ils regardent le football.* »

Thomas Loisel, e-marketing.fr, 06/01/2020

3 **Expliquez comment le diagnostic stratégique a influencé les objectifs stratégiques d'Uber Eats.**
▶ Doc. 2 et 3

....

....

....

DOC 4 Zéro déchet pour la livraison de plats à domicile

Ministère de l'Écologie
@Ecologie_Gouv

Pour lutter contre le gaspillage et le suremballage, 19 acteurs du secteur de la restauration livrée signent une charte d'engagement avec le @gouvernementFR

✅ Réduire les contenants et les emballages en plastique à usage unique, développer le réemploi et mieux les recycler.

11:01 AM · Feb 15, 2021 · Twitter Media Studio

54 Retweets 2 Quote Tweets 108 Likes

VIDÉO
hachette-clic.fr/22m38
(1 min 16)

4 **Expliquez comment *Uber Eats* pourra se mettre en conformité avec l'objectif de zéro déchet dans le service de livraison de repas à domicile.** ▶ Doc. 4

....

....

....

....

....

....

....

Bilan

Présentez dans un schéma le lien entre les objectifs stratégiques d'Uber Eats et sa responsabilité sociétale. ▶ Doc. 4

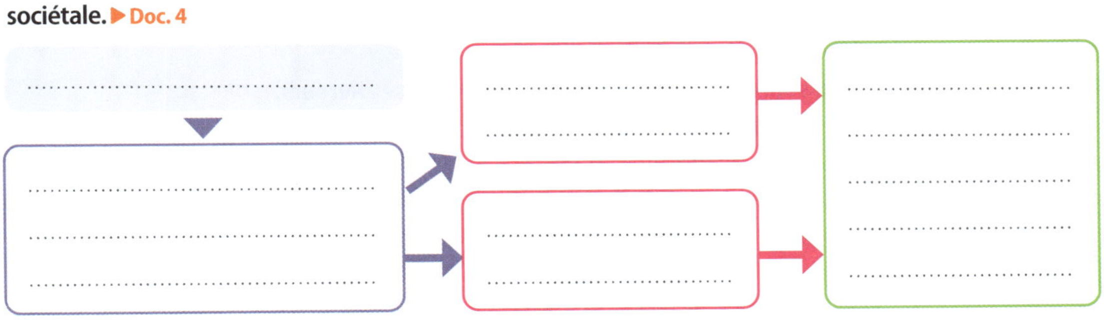

Vers la synthèse
JE ME TESTE
hachette-clic.fr/22m39
Je révise l'essentiel p. 96-97

2 Quelle est l'influence des parties prenantes sur la stratégie des organisations ?

De plus en plus nombreux, les livreurs indépendants Uber Eats revendiquent au quotidien de meilleures conditions de travail, ce qui peut créer des tensions avec l'entreprise. Un jeu de négociation va alors être mené…

DOC 5 Les parties prenantes d'Uber Eats

1 **Identifiez les différentes parties prenantes d'Uber Eats.**

DOC 6 Des livreurs utilisant Uber Eats mettent la pression à la plateforme à Saint-Étienne

Une trentaine de livreurs se sont réunis peu avant 19 heures à proximité d'un centre commercial du centre de Saint-Étienne, a indiqué la police. […] « *On va maintenir la pression à l'approche d'une rencontre prévue la semaine prochaine avec la direction nationale d'Uber Eats* », ont déclaré mercredi soir à l'AFP plusieurs représentants stéphanois du mouvement de protestation dénonçant des conditions de travail dégradées.

L'objectif affiché des négociations qu'ils veulent engager avec Uber Eats, et d'autres plateformes telles que Deliveroo, porte sur des revendications telles que « *régularisation des recrutements, rémunération minimum horaire garantie, hausse des tarifs de livraisons, fin du système de notation, protocole de déconnexion plus juste* ». […]

Maddyness avec AFP, « Des livreurs d'Uber Eats mettent la pression à la plateforme à Saint-Étienne », www.maddyness.com, 07/01/2021

2 **Repérez en la surlignant la source de conflits entre Uber Eats et ses livreurs.** ▶ Doc. 6

3 **Montrez que leurs objectifs sont divergents.** ▶ Doc. 5 et 6

…………………………………………………………………………………………

…………………………………………………………………………………………

…………………………………………………………………………………………

DOC 7

À Saint-Étienne, les livreurs Uber Eats obtiennent de meilleures rémunérations

Les livreurs de repas travaillant pour Uber Eats à Saint-Étienne (Loire) ont obtenu une amélioration de leurs conditions de travail, dont un tarif horaire minimum sous conditions, après quelques grèves très suivies, selon leurs représentants.

« *Depuis lundi, Uber Eats applique sur Saint-Étienne une rémunération minimum de 10 euros entre 11 h 30 et 13 h 30, et de 12 euros entre 19 heures et 21 heures, à condition d'avoir effectué au moins deux courses dans l'heure et d'atteindre un taux d'acceptation des commandes proposées de 85 %* », a déclaré Pierre, l'un des porte-parole du mouvement, dimanche, à l'AFP.

« *À notre connaissance, on est la seule ville de France où ils ont mis ce système en place, à la suite de la forte mobilisation de la plupart des 200 livreurs qui travaillent pour cette plateforme, les 13 et 18 décembre* », a-t-il précisé, ajoutant qu'une « *prime de pluie, inférieure à celle qui existait avant le premier confinement, vient d'être rétablie, à hauteur de 1 euro par commande* ».

Martine Robert, *Les Echos*, 27/12/2020

Droit de réponse d'Uber Eats :

« *Partout en France, nous échangeons directement avec les livreurs et également avec des collectifs ou associations locales afin d'être au plus proche de leurs attentes. Nous pouvons ainsi décider d'initiatives qui tiennent compte de contextes spécifiques à l'échelon d'une ville. À Saint-Etienne, nous avons par exemple mis en place des mesures temporaires liées aux fêtes de fin d'année et aux conditions d'activité particulières à la ville.* »

4 **Repérez en la surlignant la décision prise par l'entreprise pour résoudre ce conflit.** ▶ Doc. 7

DOC 8

Le dialogue entre les livreurs et Uber Eats

De mars à mai 2019, nous avons recueilli partout en France l'avis de plusieurs milliers d'entre vous [...] dans le cadre d'une consultation à l'échelle nationale. En mars 2019, un questionnaire en ligne a été envoyé à plus de **14 000 coursiers**. Puis, nous avons organisé des tables rondes dans **plus de 40 villes** en France [...].

À tous les coursiers qui ont participé, **merci pour votre engagement** [...] : vous avez été **plus de 5 400** à avoir répondu au questionnaire en ligne et **près de 200** à avoir pris le temps de discuter avec les équipes Uber Eats.

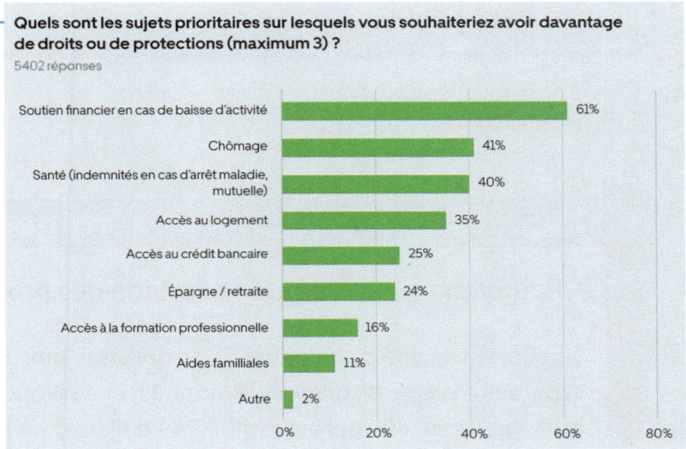

Ce qui change

Jusqu'à présent, Uber agissait en tant qu'intermédiaire [...]. Vous vendiez et facturiez [...] vos services de livraison aux restaurants. Nous mettions à disposition notre application de mise en relation Uber Eats en échange de frais de service.

Nous simplifions maintenant ce système : Uber Eats devient une société française à qui vous vendez directement vos services de livraison.

- Vos frais de service Uber passent à 0 %.
- Vos obligations fiscales sont allégées.
- Vos factures se simplifient.
- Nous nous établissons en France.

uber.com, 17/07/2019 et 27/01/2020

Bilan

Montrez que les mesures mises en place sont issues d'un consensus.

....

....

....

....

....

Vers la synthèse — JE ME TESTE

hachette-clic.fr/22m40

Je révise l'essentiel p. 96-97

À moi de jouer

1 Jouez avec *Kyushi* !

Des quiz interactifs pour réviser en classe !

hachette-clic.fr/kyushi

2 QCM

1. **Les objectifs sont induits par la finalité de l'organisation.** VRAI FAUX

2. **Un objectif stratégique est :**
- ☐ un objectif qui court sur le long terme.
- ☐ un objectif fixé par les concurrents de l'organisation.
- ☐ un objectif en rapport avec la finalité de l'organisation.

3. **Les parties prenantes :**
- ☐ ne sont pas concernées par la définition des objectifs stratégiques.
- ☐ influencent l'organisation dans la fixation des objectifs stratégiques.
- ☐ ont uniquement des intérêts divergents avec l'organisation.

4. **Les conflits au sein de l'organisation proviennent :**
- ☐ uniquement de désaccords liés aux salaires.
- ☐ de divergences entre les intérêts individuels des différents acteurs.
- ☐ de désaccords entre les différentes parties prenantes.

5. **L'organisation est à la recherche d'un consensus afin :**
- ☐ de limiter les conflits.
- ☐ d'accentuer la domination entre les différents acteurs.
- ☐ de faire converger les acteurs vers des objectifs communs.

3 Analyser une décision stratégique

DOC 1 Pourquoi Apple a arrêté l'escalade des prix ?

Tim Cook a décidé de diminuer de 50 dollars le prix de l'appareil d'entrée de gamme, l'iPhone 11, en le proposant à partir de 699 dollars, contre 749 dollars pour le XR, son équivalent sorti un an plus tôt. « *Une première dans l'histoire de la société, qui n'avait jamais baissé le prix d'une nouvelle génération d'une année à l'autre* », souligne Toni Sacconaghi, analyste chez Bernstein. L'entreprise brade aussi sérieusement ses anciens modèles, avec une réduction de 150 dollars sur les modèles 8, 8 Plus et XR. Confrontée à un ralentissement de la croissance de ses ventes d'iPhone depuis l'année dernière, l'entreprise a décidé de changer de stratégie. Au moment où elle se lance dans le streaming vidéo et les jeux vidéo, sa priorité numéro un est désormais d'élargir son parc d'utilisateurs au maximum pour doper l'abonnement à ses services. Or les chiffres montrent le dynamisme de ses modèles les moins chers : sur les trois derniers trimestres, les iPhone sortis avant la nouvelle génération (XR, XS et XS Max) ont représenté 41 % du total des ventes, contre 32 % un an plus tôt, selon le cabinet Canalys.

Éloignement du monde du luxe

Le départ d'Angela Ahrendts, la responsable des Apple Store débauchée chez Burberry, signalait déjà en avril sa volonté de tourner la page du luxe. Une volonté de reconquête des clients plus modestes était également lisible dans le développement des programmes d'échanges, permettant de bénéficier d'une remise sur les nouveaux modèles en échange de son ancien téléphone.

Ce choix montre aussi la solidité des concurrents, avec une différenciation de moins en moins marquée sur le matériel, chacun ayant intégré d'excellents capteurs photo, des processeurs puissants et de meilleures batteries. […]

Anaïs Moutot, *Les Echos*, 04/10/2019

1. **Identifiez les nouveaux objectifs stratégiques d'Apple.**

2. **Expliquez les facteurs à l'origine d'une telle décision stratégique.**

4 Étudier des nœuds de conflits

DOC 1 RATP : signature du 5e accord sur l'égalité professionnelle et salariale entre les femmes et les hommes

GROUPE RATP

Depuis 2003, la RATP développe une politique visant l'égalité professionnelle et salariale entre les femmes et les hommes. Par la signature [d'un] 5e accord [entre la Direction de la RATP et l'ensemble des organisations syndicales représentatives CFE-CGC, CGT, UNSA], l'entreprise a pour ambition de poursuivre son engagement. Pour le groupe RATP, promouvoir la mixité au sein de son organisation, c'est se donner toutes les chances d'attirer de nouveaux talents et d'améliorer également la créativité et l'innovation au sein de l'entreprise en diversifiant les modes de pensée et les références culturelles.

L'accord signé comporte 7 engagements majeurs :

- Condamner fermement les propos et agissements sexistes ;
- Identifier les éventuels écarts de rémunération non justifiés entre les femmes et les hommes à des fins de résorption ;
- Mettre en place une disposition liée à l'avancement garantissant le principe d'un déroulement de carrière non impacté par un congé de maternité ou d'adoption ;

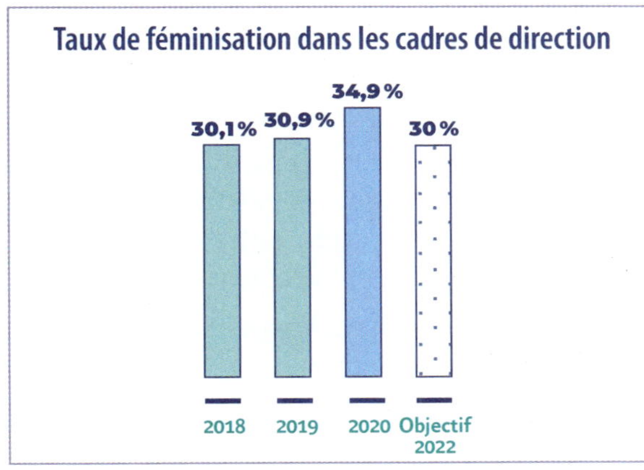

- Instaurer 3 demi-journées d'absence rémunérée durant l'enquête liée à la procédure d'adoption ;
- Inscrire un engagement de féminisation des Codir dans les contrats d'objectifs de départements ;
- Proposer, sous réserve d'en disposer, la candidature d'au moins une femme pour chaque poste ouvert de manager ;
- Accompagner les femmes lors de prise de poste à responsabilité en leur proposant des actions de coaching et/ou de mentoring.[…]

ratp.fr, 27/03/2019

DOC 2 XV de France : accord Fédération-Ligue et fin du conflit sur les tests d'automne

FRANCE RUGBY

Paris - Le bras de fer est terminé. Après de longues négociations, la Fédération française de rugby et la Ligue ont trouvé un terrain d'entente jeudi sur la mise à disposition des internationaux pour le XV de France cet automne. Les six matches de l'équipe de France, dont le premier, amical, est prévu le 24 octobre contre le pays de Galles au Stade de France, sont maintenus, mais chaque joueur ne pourra pas être inscrit sur plus de trois feuilles de match, celles-ci comportant 23 éléments.

Parmi les autres points cruciaux de l'accord, la sélection nationale disposera en outre de 31 joueurs maximum, et non pas de 42 comme le souhaitaient le sélectionneur Fabien Galthié et les autres membres de l'encadrement. C'est la fin d'un conflit qui s'était durci ces dernières semaines entre, d'un côté, la LNR, qui chapeaute les championnats professionnels, les clubs, employeurs des joueurs, et de l'autre, la FFR, responsable du XV de France.

Cet accord « *constitue un accord équilibré et solidaire qui prend en compte, d'une part, les enjeux de santé des joueurs, d'autre part, les enjeux sportifs et économiques pour l'équipe de France, la FFR, la LNR et les clubs dans le contexte exceptionnel de la crise sanitaire* », ont commenté FFR et LNR dans un communiqué commun. […]

AFP, 15/10/2020

1. **En groupe, sélectionnez l'une de ces organisations (▶ Doc. 1 ou ▶ Doc. 2) et effectuez des recherches afin de la caractériser.**

2. **Présentez sa finalité.**

3. **Identifiez les différentes parties prenantes et les nœuds de conflits entre les acteurs.**

4. **Présentez les points de consensus.**
Chaque groupe présentera son travail à l'oral avec l'outil numérique de son choix.

Fiche méthode
② Caractériser une organisation p. 172-173

L'essentiel

JE RÉVISE

hachette-clic.fr/22m41

- Le podcast du cours
- La synthèse en 1 clic
- Je manipule les notions

NOTIONS

- **Conflit :** rencontre d'éléments, de sentiments contraires, qui s'opposent.
- **Consensus :** accord entre personnes. Le consensus permet de mettre fin ou d'éviter un conflit entre une organisation et ses parties prenantes.
- **Finalité :** raison d'être de l'organisation. But ultime à atteindre.
- **Objectifs stratégiques :** résultats à atteindre sur le long terme. Ces objectifs sont définis par la direction. Ils peuvent être financiers ou non financiers.
- **Partie prenante :** acteur qui trouve un intérêt dans les actions de l'organisation. Il est plus ou moins impacté par les décisions de l'organisation. Il existe des parties prenantes internes (salariés, bénévoles et propriétaires, adhérents) et externes (banque, État, ONG, syndicats, clients, fournisseurs, usagers, contribuables, bénéficiaires).
- **RSE :** responsabilité sociétale de l'entreprise. Contribution d'une entreprise au développement durable. L'entreprise cherche à atteindre ses objectifs économiques en se souciant de l'aspect social et de l'écologie.

COURS

1 Comment sont fixés les objectifs stratégiques ?

- La définition des **objectifs stratégiques** est de la responsabilité de l'équipe managériale de l'organisation. Ces objectifs doivent permettre à l'organisation d'atteindre sa **finalité** :
  – dégager davantage de profits pour assurer sa pérennité s'il s'agit d'une **entreprise** ;
  – rendre un service public dans l'intérêt de ses usagers pour une **organisation publique** ;
  – proposer un service non marchand dans l'intérêt de ses bénéficiaires et de ses membres pour une **organisation de la société civile**.
- Les organisations sont de plus en plus soucieuses de leur **responsabilité sociétale**. Elles intègrent dans leurs objectifs stratégiques des préoccupations sociales et écologiques. Elles cherchent alors à améliorer le bien-être de leurs salariés tout en préservant l'environnement par une démarche RSE.

2 Quelle est l'influence des parties prenantes sur la stratégie des organisations ?

- Les objectifs stratégiques ne sont pas figés dans le temps. Les dirigeants les font évoluer en fonction du diagnostic stratégique.
- Les objectifs de l'organisation ne coïncident pas toujours avec les objectifs et les besoins de ses parties prenantes. Ces dernières peuvent faire pression sur l'organisation, ce qui fait naître des conflits. La direction va donc chercher à établir un consensus en modifiant, dans la mesure du possible, les objectifs stratégiques.

CULTURE+ Leaders à la loupe !

Elon Musk

Directeur de Tesla, fondateur de SpaceX, Neuralink et The Boring Company

Cet entrepreneur milliardaire investit pour le futur : ses différentes entreprises se concentrent sur les énergies durables, l'intelligence artificielle et l'espace, allant jusqu'à la colonisation de Mars. SpaceX devient ainsi en 2020 la première organisation privée au monde à envoyer des astronautes dans l'espace.

Joséphine Goube

Fondatrice de Migreat, cofondatrice et directrice de Techfugees

À 29 ans, cette entrepreneuse a déjà lancé un incubateur pour les entrepreneurs sociaux, créé un service d'information à destination des migrants, été nommée experte à la Commission européenne sur les questions de réfugiés. « Serial entrepreneuse », oui, mais seulement à but non lucratif ! Son ambition est d'améliorer l'accès à la santé et à l'éducation des réfugiés à l'aide des nouvelles technologies.

POUR RETENIR AUTREMENT

1 Comment sont fixés les objectifs stratégiques ?

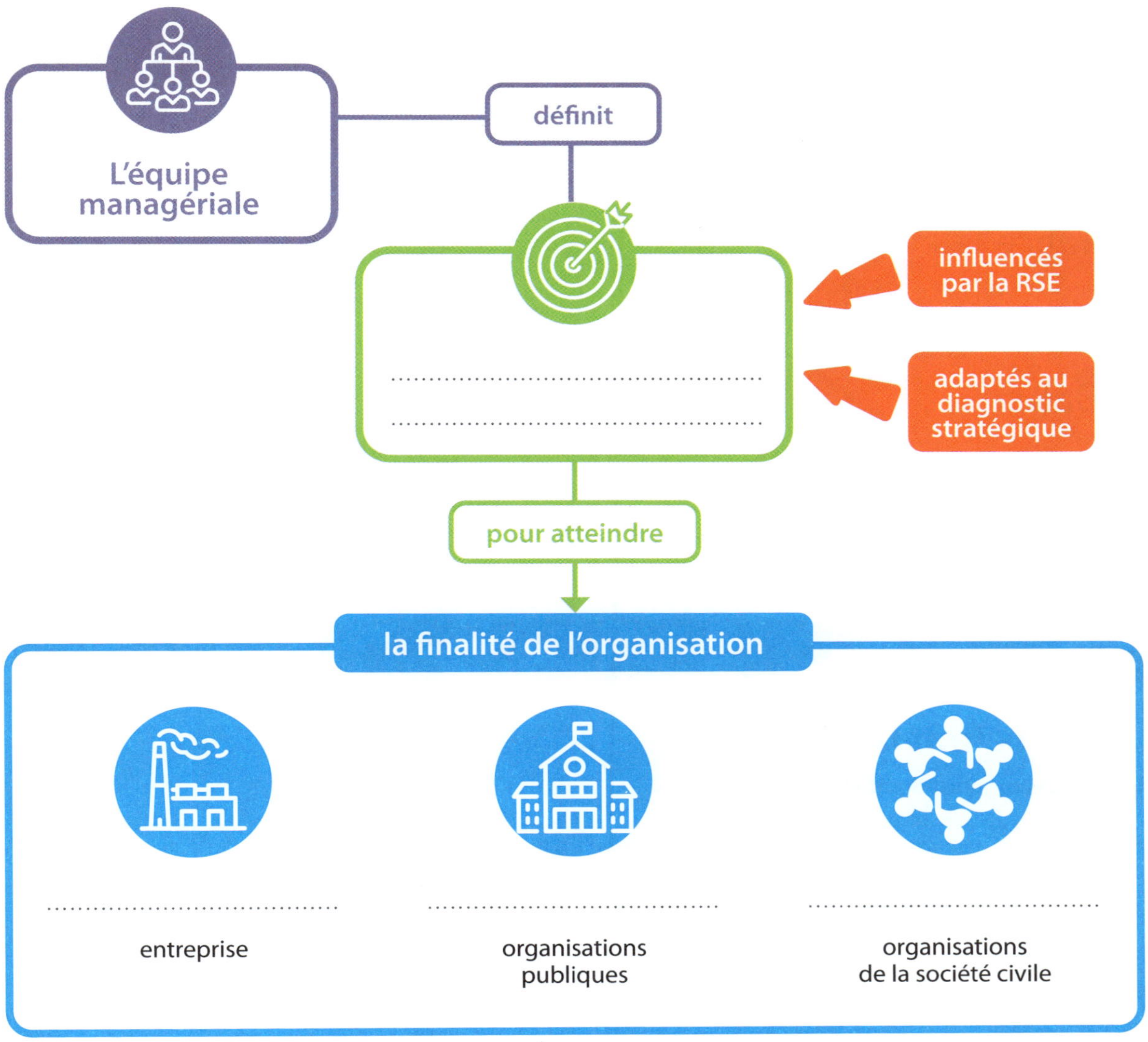

2 Quelle est l'influence des parties prenantes sur la stratégie des organisations ?

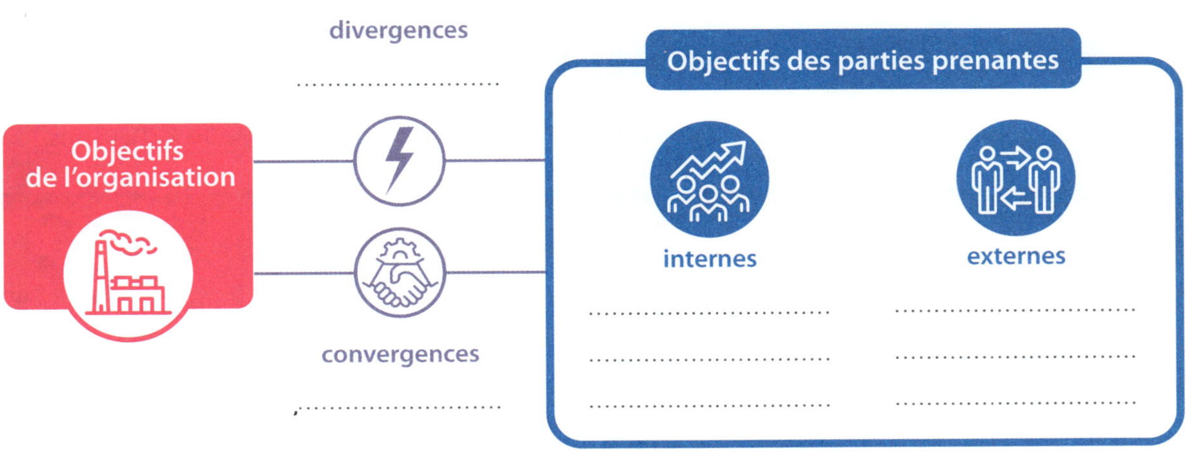

7 Je détermine les objectifs d'une organisation

Les résultats visés par une organisation pour atteindre sa finalité tiennent compte de son diagnostic stratégique et concernent les parties prenantes. Vérifiez que vous maîtrisez ces deux aspects.

1 À chacun sa partie

Entourez l'organisation et sa ou ses parties prenantes d'une même couleur.

France Télévisions

AGRIAL

Hachette Livre

Ba&sh

Decathlon

Air France-KLM

Delta Airlines

LIBRAIRIES

India textile

Le syndicat Jeunes Agriculteurs

Union Sport et Cycle

L'État français

2 Les deux font la paire…

Associez les organisations à leurs objectifs.

- Avril Cosmétiques
- Hôpital Marie-Curie
- La Française des plastiques
- Le Futuroscope
- Le Grand Nancy
- RATP
- STMicroelectronics

- Atteindre un taux de 0 % dans les risques d'infection à l'horizon 2020.
- Augmenter la fréquentation de 2 %.
- Bâtir 1 000 logements chaque année.
- Doubler les points de vente en 2022.
- Permettre aux usagers de se déplacer sereinement, rapidement et dans un maximum de confort.
- Redevenir compétitif vis-à-vis d'une concurrence asiatique très performante.
- Réduire le taux de déchets en production de 30 % d'ici 5 ans.

3 Argumenter

Comment déterminer les objectifs d'une organisation ?
Rédigez votre réponse selon le plan suivant :

1. Le diagnostic stratégique.
2. L'influence des parties prenantes.

Fiche méthode

① Argumenter autour d'un problème de management.
P 170-171

8

CAPACITÉS

- **Questionner** les indicateurs de résultats
- **Évaluer** la performance de l'organisation grâce à ces indicateurs et proposer des mesures correctrices

NOTIONS

- **Indicateurs**

Évaluer les objectifs et les pratiques

FICHE D'IDENTITÉ

Numéro 1 mondial : produits laitiers frais, nutrition médicale

Numéro 2 mondial : nutrition infantile, eaux conditionnées

Réseau : + de 120 pays

Top 3 des pays : États-Unis, Chine et France

Top 3 des marques : Activia®, Aptamil®, Danone®

Effectif : + de 100 000 collaborateurs

Chiffre d'affaires : 23,6 milliards €

Production : 81 % des emballages recyclables, réutilisables ou compostables

VIDÉO 1
hachette-clic.fr/22m42
Danone, une histoire de pionniers (2 min 34)

VIDÉO 2
hachette-clic.fr/22m43
Découvrez la culture d'entreprise chez Danone (2 min 59)

➔ **Regardez la vidéo 2 et relevez les « L » de Danone :**
- L'ADN de Danone
- La signature de Danone
- Les catégories de produits
- Le projet de Danone
- L'ambition de Danone

SITUATION

Danone ou Danon ? Le nom de la marque Danone a été choisi par Isaac Carasso car c'était le diminutif du prénom de son fils Daniel : « Danon ». En 1910, Isaac introduit en Espagne le yaourt comme moyen de lutter contre une infection des intestins très répandue chez les enfants. Les yaourts sont d'abord vendus en pharmacie, puis dans les crèmeries.

Parti s'exiler aux États-Unis en 1942 après avoir lancé la marque en France, Daniel Carasso reprend une boutique de vente de yaourt et fonde l'année suivante Dannon Milk Products. Il revient en France dans les années 1970 pour installer, avec le rachat de nombreuses marques, ce qui va devenir le premier groupe agroalimentaire français.

1 Utiliser des indicateurs pour évaluer les objectifs

Danone, à travers son plan « Danone 2020 », s'est fixé des objectifs opérationnels, environnementaux et sociétaux afin d'obtenir une performance globale à la fois financière et extra financière.

DOC 1 La révolution de l'alimentation

VIDÉO
hachette-clic.fr/22m44
(2 min 36)

NOTION

La performance de l'entreprise est un concept multidimensionnel difficile à mesurer techniquement. La performance globale est « l'agrégation des performances économiques, sociales et environnementales » (Baret, 2006). Marcel Lepetit la définit comme « une visée (ou un but) multidimensionnelle, économique, sociale et sociétale, financière et environnementale, qui concerne aussi bien les entreprises que les sociétés humaines, autant les salariés que les citoyens ».

1 **Listez les objectifs de Danone présentés dans la vidéo en complétant la liste en colonne de gauche ci-dessous.** ▶ Doc. 1

2 **Qualifiez ces objectifs en les reliant à la bonne typologie A ou B.** ▶ Doc. 1

A : Sociétal B : Environnemental

....	☐ A ☐ B	....	☐ A ☐ B
....	☐ A ☐ B	....	☐ A ☐ B
....	☐ A ☐ B	....	☐ A ☐ B
....	☐ A ☐ B	....	☐ A ☐ B
....	☐ A ☐ B	....	☐ A ☐ B
....	☐ A ☐ B	....	☐ A ☐ B

DOC 2 Danone se fixe des objectifs ambitieux de marge d'ici à 2020

Danone a revu ses objectifs pour les trois prochaines années devant les investisseurs réunis, jeudi, en séminaire à Evian. Le groupe a abaissé ses prévisions de croissance de 4 à 5 % d'ici à 2020 contre 5 % précédemment, tout en se fixant pour cette période un objectif de marge opérationnelle courante - alors qu'il n'en communiquait pas jusqu'ici - de 16 %, contre 13,6 % en 2016. [...]

Marie-Josée Cougard, *Les Echos*, 19/05/2017

3 **Identifiez en les surlignant les objectifs fixés par Danone en 2017 pour 2020. Qualifiez ces objectifs.** ▶ Doc. 2

....
....
....
....

DOC 3 Les indicateurs de performance de Danone en 2020

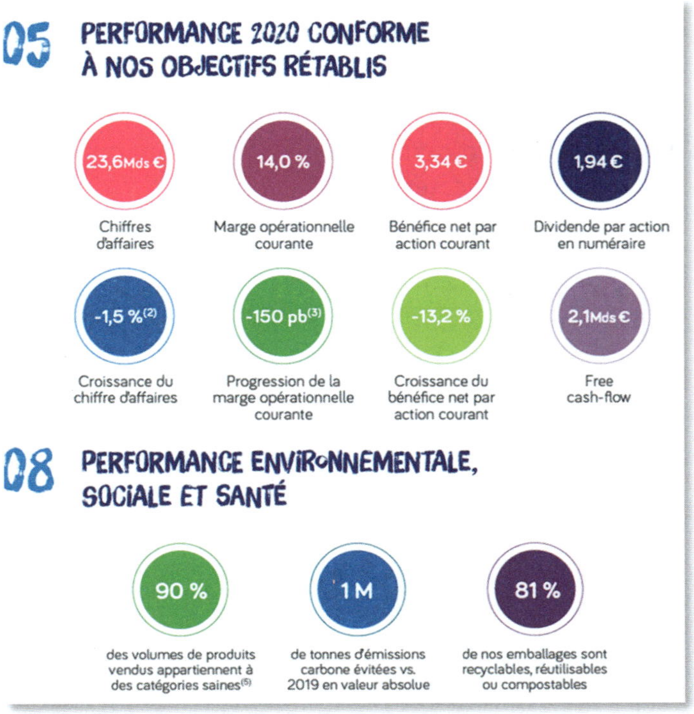

Danone

NOTION

Les indicateurs de performance
Ces indicateurs se présentent sous la forme d'informations chiffrées. Ils permettent de savoir si l'entreprise atteint ses objectifs (efficacité) et obtient les meilleurs résultats possibles compte tenu des moyens mis en œuvre (efficience). Ils constituent un véritable tableau de bord et sont donc également des outils d'aide à la décision sur le plan de la gestion et du pilotage stratégique de l'entreprise.

4 **Sélectionnez les indicateurs pertinents pour comparer les objectifs de Danone fixés en 2017 et les résultats obtenus en 2020. Complétez le tableau ci-dessous.** ▶ Doc. 3 et ▶ Notion

Objectifs 2017-2019	Résultats 2020
Opérationnels	
....	....
....	....
Environnementaux, sociétaux et de santé	
....	....
....	....
....	....

5 **Pourquoi est-il intéressant d'utiliser plusieurs indicateurs pour évaluer un objectif ?**
▶ Doc. 3 et ▶ Notion

....

Bilan

Expliquez pourquoi les indicateurs sont utiles pour évaluer les objectifs.

....

....

....

Vers la synthèse
JE ME TESTE
hachette-clic.fr/22m45
Je révise l'essentiel p. 106-107

2 Utiliser des indicateurs pour prendre des décisions

En 2021, Emmanuel Faber, alors Président-Directeur Général de Danone, est « débarqué » par des fonds d'investissements lors d'un conseil d'administration. La performance de Danone n'est pas satisfaisante à la lecture de leurs indicateurs.

1 Complétez le tableau de bord ci-dessous avec les types d'indicateurs utilisés.

Indicateurs	Indicateurs ....
N°1 mondial produit frais	Chiffre d'affaires
N°1 mondial nutrition médicale	Marge opérationnelle
N°2 mondial nutrition infantile et eaux	Dividende par action

DOC 4 Déclaration d'Emmanuel Faber

Emmanuel Faber, Président-Directeur Général de Danone, a déclaré : *« Chez Danone, nous croyons que chaque fois que nous mangeons et nous buvons, nous votons pour le monde dans lequel nous voulons vivre. C'est ce qui a inspiré la définition de nos objectifs à long terme, en lien direct avec notre vision 'One Planet. One Health'. Parce que nous rendons notre modèle d'entreprise plus fort et que nous faisons vivre notre double projet économique et social, nous sommes convaincus que nous atteindrons les objectifs opérationnels et financiers que nous nous sommes fixés et que nous réussirons à créer de la valeur durable et à la partager avec tous. »*

Communiqué de presse Danone, *Les Objectifs Danone 2030 pour la révolution de l'alimentation*, 26/04/2018

2 Relevez la catégorie d'indicateurs qu'Emmanuel Faber souhaite intégrer dans la mesure de la performance. ▶ Doc. 4

....

DOC 5 Les résultats de Danone

Danone a dévoilé des résultats 2020 pénalisés par le Covid-19. Le résultat net part du groupe du géant français de l'agroalimentaire s'est établi à 1,956 milliard d'euros, soit quasi-stable. Le résultat opérationnel courant s'est établi à 3,3 milliards, en baisse de 13,8 %. La marge opérationnelle courante a atteint 14 %, en repli de 117 points de base en données publiées et de 150 points de base en données comparables. Danone a réalisé une performance contrastée entre les pôles avec un chiffre d'affaires 2020 de 23,62 milliards, en baisse de 1,5 % en données comparables et en baisse de 6,6 % en données publiées. [...] Danone a prévenu que le premier trimestre restait difficile. [...] Concernant le conflit avec certains actionnaires, le PDG Emmanuel Faber a reconnu que le cours de l'action en bourse est en deçà des attentes du groupe. Aussi a-t-il ajouté : *« Nous sommes heureux, à l'occasion de la publication de nos résultats annuels, de retrouver notre capacité à dialoguer ouvertement avec nos actionnaires, à l'heure où nous préparons un important évènement investisseur qui se tiendra le 25 mars. »*

« Danone : résultats annuels affectés par la pandémie », *Capital et AOF*, 19/02/2021

3 Surlignez les indicateurs qui permettent la mesure des résultats financiers de Danone. ▶ Doc. 5

4 Relevez les termes qui qualifient les indicateurs. ▶ Doc. 5

....

5 Statuez sur la performance de Danone à la lecture de ces indicateurs. ▶ Doc. 5

....

DOC 6 Danone : pourquoi l'entreprise a-t-elle évincé son PDG Emmanuel Faber ?

[…] Un patron de Danone viré en une soirée, incroyable ! C'est un événement très rare dans la vie des grandes entreprises du CAC-40. En réalité, le patron a aussi des patrons, ce sont les actionnaires, les propriétaires de l'entreprise. Et, les représentants de ces propriétaires, ce sont les membres du conseil d'administration. Ce sont eux qui ont cette nuit révoqué Emmanuel Faber, qui dirigeait l'entreprise depuis 2014.

Pourquoi vire-t-on un patron ? Plusieurs raisons se sont conjuguées. En surface, c'est la révolte de deux petits actionnaires, des fonds dits activistes, qui estiment que la performance de Danone n'est pas suffisante. Autrement dit que l'entreprise avait beaucoup plus souffert de la crise Covid, au plan de la rentabilité, que ses concurrents comme le suisse Nestlé, ou l'anglo-néerlandais Unilever. Ce qui a eu pour conséquence de faire chuter le cours de l'action Danone. Or, pour un actionnaire, comme son nom l'indique, la valeur de l'action est essentielle. Surtout pour ces fonds, qui investissent de l'argent et veulent en avoir le retour. […]

François Lenglet, *RTL.fr*, 15/03/2021

DOC 7 Le cours de l'action en bourse de Danone sur 5 ans

boursier.com

DOC 8 Danone, la chute d'un symbole

VIDÉO
hachette-clic.fr/22m46
(2 min 18)

6 **Relevez la valeur de l'indicateur cours de l'action en bourse de Danone en novembre 2019 et en novembre 2021.** ▶ Doc. 7

....

....

7 **Relevez les raisons de l'éviction d'Emmanuel Faber.** ▶ Doc. 6, 7, 8

....

....

Bilan

Résumez la mesure correctrice prise par le conseil d'administration de Danone et les indicateurs utilisés.

....

....

....

Vers la synthèse
JE ME TESTE
hachette-clic.fr/22m47
Je révise l'essentiel p. 106-107

À moi de jouer

1 Jouez avec *Kyushi* !

Des quiz interactifs pour réviser en classe !

hachette-clic.fr/kyushi

2 Les bons indicateurs de performance

Reliez l'organisation avec l'indicateur de performance qui lui correspond.

Une association •	• le taux de réussite au Bac
Une multinationale •	• le nombre d'adhérents
Une PME •	• le niveau de propreté des rues
Un hôpital •	• le cours de l'action en Bourse
Une mairie •	• le résultat
Un distributeur •	• la part de marché
Un lycée •	• indicateur de qualité et de sécurité des soins

3 Les indicateurs des réseaux sociaux

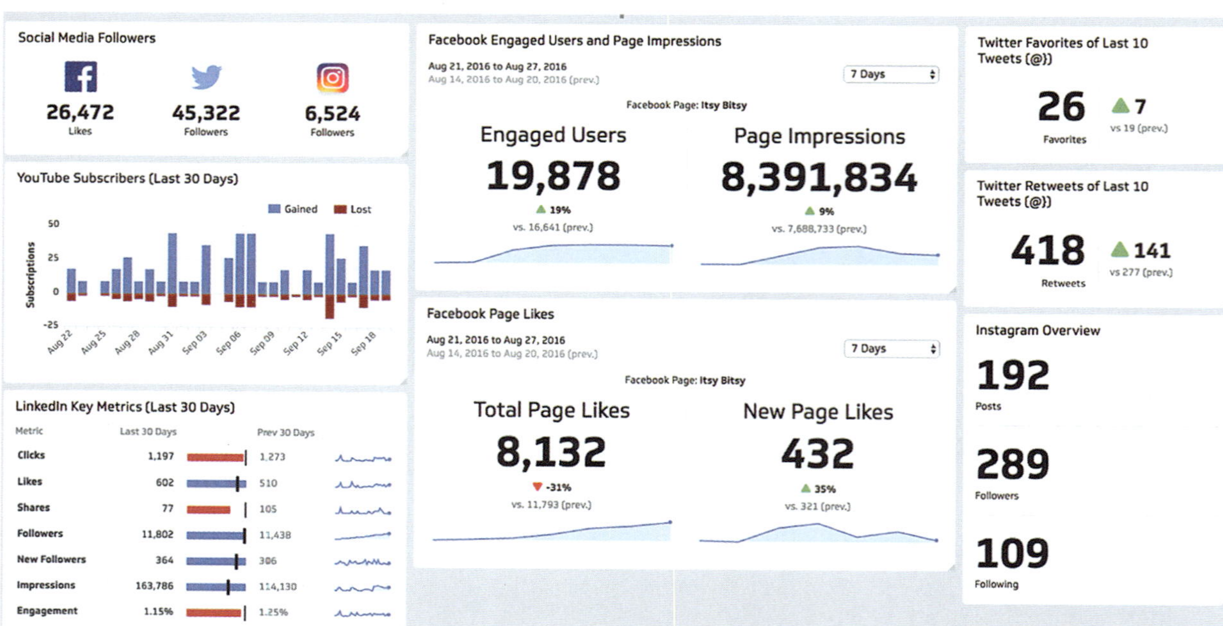

1. Identifiez les organisations qui figurent dans le tableau de bord ci-dessus.
2. Listez les principaux indicateurs utilisés.
3. Selon vous, quel est l'objectif de ce tableau de bord ?

4 Étudier la mesure de la performance : les objectifs et les indicateurs

DOC 1 Les objectifs environnementaux de Netflix

Pour contribuer à la stabilisation du climat, Netflix s'engage à atteindre l'objectif Net Zéro carbone d'ici la fin de l'année 2022 et pour les années suivantes. […]

Étape 1 : RÉDUCTION de nos émissions

[…] Nous allons également réduire nos émissions directes et indirectes de gaz à effet de serre (GES) de 45 % d'ici 2030 […].

Étape 2 : CONSERVATION des écosystèmes existants qui stockent du CO_2

[…] Nous commencerons par préserver les zones naturelles en danger comme les forêts tropicales, qui sont essentielles à la réalisation des objectifs climatiques mondiaux.

Étape 3 : ÉLIMINATION du CO_2 de l'atmosphère

D'ici la fin de l'année 2022, nous rapporterons toutes nos émissions restantes à zéro en investissant dans la régénération d'écosystèmes naturels essentiels. […]

about.netflix.com

DOC 2 Netflix n'a pas atteint son objectif de nombre d'abonnés

Netflix a publié au premier trimestre 2021 un bénéfice de 1,707 milliard de dollars, soit 3,75 dollars par action, contre un bénéfice de 709 millions, ou 1,57 dollar par action, un an plus tôt. Des chiffres aussi bien supérieurs aux attentes du géant du streaming vidéo (2,97 dollars par action) que de celles de Wall Street (3,16 dollars par action). En revanche, du côté du chiffre d'affaires, même s'il est ressorti à 7,163 milliards de dollars (+24,2 %), très légèrement au-dessus des estimations du groupe, il n'a pas satisfait le consensus, qui espérait 7,4 milliards. Autre point de déception, le nombre d'abonnés n'a pas atteint l'objectif attendu : avec 207,64 millions de membres, soit +3,98 millions (+13,6 %), Netflix n'a pas réussi à attirer les 6 millions supplémentaires qu'il souhaitait.

« *Nous pensons que la croissance des abonnements a ralenti en raison de la grande percée du Covid-19 en 2020 et d'un programme de contenu plus léger au premier semestre de cette année, en raison des retards de production liés à l'épidémie* », a expliqué la plateforme de streaming.

Capital et AOF, 21/04/2021

DOC 3 Netflix n'atteint pas ses objectifs d'abonnés et chute en bourse

STREAMING

Le nombre d'abonnés et le chiffre d'affaires sont en hausse, mais ça pourrait être encore mieux

Une hausse de 14 % de ses abonnés dans le monde, à 208 millions, un bond de 24 % pour son chiffre d'affaires, à 7 milliards de dollars, et pourtant, Netflix fait un peu la tête à la fin de ce premier trimestre 2021 et le titre perd même 10 % en bourse. Pourquoi ? Le géant du streaming vidéo avait promis 210 millions d'abonnés payants aux investisseurs. Le chiffre d'affaires, et son bénéfice net d'1,7 milliard, sont supérieurs aux attentes, sans que cela semble compenser le ralentissement de sa croissance.

20 Minutes avec AFP, 21/04/2021

1. Identifiez les objectifs stratégiques de Netflix.

2. Proposez un tableau de bord présentant les objectifs en les catégorisant et les indicateurs qui permettent de mesurer la performance de Netflix.

3. Qualifiez la performance de Netflix et précisez quel indicateur est affecté.
- **Environnementale**
- **Opérationnelle**
- **Financière**

L'essentiel

JE RÉVISE

hachette-clic.fr/22m48

- Le podcast du cours
- La synthèse en 1 clic
- Je manipule les notions

NOTIONS

- **Indicateur :** critère qualitatif ou quantitatif qui permet de mesurer la performance de l'organisation et la prise de décisions.
- **Mesure correctrice :** action qui vise à retrouver la performance de l'organisation, par la prise de décisions stratégiques ou en repositionnant des objectifs.
- **Performance :** capacité d'une organisation à atteindre ses objectifs.
- **Tableau de bord :** document synthétique des principaux indicateurs.

COURS

1 Utiliser des indicateurs pour évaluer les objectifs

- La définition des **objectifs stratégiques** de l'organisation entraîne la **fixation d'indicateurs** de mesure. Les **indicateurs** permettent de mesurer la **performance** de l'organisation, dans l'atteinte de ses objectifs ou vis-à-vis du marché.
- Les **indicateurs** sont regroupés dans **un tableau de bord** et peuvent être **quantitatifs** ou **qualitatifs.**

2 Utiliser des indicateurs pour prendre des décisions

- L'atteinte des **objectifs** par l'organisation est qualifiée de **performance**.
- La **performance** de l'organisation se mesure dans l'atteinte de ses **objectifs stratégiques**, **opérationnels**, **financiers** ou encore **sociétaux**. La **performance globale,** difficile à mesurer, regroupe les performances **économique**, **sociale** et **environnementale.**
- Si l'organisation n'atteint pas ses objectifs, les **indicateurs** permettent la prise de **décisions** qui entraîne **des mesures correctrices.**

CULTURE+

Leader à la loupe :
Jack Dorsey

Après avoir écrit une ultime lettre d'amour à son réseau social Twitter, son emblématique PDG Jack Dorsey a cédé ce lundi les rênes de la société qu'il a cofondée en 2006.
[...] Si le cap fixé par la direction de Twitter s'élève à 315 millions d'utilisateurs « monétisables » d'ici à 2023, le réseau social n'en compterait aujourd'hui que 210 millions. [...] Si ce dernier s'est contenté de confirmer son départ, [...], toujours est-il que le départ de ce dernier a été semble-t-il, bien accueilli par les marchés. Les actions de la plateforme de microblogging ont bondi de 9 % après cette annonce [...]. Au début de l'année dernière, Jack Dorsey avait déjà dû faire face à des appels du fonds Elliott Management Corp pour se retirer. Le fonds spéculatif critiquait notamment Jack Dorsey pour son manque présumé d'implication [...]. Rappelons qu'en 2008, Jack Dorsey avait également été démis de ses fonctions sur pression du conseil d'administration du réseau social, avant d'y revenir en 2015.

znet.fr, 29/11/2021

POUR RETENIR AUTREMENT

1 Utiliser des indicateurs pour évaluer les objectifs

OBJECTIFS

évalués par des

....

....

- CA
- Résultat
- Part de marché, etc.

- Notoriété
- Satisfaction des parties prenantes, etc.

Tableau de bord

2 Utiliser des indicateurs pour prendre des décisions

....

Mesure de la performance

....

Prise de

....

8 J'exploite un tableau de bord pour évaluer la performance de l'organisation

Les résultats visés par une organisation pour atteindre ses objectifs se mesurent par l'utilisation d'indicateurs. Ces indicateurs sont regroupés dans un tableau de bord et permettent de mesurer la performance. Vérifiez que vous maîtrisez ces deux aspects.

1 Le tableau de bord Instagram

Associez les indicateurs du tableau de bord Instagram à leurs valeurs sur les images des écrans.

Instagram continue de faciliter le travail des créateurs, entreprises et influenceurs présents sur sa plateforme. Le réseau social vient de lancer un nouveau *dashboard*, doté d'une interface claire et lisible, qui centralise toutes les ressources et les outils commerciaux des comptes professionnels et de créateurs, avec notamment des rapports de statistiques, une section dédiée aux badges, aux contenus de marques, aux fonctionnalités de monétisation ou encore aux publicités IGTV Ads.
L'objectif : suivre les performances de son compte, découvrir tous les outils dédiés aux pros, explorer les informations fournies par Instagram afin d'améliorer l'utilisation de la plateforme.

blogdumoderateur.com

Nombre de posts | Nombre de *followers*

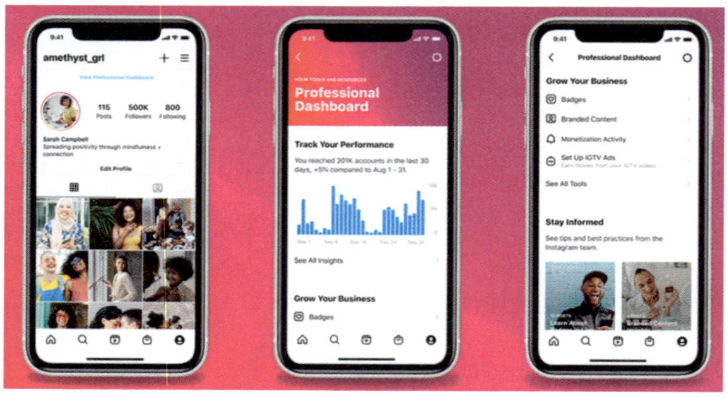

Performance Septembre 01 | Badges

2 Les indicateurs regroupés dans un tableau de bord mesurent la performance

Entourez en vert les indicateurs de performance satisfaisants et en rouge ceux qui ne le sont pas dans le tableau ci-dessous.

Processus	Indicateur	Mode de calcul	Objectif	2019	2020	2021	Performance sur la période	Tendance A-1
Management	CA	Sommes facturés sur l'année, en M€	10	12,3	11,4	10,2	🙂	↘
R&D	Nombre de nouveaux produits créés	Sur l'année	10	4	5	8	🙁	↗

3 Argumenter

Comment évaluer les objectifs et les pratiques ?
Rédigez votre réponse selon le plan suivant :

1. Les indicateurs au service de la mesure de la performance
2. Les indicateurs au service de la décision

Fiche méthode
① Argumenter autour d'un problème de management. p. 170-171

Mini-cas d'entraînement

THÈME 2

JE SAIS :

	OUI ✓	NON ✗
• **repérer** les étapes de la démarche stratégique	☐	☐
• **recenser** des éléments de diagnostic interne et externe	☐	☐
• **déterminer** les objectifs et les décisions stratégiques	☐	☐
• **identifier** des nœuds de conflit et des points de consensus	☐	☐

sodexo
Tout commence au quotidien

Sodexo : du diagnostic à la fixation des objectifs

VOTRE MISSION

1. **Élaborez le diagnostic interne et externe de Sodexo.**
2. **Identifiez les choix stratégiques mis en œuvre par l'organisation et montrer qu'ils relèvent du management stratégique.**
3. **Expliquez le processus qui a amené à ces décisions.**
4. **Montrez en quoi les objectifs de Sodexo et de ses salariés peuvent être divergents.**
5. **Expliquez comment les nœuds de conflits chez Sodexo ont conduit à un consensus.**

DOC 1 Changement de régime chez Sodexo

La présidente du groupe, Sophie Bellon, prend la direction générale par intérim pour accélérer la transformation.

Persuadé que les marchés de Sodexo allaient redémarrer différemment d'avant la crise sanitaire, le board a demandé au directeur général de lui présenter un plan stratégique avec des offres nouvelles, un marketing plus performant et un recentrage sur certains métiers.

Numéro deux mondial de la restauration collective (dans les entreprises, administrations, hôpitaux, écoles, prisons…), Sodexo assure une centaine d'autres services (maintenance, nettoyage, conciergerie, gestion de matériel médical, crèches…).

Avec Sodexo Live!, l'entreprise est aussi propriétaire de Lenôtre, des Yachts de Paris, gère la restauration de la tour Eiffel, de nombreux stades et des lounges d'aéroports… *« Nous allons gérer notre portefeuille d'investissements stratégiques de façon plus active et concentrer nos efforts sur les pays aux plus forts potentiels »*, confie-t-on dans l'entourage de la direction.

Définir les priorités

Le groupe a déjà commencé à mettre de l'ordre dans son portefeuille d'activités et à définir ses priorités. Cet été, il a cédé le contrôle de ses crèches au groupe Grandir, pour ne garder que 20 % du nouvel ensemble. Une manière de rester dans la place à moindres frais. Il vient de vendre la majorité de contrôle de la start-up Raydoo (services aux voyageurs d'affaires). En restauration collective, il est sorti d'Argentine et du Danemark. Du côté de Sodexo Live !, des négociations sont en cours pour vendre le Lido à Accor. Nul doute que dans les prochains mois d'autres arbitrages seront rendus pour ne pas disperser les énergies et éviter les foyers de pertes. À des cessions, le groupe pourrait préférer des partenariats.

Violentes turbulences

Dans les entreprises, les turbulences n'ont jamais été si violentes. Sous l'effet du télétravail, Sodexo pourrait perdre 500 millions d'euros de revenus. L'essor de la livraison et de la vente à emporter a ringardisé les restaurants d'entreprise. *« En tant que prestataire de services, Sodexo doit repenser l'emplacement, la taille, la convivialité et la personnalisation de ses restaurants »*, insiste Bruno de la Rochebrochard chez Bryan, Garnier & Co. Pour mieux répondre aux attentes, Sodexo a racheté la start-up FoodChéri, qui livre des repas à domicile.

Mathilde Visseyrias, lefigaro.fr, 29/09/2021

DOC 2 Sodexo rejoint la liste des leaders mondiaux du changement climatique

À l'occasion du 5e anniversaire de l'Accord de Paris, Sodexo Qualité de Vie a obtenu une place parmi les leaders mondiaux du Carbon Disclosure Project (CDP) avec une note de A. Pour la première fois, Sodexo a obtenu la note « A », rejoignant les 270 entreprises leaders du changement climatique sur plus de 9 500 participantes. Cette distinction reconnait des avancées essentielles sur notre stratégie carbone qui comprend un objectif aligné sur l'objectif le plus ambitieux de l'Accord de Paris de limiter le réchauffement climatique à 1,5 °C au-dessus des niveaux préindustriels, ainsi que des actions concrètes pour réduire les émissions et la transparence dans les données. « Sodexo est la seule entreprise du secteur de la restauration et de la gestion des installations à faire partie de cette liste exclusive des leaders en matière de responsabilité d'entreprise. « *C'est le résultat des efforts déployés par nos équipes aux côtés de nos fournisseurs et clients et cela nous encourage sur notre chemin vers des services fondamentalement durables* », a déclaré Maria Outters, Senior Vice President, Corporate Responsibility chez Sodexo. « *Nous continuons de progresser sur notre stratégie carbone, conformément à notre objectif, approuvé par l'initiative Science Based Targets (SBTi), de réduire nos émissions de carbone de 34% d'ici 2025. Nous sommes la première entreprise de notre secteur à s'être fixé un objectif aussi ambitieux.* »

Sodexo SA

DOC 3 Chez Sodexo, les syndicats arrachent des augmentations historiques

Les négociations annuelles obligatoires se soldent en positif pour les 25 000 salariés de Sodexo France qui, avec leurs syndicats, arrachent à la direction 5 % d'augmentation générale. Du jamais vu depuis 1983.

« *C'est la première fois que la CGT accepte d'apposer sa signature au bas d'un accord sur les NAO* » (négociations annuelles obligatoires), se félicite Gilles Sevilla, délégué central CGT de Sodexo Groupe. Et pour cause : c'est aussi la première fois depuis 1983 que des augmentations générales supérieures au taux d'inflation sont consenties par la direction du mastodonte mondial de la restauration. Principaux bénéficiaires de cette négociation historique, les salariés du 1er collège – les employés - qui représentent près de 82 % de la masse salariale [...].

Pourtant, rien n'était gagné d'avance, tout le contraire même. Comme chaque année, la direction avait initialement proposé une augmentation couvrant à peine l'inflation (pour rappel, 1,8 % en moyenne annuelle selon l'Insee). Tandis que de leur côté, les salariés se préparaient à se mobiliser par la grève sur la plupart des sites les plus importants, comme celui de Marseille qui compte 5 000 salariés ou ceux de « Sodexo Prestige » de Balard (Paris 15e) ou de La Défense.

Rappelée par trois fois à la table des négociations, les 6, 7 et 11 janvier, l'intersyndicale CGT-CFDT-FO a fini par obtenir gain de cause. Tout particulièrement pour le 1er collège dont le salaire moyen stagne depuis des années autour de 1700 euros brut par mois. Certes, avec 5 % d'augmentation, on reste loin des attentes de la CGT, premier syndicat des employés qui, elle, revendique un salaire minimum de 2000 euros pour tous les employés. « *Mais les salariés sont globalement satisfaits et l'intersyndicale en a pris acte* », explique le délégué syndical qui se félicite, « *des effets concrets de cette entente revendicative inédite entre syndicats. Après le plan social de l'an dernier [...], les salariés étaient vraiment très en colère et prêts à se mobiliser sans nous attendre, alors on a su mettre de côté toutes nos divergences [...]* ».

Nathalie Carmeni, nvo.fr, (magazine des militants de la CGT), 19/01/2022

Position de l'entreprise :

« *Sodexo continue d'évoluer dans un contexte imprévisible du fait de la pandémie avec un impact négatif sur son activité et ses résultats mais nous avons fait le choix de réaliser des augmentations générales exceptionnelles des salaires cette année. Cette décision marque notre reconnaissance forte du travail et de l'engagement de nos équipes, en particulier ces deux dernières années. Les valeurs humaines sont au cœur de nos performances et nous voulons être exemplaires auprès de nos clients pour défendre notre métier.* »

Anna Notarianni, Présidente de Sodexo France

THÈME 3

Les choix stratégiques des organisations

Charlie & Gus
La websérie STMG

VIDÉO

hachette-clic.fr/22m49

Épisode #3

Charlie joue Nadal

1. Quelle stratégie a choisi Charlie pour faire sa place sur le marché de la customisation de baskets ?
2. Pour quelle raison a-t-elle fait ce choix ?
3. Quelles sont les limites de cette option stratégie ?
4. Quelle autre option aurait-elle pu envisager sur ce marché ?

THÈME 3 Les choix stratégiques des organisations

Il existe différentes **options stratégiques** envisageables pour chacun de ces trois types d'organisations : entreprises privées, organisations publiques, organisations de la société civile.

Les **entreprises** évoluent dans un environnement instable et doivent donc effectuer les meilleurs **choix stratégiques** afin d'assurer leur **pérennité** et **se développer**.

Qu'est-ce qu'un avantage concurrentiel ?

Comment définir les stratégies globales ? les stratégies de domaine ? assurer la croissance ? former des partenariats ?

CHAPITRE 9
Les options stratégiques de l'entreprise

CHAPITRE 10
Les facteurs d'influence de l'entreprise dans ses choix de développement

Le **service public** a des spécificités qui influencent la **stratégie** des organisations publiques.

Qu'est-ce que le service public ?

Sur quels critères les organisations publiques font-elles leurs choix stratégiques ?

CHAPITRE 11
Comprendre les stratégies des organisations publiques

Les **organisations de la société civile** ont elles aussi besoin de faire des **choix stratégiques** adaptés à leur contexte.

Les organisations de la société civile sont-elles soumises à la concurrence ?

Sur quels critères font-elles leurs choix stratégiques ?

CHAPITRE 12
Les stratégies des organisations de la société civile

9

CAPACITÉS

- **Repérer et analyser** les choix stratégiques
- **Caractériser** l'avantage concurrentiel d'une organisation

NOTIONS

- **Domaine d'activité stratégique**
- **Avantage concurrentiel**
- **Stratégie globale, stratégie de domaine**
- **Spécialisation, diversification**
- **Domination par les coûts, différenciation, focalisation**

Renault Group

Les options stratégiques de l'entreprise

VIDÉO

hachette-clic.fr/22m50

Le nouveau plan stratégique de Renault (1 min 52)

Regardez la vidéo et répondez aux questions suivantes.

1. Repérez les trois étapes du nouveau plan stratégique de Renault.
2. Expliquez en quoi le plan Renaulution peut avoir un impact sur les futurs choix stratégiques de l'entreprise.

SITUATION

Le soir de Noël 1898, un drôle de traîneau remonte la rue Lepic. Il s'agit de la Voiturette type A, mise au point par Louis Renault. Ce véhicule et sa boîte de vitesses révolutionnaire vont devenir le fer de lance de la société Renault, créée par les trois frères du même nom. Très vite, Renault se fait une réputation en participant à des courses automobiles. Il devient un acteur majeur du marché automobile français, puis mondial. Aujourd'hui, face à un marché de l'automobile très concurrentiel, Renault cherche à adapter ses stratégies aux nouveaux enjeux, notamment énergétiques.

1 Comment caractérise-t-on l'avantage concurrentiel ?

Comme toute entreprise, Renault se doit de détenir un avantage concurrentiel afin de se positionner de façon optimale sur le marché de l'automobile.

DOC 1 Renault mise sur les nouvelles technologies pour asseoir sa stratégie

Renault a levé le voile sur sa stratégie pour les cinq prochaines années et au-delà. Avec Renaulution et sa « Nouvelle Vague », la marque Renault surfe sur l'évolution du marché pour faire entrer l'industrie automobile dans la modernité, en devenant une marque de technologie, de services et d'énergie propre. Renault conservera son statut de leader dans la transition énergétique grâce à ses solutions électrifiées et à hydrogène, offrant ainsi le panel de produits le plus « vert » d'Europe d'ici 2025. [...]

Renault est leader sur le marché européen de l'électrique avec plus de 10 ans d'expérience en matière de mobilité et de services électriques et plus de 300 000 véhicules vendus. Renault possède également E-TECH, une technologie hybride qui repose sur plus de 150 brevets et s'appuie sur l'expérience de la marque en électrique et en F1. [La Software Factory] regroupe plus de 1 000 ingénieurs spécialisés dans les logiciels, les données et les services cloud, et qui seront bientôt rejoints par de nombreux autres. Un site industriel unique, la Re-Factory de Flins, première usine d'Europe spécialisée dans l'économie circulaire pour la mobilité, incarne également la modernité de Renault.

Mustapha Zemri, « Renault lancera 14 nouveaux modèles, dont sept 100 % électriques », *motorsactu.com*, 14/01/2021

NOTION

L'avantage concurrentiel

C'est la capacité pour une organisation de développer une offre différente de celle de ses concurrents, lui permettant ainsi de se démarquer et de mieux se positionner sur le marché.

Il est basé sur les compétences distinctives détenues par l'entreprise (voir chapitre 6 p. 86).

Compétences distinctives + Stratégie = Avantage concurrentiel

1. **Repérez, en les surlignant dans le texte, les éléments sur lesquels se fonde Renault Group dans le cadre de son nouveau plan stratégique.** ▶ Doc. 1 et ▶ Notion

2. **Justifiez le fait que Renault dispose d'un avantage concurrentiel sur le marché européen des véhicules électriques.** ▶ Doc. 1 et ▶ Notion

....

....

....

DOC 2 Les constructeurs misent sur l'électrique

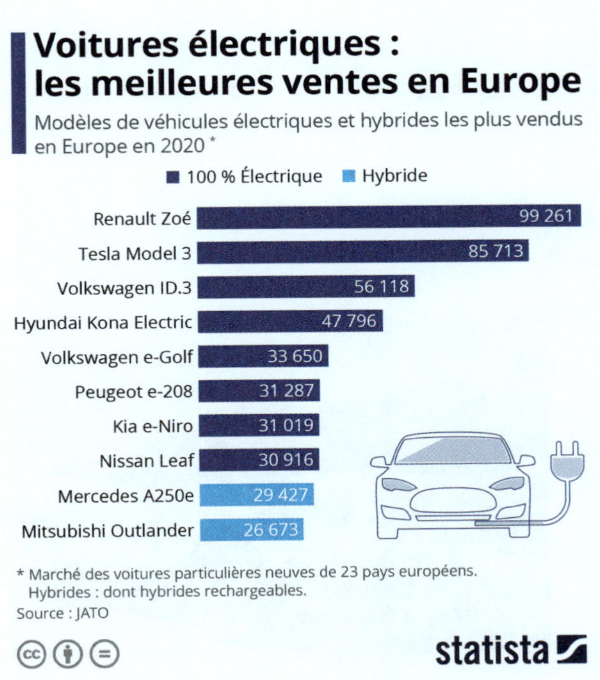

NOTION

Les caractéristiques de l'avantage concurrentiel

Un avantage concurrentiel est durable s'il répond à trois conditions :
- il est difficilement imitable ;
- il doit créer plus de valeur que l'offre des concurrents ;
- il doit être perçu par les clients.

DOC 3 Renault se lance dans les nouvelles mobilités

Renault Group

Renault [Group] crée une quatrième division (aux côtés de Renault, Dacia-Lada et Alpine) baptisée Mobilize et destinée à développer de nouvelles mobilités. Elle a dévoilé l'EZ-1 Prototype, un petit véhicule pouvant accueillir deux personnes qui est destiné à être loué à l'usage sur la base du temps ou du kilométrage.

[…] Nommée Mobilize, cette nouvelle entité a pour but de « *développer de nouvelles sources de bénéfices provenant des services de données, de mobilité et d'énergie au profit des utilisateurs de véhicules, et à générer plus de 20 % des revenus du Groupe d'ici 2030* ».

Léna Corot, « Renault dévoile un plan stratégique tourné vers les services, les nouvelles mobilités et la technologie », *L'usine digitale*, 14/01/2021

3 **Justifiez le fait que l'avantage concurrentiel de Renault en matière de véhicules électriques en Europe est difficile à maintenir.** ▶ Doc. 2, 3 et ▶ Notion

....

....

....

4 **Expliquez pourquoi le développement d'une nouvelle stratégie par Renault est pertinent dans l'optique de conserver un avantage concurrentiel.** ▶ Doc. 2, 3 et ▶ Notion

....

....

....

Bilan

Repérez le lien entre la stratégie adoptée par Renault et la notion d'avantage concurrentiel.

....

....

....

....

Vers la synthèse
JE ME TESTE
hachette-clic.fr/22m51
Je révise l'essentiel p. 122-123

2 Quelles stratégies globales peuvent choisir les entreprises ?

Tout au long de son histoire, Renault a cherché à s'adapter à son environnement afin de rester performante et donc pérenne. Cela est passé tout d'abord par une évolution de sa stratégie globale.

DOC 4 L'automobile, le cœur de métier de Renault

Des véhicules iconiques, une entreprise internationale, une alliance unique avec Nissan et Mitsubishi Motors, une présence en Formule 1, des concepts futuristes : voilà probablement l'image que vous avez de nous. [...]

Plus de 170 000 collaborateurs dans 39 pays qui avancent avec 1 seul moteur, la passion. D'où vient cette énergie ? De notre mission commune : rendre la mobilité durable et accessible à tous, partout dans le monde. [...]

Depuis 120 ans, Renault mesure et analyse les changements sociétaux. Aux côtés de voitures emblématiques, de nouvelles venues compléteront bientôt la collection Renault, répondant à de nouveaux changements : contraintes écologiques, difficultés de circulation, nouvelles formes de consommation.

D'après Renaultgroup.com

CHIFFRES-CLÉS 2020

Véhicules vendus dans le monde	2,95 millions
Marques	Renault, Dacia, Lada, Alpine, Mobilize

Renaultgroup.com/groupe, 2022

NOTION

La stratégie de spécialisation

- La spécialisation est un choix stratégique visant à développer des activités liées au cœur de métier de l'entreprise. Celle-ci n'est donc présente que dans un domaine d'activités stratégique (DAS), proposant à ses clients des biens et/ou services homogènes.
- L'entreprise spécialisée bénéficie de plusieurs avantages : être reconnue comme experte sur son marché, réduire ses coûts grâce aux économies d'échelle et à l'amélioration de la productivité.
- Cependant, cette stratégie comporte des inconvénients : l'entreprise se met en danger si le marché où elle se trouve connaît une crise. De plus, les entreprises qui se spécialisent sont parfois moins réactives aux changements de leur environnement car plus rigides dans leur organisation.

1. **Repérez en quoi Renault peut être considérée comme une entreprise spécialisée.** ▶ Doc. 4 et ▶ Notion

....

....

2. **Démontrez en quoi ce choix stratégique semble pertinent.** ▶ Doc. 4 et Notion

....

....

....

3. **La stratégie de spécialisation pourrait-elle comporter des risques pour Renault ? Justifiez.** ▶ Doc. 4 et ▶ Notion

....

....

....

....

DOC 5 Mobilize, le service au-delà de l'automobile

Mobilize est dédiée aux services de mobilité, d'énergie et de données. Engagée pour une mobilité plus durable, elle vise à accompagner le changement de logique qui passe de la propriété individuelle à l'usage selon les besoins. Son principal objectif ? L'allongement du temps d'utilisation et du cycle de vie des véhicules – et de leurs composants –, grâce à l'autopartage, la réutilisation et le recyclage, dans l'esprit de l'économie circulaire. Cela commence par une gamme de véhicules dédiés – EZ-1 Prototype en tête – 100 % électriques, répondant à différents besoins – transport avec chauffeur, autopartage, livraison du dernier kilomètre et transport à la demande – et conçus pour un usage intensif. La nouvelle entité s'attèle également au financement, avec de nouvelles solutions plus flexibles comme l'abonnement, le *leasing* ou le paiement à l'usage.

Renaultgroup.com, 2022

DOC 6 L'alliance Samsung – Renault

En 2000, Renault acquiert 70,1 % du capital de Samsung Motors et crée ainsi Renault Samsung Motors, qui produit et commercialise des véhicules principalement en Corée.

Renaultgroup.com, 2022

Le groupe Samsung est ce que l'on appelle en coréen un *chaebol*, présent dans l'informatique, l'électroménager, la téléphonie mobile mais également le génie civil, la construction navale, les assurances et donc, *via* son alliance avec Renault, dans le secteur automobile.

NOTION

La diversification et ses modalités

Une entreprise qui se développe dans plusieurs domaines d'activité stratégiques adopte une stratégie de diversification. La diversification peut être **concentrique**, si les différentes activités ont un lien entre elles, ou **conglomérale** si ce n'est pas le cas.

Intérêts	• Meilleure répartition des risques • Accès à de nouveaux marchés, nouveaux clients • Source de synergie et d'amélioration des performances
Risques	• Investissements importants pour pénétrer sur le nouveau marché • Nécessite d'acquérir de nouvelles ressources et compétences

4 **Repérez de quelle manière Renault met en œuvre sa stratégie de diversification.** ▶ Doc. 5, 6 et ▶ Notion

....

....

5 **Justifiez en quoi Samsung, partenaire de Renault Group, est l'exemple même de la stratégie de diversification conglomérale.** ▶ Doc. 5, 6 et ▶ Notion

....

....

6 **Expliquez pourquoi la stratégie de diversification adoptée par Renault peut s'avérer risquée.** ▶ Doc. 5, 6 et ▶ Notion

....

....

Bilan

Expliquez pourquoi une entreprise comme Renault est amenée à faire évoluer sa stratégie globale.

....

....

Vers la synthèse
JE ME TESTE
hachette-clic.fr/22m52
Je révise l'essentiel p. 122-123

3 Quelles stratégies de domaine sont possibles pour les entreprises ?

Renault a toujours eu à cœur de satisfaire ses clients, en prenant en compte leurs besoins, leur pouvoir d'achat mais également leurs désirs en matière automobile. Cela suppose donc la mise en œuvre de stratégies adéquates pour chaque domaine d'activité.

DOC 7 Renault veut se différencier de Tesla sur le marché de l'électrique

Star du stand de Renault au Salon de l'automobile de Munich, la Renault Megane e-Tech incarne une nouvelle étape de l'offensive électrique du groupe au losange. Attendue début 2022 en concession, la compacte se dévoile à travers un premier spot publicitaire. La vidéo dure 1 minute 30 et se clôture par un petit tacle adressé à Tesla. « *Inventée en France, pas en Californie. sorry* (désolé, NDLR)* » peut-on voir apparaître en toute fin de la vidéo. Si Renault ne cite pas la firme d'Elon Musk, le lien est évident et permet au constructeur de souligner ses origines. Basée sur la nouvelle plateforme CMF-EV, commune aux différentes marques de l'alliance, la Renault Megane e-Tech a été en grande partie conçue par les équipes du Technocentre, situé à Guyancourt dans les Yvelines. Au même titre que la ZOE, elle sera en outre assemblée en France, au sein de l'usine de Douai (Nord).

Michaël Torregrossa, *Automobile Propre*, 11/09/2021

DOC 8 Le PDG de Renault, Luca de Meo, présente les ambitions du groupe

Après avoir présenté récemment un plan pour la voiture à hydrogène, Renault poursuit sa fameuse Renaulution. C'est sur la voiture électrique que le groupe va miser, et en particulier sur la construction de batteries. [...] De Meo confirme également que l'objectif de Renault est la production de voitures électriques françaises. « *Le Groupe réaffirme ainsi sa volonté de produire en France des voitures électriques populaires, abordables et rentables.* » Le cœur du partenariat entre Renault et Envision AESC sera la construction d'une Gigafactory. La marque française implantera son usine de batteries à Douai, un des sites majeurs de Renault en France.

Emmanuel Touzot, *Automobile Propre*, 23/06/2021

NOTION

Les modalités de la stratégie de différenciation

L'entreprise se démarque de la concurrence en offrant un produit qui présente des caractéristiques perçues comme uniques aux yeux des clients. La différenciation peut se faire par **épuration** (offre de produits basiques à des prix plus bas que la concurrence) ou bien par **sophistication** (offrir un ensemble de produits ou services dont la valeur perçue est supérieure à la valeur des produits/services des concurrents).

1. **Repérez sur quels éléments se base la stratégie de différenciation présentée par le PDG de Renault.** ▶ Doc. 7, 8 et ▶ Notion

....

....

2. **Indiquez dans le tableau ci-dessous ce qui différencie Renault de son principal concurrent sur le marché de l'électrique, à savoir Tesla.** ▶ Doc. 7, 8 et ▶ Notion

Renault	Tesla
....	....
....	....
....	....

DOC 9 Pourquoi le Dacia Jogger est tellement moins cher que les rivaux

Le nouveau Dacia Jogger à sept places résume pleinement les recettes traditionnelles qui ont fait le succès de la marque roumaine à bas coûts. Cette grosse familiale de 4,55 mètres de long reprend environ 60 % des composants en valeur de la petite Sandero, plus courte de 45 centimètres. Toute la partie avant, les portières, les vitrages, la planche de bord, sont communs. La plate-forme CMF-B sert de base à des millions de véhicules chaque année. C'est bon pour les économies d'échelle.

Alain-Gabriel Verdevoye, *Challenges*, 7/09/2021

Renault Group

DOC 10 Comment Dacia intègre-t-il les contraintes de coûts ?

Comparatif coût horaire de la main d'œuvre France-Roumanie et moyenne d'heures travaillées

	Coût horaire de la main d'œuvre 2019 (en euros)	Moyenne d'heures travaillées par salarié
Roumanie	7,3	1 859
France	31,3	1 579

INSEE

VIDÉO
hachette-clic.fr/22m53
Le design chez Dacia
(3 min 18 à 5 min 02)

3 **Repérez en les surlignant les éléments démontrant que Dacia adopte une stratégie de domination par les coûts.** ▶ Doc. 9 et ▶ Notion

4 **À l'aide de la vidéo, justifiez en quoi la stratégie de domination par les coûts de Dacia est une contrainte pour ses designers.** ▶ Doc. 10

....

....

....

> **NOTION**
> **Domination par les coûts :** rationalisation des coûts de production afin de pouvoir proposer une offre à des prix plus bas que les concurrents.

DOC 11 Un million de véhicules anciens en France

Le pays dénombre 400 000 collectionneurs pour un parc d'un million de véhicules, soit 2,5 % du parc roulant français. Économiquement, le marché de la voiture ancienne représente 4 milliards d'euros.

Christophe Bourgeois, *Le Journal de l'automobile*, 25/08/2021

> **NOTION**
> **Les objectifs de la stratégie de focalisation**
> L'entreprise se limite à un segment de marché spécifique, visant une clientèle plus restreinte, l'objectif étant de se protéger d'une concurrence trop forte.

DOC 12 Renault lance Renault Classic, acteur majeur sur le marché des véhicules de collection

Renault, pleinement consciente de l'importance des clubs de passionnés, a souhaité renforcer ses liens avec ces derniers. Actuellement, Renault Classic regroupe près de 400 clubs.

5 **Justifiez pourquoi il n'est pas possible de parler de stratégie de focalisation dans le cas de Renault Classic.** ▶ Doc. 11, 12 et ▶ Notion

....

....

Bilan

Expliquez les raisons ayant poussé Renault à adopter plusieurs stratégies de domaine.

....

....

Vers la synthèse
JE ME TESTE
hachette-clic.fr/22m54
Je révise l'essentiel p. 122-123

À moi de jouer

1 Jouez avec *Kyushi* !

Des quiz interactifs pour réviser en classe !

hachette-clic.fr/kyushi

2 Repérez les stratégies de domaine

À l'aide des informations données dans chaque case, trouvez la stratégie de domaine mise en œuvre par ces trois entreprises.

SHISEIDO, marque japonaise, est une société mondiale de cosmétique de luxe	L'agence de voyage ESCURSIA propose des séjours de tourisme scientifique	ACTION est un *hard discounter* néerlandais
....	....	....

3 Débattre de la pertinence d'un choix stratégique

MERE, *hard discounter* alimentaire russe, s'implante en France

Basé sur le principe d'un magasin « *hard discount* », Mere proposera à des prix inférieurs à la moyenne du marché toute sorte de produits alimentaires. La société russe revendique des « *prix en magasin de 10 à 20 % inférieurs à la moyenne du marché* ».

Ces tarifs se justifient par un service réduit sans vendeur à l'intérieur du magasin, une mise en rayon très sobre sur des palettes et aucune décoration ou lumière superflue. Les consommateurs ont d'autre part moins de choix dans les produits, avec des marques peu connues et importées. Mere s'appuie enfin sur un modèle particulier, ne payant les fournisseurs que pour les marchandises vendues, leur renvoyant celles qui ne le seraient pas.

Pour Oliviers Dauvers, spécialiste de la grande distribution, la qualité globale sera encore un cran en dessous des concurrents allemands Lidl et Aldi, leader du marché : « *On ne connaît plus ce qu'est le 'hard discount' dans sa version rigoriste. Quand on regarde le virage qu'a pris Lidl depuis une dizaine d'années, c'est du 'soft discount' (du bas coût moyen). Pareil pour Aldi. Mere réinvente le hard discount tel que nous l'avions connu il y a 30 ans* », souligne-t-il. La question est de savoir si le consommateur est prêt à ce niveau de paupérisation de la consommation.

Léo Rebeyrol, « On vous présente "Mere", le nouveau magasin "*hard discount*" russe qui s'installe en France », *La Dépêche.fr*, 2/11/2021

Vous organisez un débat, où vous confronterez vos arguments sur les deux points suivants.

1. **Après avoir repéré la stratégie de Mere, vous débattrez des avantages et limites de celle-ci pour l'entreprise russe.**
2. **L'arrivée de ce nouvel acteur de la grande distribution en France est-elle adaptée aux consommateurs français ?**

Fiche méthode
5 Je gère à l'oral P 188-189

4 Analyser l'opportunité d'un changement d'orientation stratégique

DOC 1 Louis Vuitton, Chanel, Dior… quand le luxe s'invite à table

Louis Vuitton à la conquête… du café. Ou plus précisément du bistrot haut de gamme en France et à l'étranger. C'est la mission que s'est fixé le maroquinier de luxe avec Le Café V à Osaka. C'est au tour de Tokyo d'accueillir un lieu signé Louis Vuitton aux lignes racées, décoré par Jun Aoki et Peter Marino, nommé pour l'occasion le Sugalabo V. Aux fourneaux avec le chef Yosuke Suga, ex-collaborateur de Joël Robuchon, Louis Vuitton veut proposer une expérience inégalable aux papilles de ses futurs clients. Les premiers prix pour un plat dans le prestigieux établissement commencent à 275 dollars (235 euros).
La capitale du Japon n'est d'ailleurs pas en reste avec la restauration haut de gamme puisque Chanel y a également ouvert son établissement, le Beige, composé de plats signés par Alain Ducasse depuis 2018. Là encore, les menus se situent dans la fourchette très haute, avec des plats pouvant dépasser les 400 euros. […]
L'objectif des marques en misant sur la restauration et l'hôtellerie de luxe n'est pas nécessairement de dégager des revenus supplémentaires, même s'il s'agit de secteurs porteurs. Rappelons qu'avant la pandémie, selon les chiffres du cabinet Bain & Co datés de 2018, le marché mondial du luxe était estimé à 1 200 milliards d'euros et que les ventes de vins & spiritueux et de produits alimentaires ont totalisé environ 120 milliards d'euros, en croissance de 6 %. L'intérêt principal est, pour ces grandes enseignes, de fédérer leurs communautés respectives. Créer une histoire autour de la marque et lutter contre la digitalisation du processus d'achat.

Boursoramag, 29/10/2021

DOC 2 Évolution du chiffre d'affaires dans le secteur du luxe

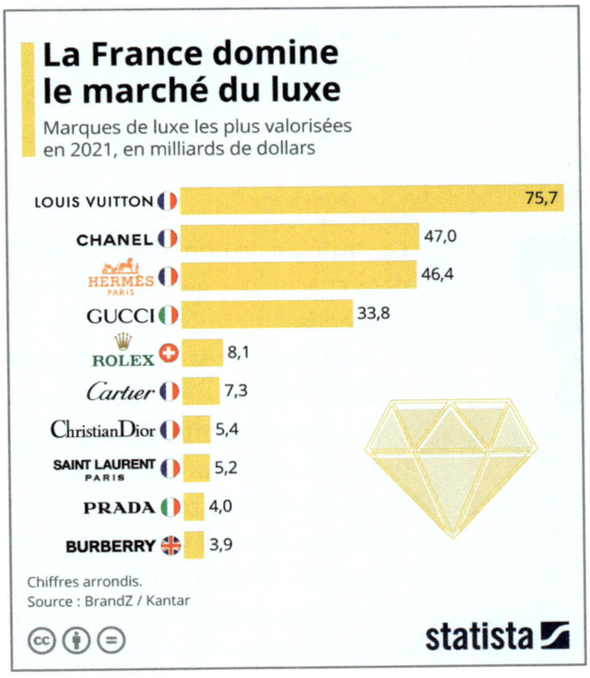

DOC 3 Louis Vuitton lance une tablette « Origine V »

Cet été, Louis Vuitton continue de surfer sur la déclinaison gastronomique de son héritage de marque avec le lancement d'une tablette de chocolat « Origine V ». Déclinée en version noir ou au lait, celle-ci se compose de carrés reproduisant la façade des célèbres malles de la maison : un clin d'œil aux premières créations de monsieur Louis Vuitton alors que la griffe célèbre ce mois-ci le 200e anniversaire de la naissance de son illustre fondateur.
Avec cette initiative, Louis Vuitton fait partie des nombreuses marques de luxe à accélérer la diversification de leurs activités vers la gastronomie afin de multiplier les points d'accroche expérientiels avec leurs consommateurs. Alors que Gucci devrait prochainement ouvrir une quatrième Osteria à Séoul – après Florence, Los Angeles et Tokyo –, Fendi mise de son côté sur des cafés pop-up et Christian Dior a récemment communiqué sur le lancement à venir d'une table en collaboration avec le chef Jean Imbert.

« À quoi ressemblent les chocolats Louis Vuitton ? », *Journal du luxe*, 14/08/2021

1. **Repérez le changement stratégique opéré par Vuitton et Chanel. Vous en présenterez les modalités de mise en œuvre concrètes.**
2. **En groupe, vous effectuerez des recherches sur Vuitton et Chanel (domaines d'activité stratégiques, résultats financiers, ressources humaines, champ d'action, avantage concurrentiel, compétences distinctives), puis vous présenterez votre travail en utilisant l'outil numérique de votre choix (PowerPoint, Word, vidéo, etc.).**
3. **Justifiez en quoi ce tournant stratégique pour Vuitton et Chanel est pertinent.**

L'essentiel

JE RÉVISE

hachette-clic.fr/22m55

- Le podcast du cours
- La synthèse en 1 clic
- Je manipule les notions

NOTIONS

- **Avantage concurrentiel :** capacité pour une organisation à développer une offre différente de celle de ses concurrents, afin de mieux se positionner sur le marché.

▷SDGN création de valeur et performance

- **DAS (domaine d'activité stratégique) :** sous-partie de l'activité de l'entreprise regroupant un ensemble de biens et services homogènes.
- **Différenciation :** offre présentant des caractéristiques perçues comme uniques par les clients.
- **Diversification :** l'entreprise s'engage dans plusieurs DAS.
- **Domination par les coûts :** rationalisation des coûts de production afin de pouvoir proposer une offre à des prix plus bas que les concurrents.
- **Focalisation :** présence sur un segment de marché restreint afin de se préserver de la concurrence.

▷Économie marché des biens et services, concurrence

- **Spécialisation :** l'entreprise se développe sur un seul DAS.
- **Stratégie de domaine :** mise en œuvre dans chacun des domaines d'activité de l'entreprise.
- **Stratégie globale :** s'applique à l'ensemble de l'éventail d'activités de l'entreprise.

CULTURE+

L'écologie : un facteur incontournable à prendre en compte dans ses choix stratégiques

- La **COP 26** s'est déroulée du 31 octobre au 12 novembre 2021 à Glasgow en Écosse. La conférence sur le climat, si elle aboutit avant tout sur des promesses d'États en matière de lutte contre le réchauffement climatique, a un impact sur les choix stratégiques des entreprises.
- Désormais, l'écologie est un paramètre à prendre en compte dans le plan stratégique. De plus, les consommateurs sont de plus en plus sensibles à cet argument. Parfois, ces préoccupations environnementales sont considérées comme une contrainte par les dirigeants car elles sont perçues comme génératrices de coûts pour l'organisation. Or, faire les bons choix stratégiques en ayant toujours en tête la dimension écologique peut également être source de performance !

COURS

1 Comment caractérise-t-on l'avantage concurrentiel ?

L'entreprise doit faire des choix stratégiques pertinents car cela constitue l'un des moyens pour détenir un **avantage concurrentiel**.

2 Quelles stratégies globales peuvent choisir les entreprises ?

- La **stratégie globale** s'applique à l'ensemble des domaines d'activité de l'entreprise (DAS).
- Une entreprise qui ne développe qu'un DAS opte pour une **stratégie de spécialisation.**
- *A contrario*, si elle se développe sur plusieurs domaines d'activité stratégiques, elle adopte une **stratégie de diversification.**
- La diversification peut être **concentrique** (diversification liée) si les différentes activités ont un lien entre elles ou **conglomérale** (diversification non liée) si ce n'est pas le cas.

3 Quelles stratégies de domaine sont possibles pour les entreprises ?

- La **stratégie de domaine** sera appliquée dans chacun des domaines d'activité de l'entreprise.
- En adoptant une **stratégie de différenciation**, l'entreprise se démarque de la concurrence en offrant un produit qui présente des caractéristiques perçues comme uniques aux yeux des clients. La différenciation peut se faire par **épuration** ou bien par **sophistication**.
- La **stratégie de domination par les coûts** consiste à réduire les coûts pour proposer des prix plus bas que les concurrents pour une offre de même valeur, afin d'attirer davantage de clients.
- Enfin, dans la **stratégie de focalisation (ou concentration)**, l'entreprise se limite à un segment de marché spécifique, visant une clientèle plus restreinte, l'objectif étant de se protéger d'une concurrence trop forte.

POUR RETENIR AUTREMENT

1 Comment caractérise-t-on l'avantage concurrentiel ?

.... + ...

Avantage concurrentiel

....	....	....
....	....	....

2 3 Quelles stratégies peuvent choisir les entreprises ?

Deux niveaux de stratégie

Stratégie ....

- Un seul DAS ....
- Plusieurs DAS ....
  - ....
  - ....

Stratégie de ....

- ....
- ....
  - ....
  - ....
- ....

OBJECTIF BAC

9 Je repère et je justifie les choix stratégiques d'une entreprise

1 En voyage !

Aidez les dirigeants d'Escursia-Terres oubliées à s'y retrouver dans les stratégies, afin qu'ils fassent les choix les plus judicieux pour leur organisation.

Escursia et Terres oubliées, le voyage côté nature

Les tour-opérateurs indépendants Terres Oubliées (Lyon) et Escursia (Nantes), spécialisés dans le voyage d'aventure et de découverte, annoncent leur fusion. […]
Escursia est spécialisée exclusivement dans les séjours dits naturalistes, c'est-à-dire accompagnés par un spécialiste autour d'une ou plusieurs thématiques (ornithologie, astronomie, botanique, géologie, océanologie, etc.). […]

Depuis plus de 15 ans, Terres Oubliées et Escursia pratiquent l'écotourisme et la sensibilisation à la nature, en phase avec la passion grandissante des Français pour les séjours et voyages d'observation et d'apprentissage de la nature.

Communiqué de presse, 10/10/2019

Escursia Terres Oubliées: offre et marché	STRATÉGIE
Escursia-Terres Oubliées se démarque de la concurrence en offrant des voyages perçus comme uniques par ses clients	....
L'entreprise n'est présente que sur un seul DAS : le voyage organisé	....
Elle se limite à un segment de marché spécifique : les voyages d'aventure et naturalistes	....

2 À l'oral

Vous êtes à la tête de Terres Oubliées-Escursia. Vous êtes amené à présenter à l'oral à vos collaborateurs le marché du tourisme vert et à justifier vos choix stratégiques au regard des évolutions actuelles du secteur.

Fiche outil
⑤ Je gère à l'oral
P 188-189

Les changements des modes de consommation en matière de voyages

Le Conseil mondial du voyage et du tourisme (WTTC) […] anticipe une modification de la consommation de voyages : *« Les voyageurs n'iront plus vers les mêmes 20-30 destinations, ils iront plutôt vers les petites villes et les communautés rurales et renoueront avec la nature. »* […]
Le tourisme vert, qui intègre le respect de la nature et la diminution de l'empreinte carbone, ainsi que le *slow travel*, qui consiste à s'imprégner d'un lieu et à y séjourner plus longtemps, pourraient être amenés à se développer.

« Tourisme : une crise sans précédent », viepublique.fr, 16/07/2021

3 Argumenter

À l'aide de vos connaissances, vous rédigerez de façon structurée une argumentation répondant en une dizaine de lignes à la problématique suivante :
Quelles stratégies semblent les plus adaptées aux petites entreprises présentes sur le marché du tourisme ?

Fiche méthode
① Argumenter autour d'un problème de management.
p. 170-171

CAPACITÉS

- **Décrire et analyser** la chaîne de valeur des entreprises
- **Repérer** leurs modalités de développement
- **Analyser** l'impact des technologies numériques sur les choix stratégiques
- **Comprendre** les conflits entre transparence et secret en matière de choix stratégiques

NOTIONS

- **Chaîne de valeur**
- **Externalisation**
- **Intégration**
- **Croissance interne, croissance externe**
- **Partenariats et internationalisation**
- **Numérisation de l'économie**
- **Transparence et secret**

10 Les facteurs d'influence de l'entreprise dans ses choix de développement

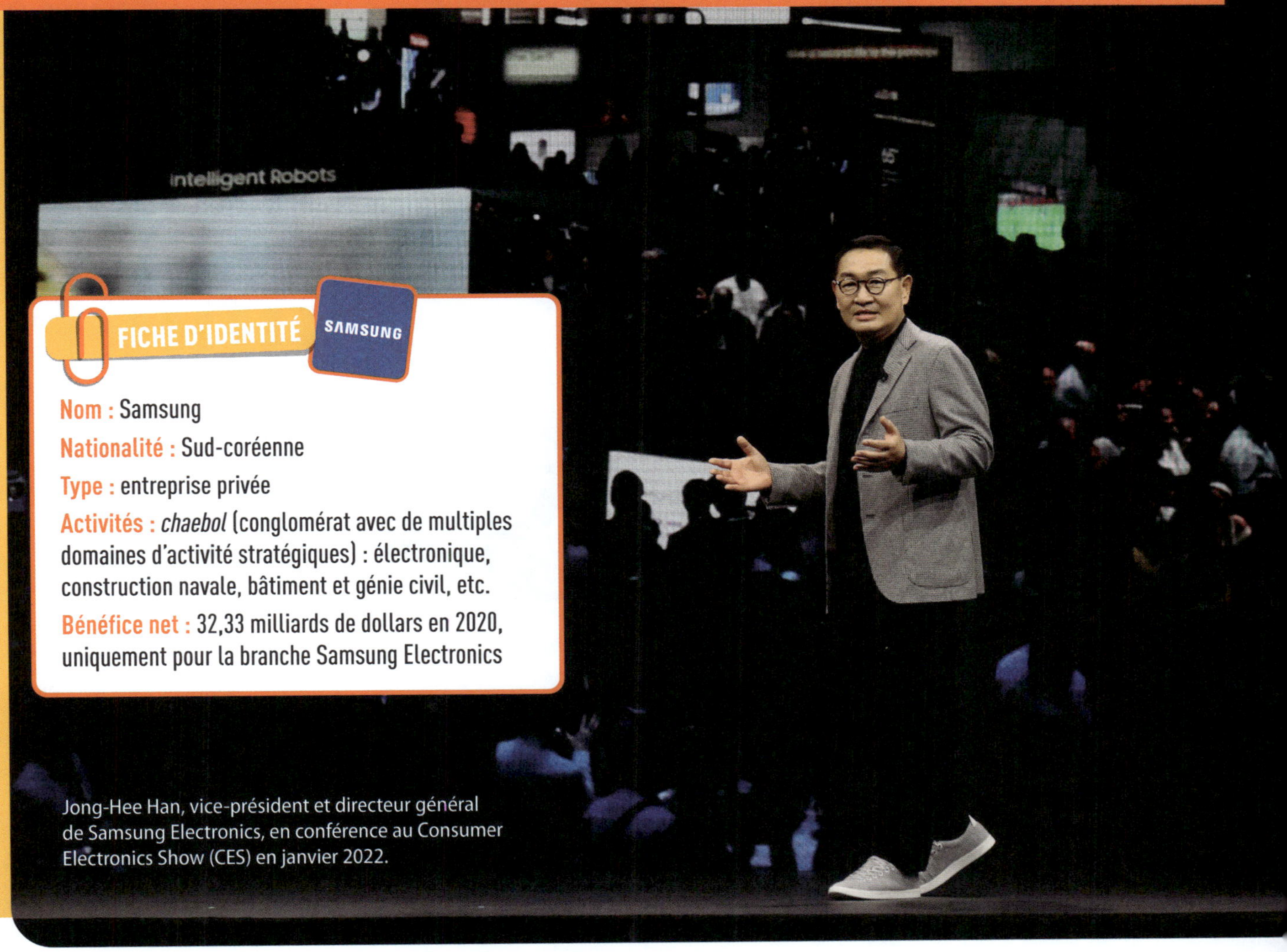

FICHE D'IDENTITÉ

Nom : Samsung
Nationalité : Sud-coréenne
Type : entreprise privée
Activités : *chaebol* (conglomérat avec de multiples domaines d'activité stratégiques) : électronique, construction navale, bâtiment et génie civil, etc.
Bénéfice net : 32,33 milliards de dollars en 2020, uniquement pour la branche Samsung Electronics

Jong-Hee Han, vice-président et directeur général de Samsung Electronics, en conférence au Consumer Electronics Show (CES) en janvier 2022.

SITUATION

Tout commence en 1938 au pays du matin calme (surnom donné à la péninsule coréenne). Lee Byung-Chull décide de créer sa petite épicerie dans laquelle les clients peuvent acheter des produits alimentaires et du textile. Il l'appelle Samsung, « trois étoiles » en coréen. Très vite, l'entreprise devient profitable et Samsung diversifie ses activités vers l'électroménager, la pétrochimie, l'électronique, les assurances, la construction automobile, le bâtiment, etc. Symbole de sa réussite flamboyante, son chiffre d'affaires représente un cinquième du PIB sud-coréen.
Samsung a su faire les bons choix de développement pour devenir l'une des plus grandes entreprises au monde.

1 Quelles sont les modalités de développement de l'entreprise ?

Depuis sa création en 1938, Samsung a su profiter de toutes les modalités de développement mises à sa disposition pour devenir une entreprise mondialement reconnue.

A Chaîne de valeur, externalisation, intégration

DOC 1 Samsung est touché par la pénurie de puces Qualcomm

Une grave pénurie de semi-conducteurs frappe toute l'industrie de l'électronique grand public. Plusieurs fabricants chinois, dont Xiaomi et Realme, rencontrent déjà d'importants problèmes d'approvisionnement de composants Qualcomm. Sans les puces du fondeur américain, les lignes de production des constructeurs tournent au ralenti. […]

Samsung est aussi pénalisé par la pénurie de puces Qualcomm. Les délais d'approvisionnement extrêmement longs du fondeur paralyseraient actuellement la production des smartphones Samsung milieu et entrée de gamme. Pour l'heure, il semble que la fabrication de téléphones haut de gamme (S21…) n'est pas encore impactée.

Florian Bayard, *Phonandroid*, 13/03/2021

DOC 2 Quelles sont les utilisations des semi-conducteurs ?

Les semi-conducteurs sont à l'électronique ce que le pétrole est à l'industrie : un composant essentiel, mais souvent invisible, présent dans les ordinateurs, les consoles de jeux vidéo, les smartphones, les téléviseurs, les voitures, les avions, les machines à laver, les panneaux solaires...

[La] demande pour les appareils électroniques de toutes sortes a augmenté de façon spectaculaire depuis le début de la pandémie, entre l'essor du télétravail et les loisirs à la maison.

« Semi-conducteurs : que sont ces puces électroniques dont la pénurie perturbe l'économie mondiale ? », *Le Monde*, 22/10/2021

NOTION

La chaîne de valeur
Elle désigne l'ensemble des activités principales et activités de soutien de l'organisation, qui participent toutes à la production de biens et de services afin de créer de la valeur pour le client.

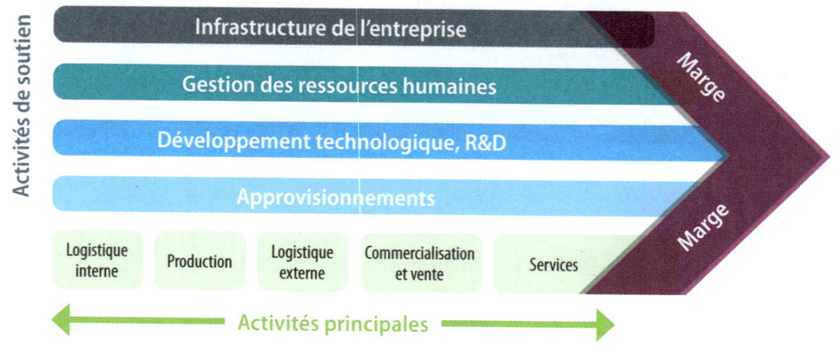

1. **Identifiez, en le surlignant, l'élément de son activité qui pénalise Samsung en 2021.** ▶ Doc. 1
Soulignez dans le ▶ Doc. 2 **la source de cette difficulté.**

2. **Repérez en les entourant les deux types d'activités intégrées dans le fonctionnement de toute entreprise.**
▶ Notion

SAMSUNG

3 **Montrez comment un problème à un endroit de la chaîne de valeur suffit pour mettre en danger l'entreprise.** ▶ Doc. 1, 2 et ▶ Notion

....

....

....

DOC 3 Samsung compte sous-traiter une partie de sa production de smartphones

C'était il y a un peu plus d'un mois : Samsung annonçait que sa dernière usine chinoise allait fermer, le géant sud-coréen ayant achevé la délocalisation de toutes ses fabriques dans d'autres pays asiatiques, tels le Vietnam et l'Inde. Or, le 18 novembre, nous apprenons que finalement le *chaebol* relocalisera une partie de la production des smartphones Galaxy A en terre chinoise. Cette fois-ci, il n'est plus question de produire directement mais de passer par des fabricants locaux tels que Wingtech qui assemble déjà des téléphones chinois (Oppo, Xiaomi, Huawei). Un tel choix permettrait à Samsung de réduire ses coûts de production et de rester compétitif face à la concurrence locale. […] Wingtech a déclaré pouvoir récupérer des pièces à un prix inférieur de 30 % à celui que Samsung paye dans ses usines au Vietnam.

Louis Royer, « Samsung relocalise certains Galaxy A en Chine pour mieux concurrencer Xiaomi, Oppo et Huawei », *Les Numériques*, 19/11/2019

4 **Expliquez les raisons ayant poussé Samsung à sous-traiter la fabrication d'une partie de ses smartphones en Chine.** ▶ Doc. 3

....

....

....

....

....

NOTIONS

Externaliser ou intégrer ?

- Pour chacune de ses activités, une entreprise peut choisir de la réaliser elle-même (**intégration**) ou de **l'externaliser**. On parle parfois d'*outsourcing*.
- L'externalisation peut prendre la forme d'une **sous-traitance de capacité** (elle permet alors à l'entreprise de faire face à un surcroît d'activité) ou de **spécialité** (l'entreprise confie certaines tâches à un partenaire plus compétent).

5 **À quelle forme de sous-traitance Samsung a-t-elle ici recours ? Justifiez.** ▶ Doc. 3 et ▶ Notions

....

....

DOC 4 Samsung ouvre son troisième Experience Store en Espagne

Samsung a élargi sa présence commerciale en Espagne avec l'inauguration d'un nouvel Experience Store. La nouvelle boutique est située dans l'une des rues principales de Barcelone et avec une superficie de 400 mètres carrés, le magasin inclut un espace de service après-vente. Le magasin a les mêmes design et atmosphère que ceux de Bilbao et Valence. En dehors du matériel, les visiteurs pourront expérimenter quelques-unes des meilleures applications de Samsung telles que Samsung Pay, Samsung DeX, et Samsung Health. L'espace commercial est à la fois dédié aux particuliers et aux professionnels.

D'après Sam Mobile, 12/10/2021

6 **Analysez l'intérêt pour Samsung d'ouvrir des boutiques Experience Store en Espagne et dans le monde. En quoi cela relève-t-il d'une stratégie d'intégration ?** ▶ Doc. 4 et ▶ Notion

....

....

....

B Croissance, internationalisation et partenariats

DOC 5 Samsung va investir 205 milliards de dollars dans les technologies de pointe

Samsung vient de dévoiler un plan d'investissement de 205 milliards de dollars sur trois ans. Il veut se renforcer dans les secteurs clés […] dont les semi-conducteurs, la robotique et les biotechs. Le groupe dispose d'environ 171 milliards de dollars en trésorerie. Ce plan est destiné à financer des opérations de croissance interne […] et des rachats d'entreprises. […] Le groupe prévoit de créer 40 000 nouveaux emplois d'ici 2023, dont 10 000 en Corée. […]

En mai, le groupe avait déjà annoncé un investissement de 147 milliards de dollars pour augmenter ses capacités de productions de puces électroniques en Corée d'ici 2030. […] Le conglomérat s'est aussi engagé à construire deux nouvelles usines pour se lancer dans la fabrication de vaccins […]. Le groupe avait annoncé début août la signature d'un accord avec Moderna.

Elsa Bembaron, *lefigaro.fr*, 24/08/2021

7 Définissez la notion de croissance interne et soulignez dans le texte les éléments relevant de ce type d'opération. ▶ Doc. 5

8 Analysez l'intérêt d'un tel investissement pour Samsung. ▶ Doc. 5

DOC 6 Samsung rachète TeleWorld Solutions

Le Sud-Coréen a annoncé le 13 janvier 2020 racheter TeleWorld Solutions (TWS), un fournisseur de services basé en Virginie (États-Unis) spécialisé dans les tests d'optimisation destinés aux opérateurs télécoms. Cette opération devrait lui permettre de se faire une place sur un marché très concurrentiel alors que débute le déploiement de la 5G. […]

Alors que Samsung lorgne sur le marché américain, l'acquisition de TWS devrait être un accélérateur. […] La société […] poursuivra son travail à destination de ses clients actuels… tout en renforçant les capacités de Samsung […]. Le constructeur a dit son ambition de peser « *20 % du marché dans les équipements réseau 5G d'ici à fin 2020 à l'échelle mondiale* ».

Arthur Le Denn, *L'usine digitale*, 14/01/2020

9 Qualifiez la décision prise par Samsung concernant TWS ▶ Doc. 6

10 Justifiez en quoi ce rachat constitue une opération de croissance externe majeure pour Samsung. ▶ Doc. 6

NOTIONS

- **Internationalisation :** implantation sur des marchés étrangers en exportant ses produits, en délocalisant sa production ou bien encore en créant des filiales à l'étranger.
- **Partenariat :** accord conclu avec une autre entreprise afin de partager des ressources et de réduire certains coûts (conception, fabrication, distribution, etc.).

SAMSUNG

DOC 7 — L'« Ever Ace », plus grand porte-conteneurs du monde construit par Samsung

L'Ever Ace, porte-conteneurs […] construit par Samsung heavy industries, a embarqué le 3 septembre un pilote hauturier au large de Cherbourg. […] C'est le premier d'une série de six (classe A) que le chantier sud-coréen doit livrer d'ici 2022 à l'armateur taïwanais Evergreen. Avec 400 mètres de long pour 62 de large […], c'est le premier mégamax doté de 24 rangées de conteneurs de large livré à Evergreen[.]

Thibaud Teillard, *Le Marin*, 6/09/2021

Prix du bateau : 151 millions de dollars.

DOC 8 — Samsung SDI et Stellantis vont produire des batteries électriques aux États-Unis

Le constructeur de batteries Samsung SDI et le groupe automobile Stellantis vont produire conjointement des batteries pour véhicules électriques aux États-Unis […].

Challenges.fr 22/10/2021

DOC 9 — Samsung inaugure la plus grande usine de smartphone au monde en Inde

Le but de Samsung est clair : écraser la concurrence. […] Avec cette nouvelle usine, Samsung pourrait doubler sa production locale […]. [Le gouvernement indien] a bien conscience que le marché des smartphones est en pleine croissance dans le pays […]. Sur les 1,3 milliard d'habitants, seuls 425 millions d'entre eux posséderaient un smartphone […].

Anthony Mirelli, *rtbf.be*, 11/07/2018

11 **Repérez en les surlignant les modalités d'internationalisation ou de partenariat mises en œuvre par Samsung.** ▶ Doc. 7 à 9 et ▶ Notion

12 **Déduisez-en les objectifs poursuivis dans chaque cas.** ▶ Doc 7 à 9 et ▶ Notions

- **Exportation** ....

....

- **Partenariat** ....

....

- **Délocalisation** ....

....

Bilan

Analysez les raisons ayant poussé Samsung à adopter des modalités de développement différentes.

....

....

....

Vers la synthèse — JE ME TESTE
hachette-clic.fr/22m56
Je révise l'essentiel p. 134-135

2 Quels sont les facteurs d'influence en matière de choix stratégiques ?

Acteur majeur dans de nombreux secteurs, Samsung se doit d'intégrer tous les changements de son environnement, parmi lesquels la numérisation de l'économie et une nécessaire transparence vis-à-vis de ses parties prenantes.

DOC 10 Qu'est-ce que la transformation numérique ?

La transformation numérique consiste à utiliser les technologies numériques pour refabriquer des processus afin de les rendre plus efficaces ou plus efficients. L'idée est d'utiliser la technologie non seulement pour reproduire un service existant sous une forme numérique, mais aussi pour transformer ce service en quelque chose de nettement meilleur.

La transformation numérique peut impliquer de nombreuses technologies différentes, mais les sujets les plus chauds actuellement sont le *cloud computing*, l'internet des objets, le *big data* ou encore l'intelligence artificielle.

Mark Samuels, *ZDNet*, 13/10/2021

DOC 11 Samsung offre à 5 000 jeunes Belges des formations tech gratuites

Apprendre à au moins 5 000 jeunes Belges à programmer, à coder et à maîtriser la technologie vidéo en 2021 – et gratuitement –, voilà l'ambition de Samsung. L'entreprise tech travaillera en collaboration avec les ASBLs Link In De Kabel et Bibliothèques Sans Frontières. Ensemble, ils veulent améliorer les connaissances technologiques des jeunes grâce à, entre autres, des camps « STEM » (science, technologie, ingénierie et mathématiques), des ateliers et des formations en vidéo. Du matériel pédagogique supplémentaire devrait également aider les enseignants à transmettre à leurs élèves des compétences digitales en classe. Le secrétaire fédéral d'État à la Digitalisation, Mathieu Michel, salue toute initiative visant à réduire la fracture numérique.

news.Samsung.com/be, 11/02/2021

DOC 12 La robotique nouvelle génération selon Samsung

VIDÉO
hachette-clic.fr/22m57
Les robots personnels Samsung (2 min 40)

1. **Repérez de quelle manière Samsung intègre le numérique pour faciliter le quotidien des consommateurs.** ▶ Doc. 10 et 12

....

....

....

2. **Justifiez l'intérêt pour Samsung de développer un programme de formation au numérique pour les jeunes Belges.** ▶ Doc. 11

....

....

....

DOC 13 Transparence et secret : deux notions incompatibles ?

Pour une entreprise, la transparence se traduit par la transmission d'informations aux parties prenantes, l'objectif étant d'établir une relation de confiance avec eux. Par exemple, les clients souhaitent être informés sur l'origine et la qualité des matières premières utilisées, les conditions de production.

Mais comment communiquer sur ses activités sans divulguer des informations vitales pour l'entreprise ? La communication est un savant jeu d'équilibriste : elle doit être suffisante pour satisfaire le droit à l'information des parties prenantes, sans mettre en danger l'entreprise.

Les auteurs

DOC 14 Fabrication des smartphones : les géants trop opaques

Tout le monde le sait, la fabrication des smartphones représente un lourd tribut tant environnemental que social. […] Nos homologues allemands de *Stiftung Warentest* ont sondé 8 fabricants […]. Le bilan est désolant […].

Sur leurs sites Internet, tous les fabricants de smartphone se fendent d'une page fleurant bon l'écologie et le social. Mais quand on les interroge sur leurs engagements, nombre d'entre eux restent très, très vagues. […]

« *Nous avons envoyé à huit fabricants des questionnaires très fins sur les étapes de leur chaîne d'approvisionnement et de fabrication, leur avons demandé les preuves de ce qu'ils avançaient* », décrypte Simone Lindemann, responsable de ce test. Liste des fournisseurs des composants […], politique sociale de l'entreprise, directives pour la prévention des risques, respect des normes sociales, exigences écologiques minimales pour les fournisseurs […].

Résultat : Google, Huawei, Sony et Xiaomi n'ont même pas daigné y répondre. Impossible de rester plus opaque ! Nokia, quant à lui, […] a survolé, voire ignoré, de nombreux points.

« *C'est un peu mieux chez Apple et* Samsung, concède la chef de projet. *Eux se sont montrés plus transparents sur leurs modes de production et d'approvisionnement, et ont justifié leurs politiques sociales et écologiques.* »

Camille Gruhier, *Que choisir*, 22/10/2021

3 **Repérez en les soulignant dans le document 14 les points sur lesquels les fabricants de smartphones ont été interrogés. Peut-on dire que ceux-ci ont fait preuve de transparence ?** ▶ Doc. 13 et 14

....

....

4 **Justifiez l'intérêt pour Samsung d'être transparente dans cette enquête.** ▶ Doc. 13 et 14

....

....

....

Bilan

Analysez en quoi la prise en compte du numérique par Samsung dans sa stratégie suppose également un certain secret quant à ses activités.

....

....

....

....

Vers la synthèse
JE ME TESTE
hachette-clic.fr/22m58
Je révise l'essentiel p. 134-135

À moi de jouer

1 Jouez avec *Kyushi* !

Des quiz interactifs pour réviser en classe !

hachette-clic.fr/kyushi

2 Distinguer les modalités de développement

Repérez les modalités de développement mises en œuvre par chacune des entreprises suivantes.

Moderna signe un accord de R & D avec Metagenomi, fabricant de médicaments.	Airbus confie sa gestion informatique à la société vietnamienne FPT Software.	Lectra, spécialisée dans les logiciels et systèmes de découpe, rachète Gerber.
....	....	....

Opel transfère une partie de ses activités en Allemagne vers le Maroc.	Amazon France ouvre une plateforme logistique à Fontaine et embauche 50 salariés en CDI.
....	....

3 Établir des liens entre la notion de transparence et la RSE

Fiche outil
5 Je gère à l'oral p 188-189

Communiquer sur la RSE et ses principes

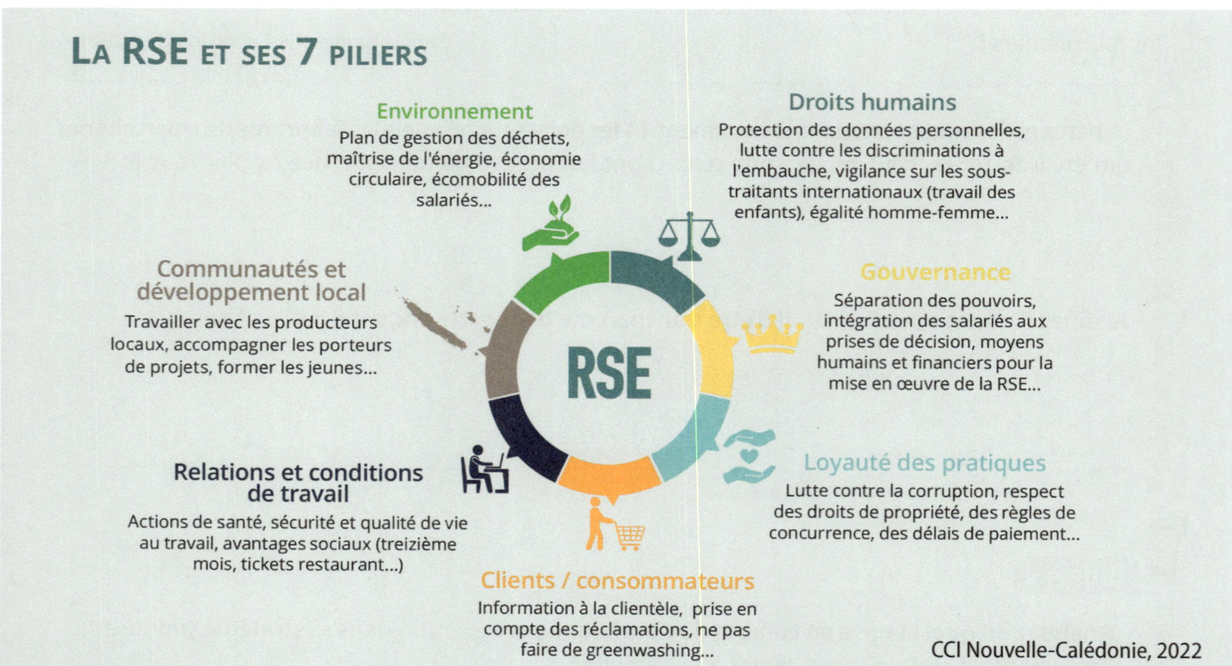

CCI Nouvelle-Calédonie, 2022

À l'aide de vos connaissances et de l'infographie, vous débattrez en groupes sur les deux thématiques suivantes.

1. **Une entreprise peut-elle avoir une démarche RSE sans être transparente ?**
2. **La transparence peut-elle comporter des risques pour les entreprises ?**

4 Maîtriser les risques liés au numérique en entreprise

DOC 1 Les difficultés de recrutement dans le numérique

Emplois non pourvus dans le numérique en France (2019)	80 000
Emplois non pourvus dans le numérique dans l'UE (2020)	756 000

Conseil d'Orientation pour l'emploi, Commission Européenne

DOC 2 Pourquoi le toulousain Celad peine à trouver 200 informaticiens

La société d'ingénierie informatique Celad à Toulouse recrute 200 ingénieurs cette année, mais n'a pu en embaucher que 70 depuis janvier. [...] Celad, qui compte 300 clients, des PME aux grands groupes, doit répondre à la croissance de ses deux métiers, la numérisation des entreprises et l'électronique avec les logiciels embarqués. Mais la société a du mal à recruter. [...] Déjà présente avant la crise, la pénurie d'ingénieurs s'aggrave avec la forte demande due à la reprise . « *Il y a eu une grande accélération des besoins en informatique en vingt ans, mais l'on ne forme pas beaucoup plus d'ingénieurs qu'avant* », déplore son président, Vincent Gardeau.

Laurent Marcaillou, *Les Echos*, 30/08/2021

DOC 3 Le groupe agroalimentaire Avril victime d'une cyberattaque

Le groupe agro-industriel Avril a été victime d'une cyberattaque ce mercredi 3 novembre, coupant l'accès des salariés aux serveurs, à leurs mails et à leurs outils numériques, rapporte le média spécialisé Les Marchés. L'ouverture d'un fichier vérolé par l'un des salariés de l'entreprise est à l'origine de la cyberattaque, a affirmé Avril à BFM Business. « *Le siège ainsi que des sites de production fonctionnent en mode dégradé* » et « *l'ensemble du système informatique a dû être désactivé* », a confirmé l'entreprise à BFM Business, sans information sur la date exacte et la nature de la cyberattaque. Le groupe, numéro un français des huiles et protéines végétales, possède soixante sites industriels en France.

Jérémy Bruno avec Raphaël Grably, *BFM Business*, 5/11/2021

1. Repérez les difficultés que rencontre l'économie numérique du point de vue des ressources humaines. Analysez l'impact sur le fonctionnement de l'entreprise Celad.

2. Présentez le problème rencontré dans le cas présent par les entreprises en raison de l'intégration du numérique. Repérez les conséquences concrètes pour l'entreprise Avril.

3. Effectuez des recherches sur Internet puis réalisez par groupes une présentation sous la forme d'un document partagé sur l'une des deux thématiques suivantes :
– Les métiers du numérique
– Comment se protéger contre les risques du numérique ?

Fiche méthode
① Argumenter autour d'un problème de management. P 170-171

L'essentiel

JE RÉVISE

hachette-clic.fr/22m59

- Le podcast du cours
- La synthèse en 1 clic
- Je manipule les notions

NOTIONS

- **Chaîne de valeur :** ensemble des activités principales et activités de soutien de l'organisation qui participent toutes à la production de biens et de services afin de créer de la valeur pour le client.
- **Concept de secret :** nécessité pour l'entreprise de protéger les informations confidentielles.
- **Croissance externe :** développement *via* le rachat d'une ou des entreprises.
- **Croissance interne :** développement de l'entreprise par la mobilisation de ses ressources. On parle également de croissance organique.
- **Internationalisation :** développement sur des marchés étrangers, par exemple *via* l'exportation.

Économie marchés des biens et services, concurrence

- **Principe de transparence :** suppose de la part de l'entreprise d'informer les parties prenantes sur les conditions de production de manière claire et objective afin de créer un climat de confiance.
- **Stratégie d'externalisation :** transfert de la réalisation d'une ou plusieurs activités à un prestataire externe. On parle également d'*outsourcing*.
- **Stratégie d'intégration :** réalisation par l'entreprise elle-même de ses activités (production ; distribution).

CULTURE+

Impôt mondial sur les multinationales : un changement majeur pour les grands groupes ?

Les opérations de croissance aboutissent à la création des grands groupes. En France, 13 % des salariés travaillent dans une filiale d'une multinationale étrangère. Leur poids économique les amène à s'affranchir de certaines règles dans les pays où elles s'installent. Les profits réalisés par les GAFAM (Google, Amazon, Facebook/Meta, Apple, Microsoft) dépassent le PIB de certains pays.

Cependant, la création d'un nouvel impôt mondial (au taux de 15 %) qui doit s'appliquer aux entreprises multinationales montre que le monde peut évoluer vers (un peu) plus d'équité.

COURS

1 Quelles sont les modalités de développement de l'entreprise ?

- Une entreprise doit connaître sa **chaîne de valeur**. L'analyse de cette dernière peut conduire l'entreprise à faire des choix stratégiques dans le but d'améliorer sa performance. Elle peut ainsi décider d'**externaliser** une partie de ses activités ou au contraire en **intégrer** de nouvelles.
- De plus, la performance de l'entreprise peut passer par la mise en place d'une stratégie **de croissance interne** ou/et de **croissance externe**.
- Enfin, les entreprises peuvent saisir l'opportunité de **s'internationaliser** ou bien encore de conclure des **partenariats** avec d'autres organisations.

2 Quels sont les facteurs d'influence en matière de choix stratégiques ?

- Le premier facteur à intégrer dans la réflexion stratégique de l'entreprise est la **numérisation de l'économie**. Cela peut prendre la forme d'innovations, de modifications du processus de production ou de commercialisation grâce à l'intelligence artificielle, la robotisation, le e-commerce, etc.
- Un second facteur à prendre en compte est la **transparence**. Les entreprises ont la nécessité d'informer de manière claire toutes les parties prenantes (sur leurs conditions de production, les matières premières intégrées, le respect de normes sociales, etc.) y compris les clients, afin d'établir une relation de **confiance**, source de **fidélisation**.
- Cependant, ce principe de transparence n'est pas toujours compatible avec le concept de **secret.** Par conséquent, l'entreprise doit être capable de communiquer de façon transparente sans porter atteinte à ses intérêts stratégiques.

POUR RETENIR AUTREMENT

1 Quelles sont les modalités de développement de l'entreprise ?

Chaîne de valeur
- ....
  - ....
- ....

Modalités de développement
- .... / ....
  - Accroissement des ressources de l'entreprise
- .... / ....
  - .... / ....
  - Délocalisation
  - .... / ....
- .... / ....
- .... / ....
  - Rachat d'entreprises existantes

2 Quels sont les facteurs d'influence en matière de choix stratégiques ?

Facteurs d'influence
- ....
  - Source d'innovation et d'opportunités
    - *Cloud computing*, intelligence artificielle, Internet des objets
  - Comporte des risques et contraintes
    - Augmentation de la concurrence, difficultés de recrutement, cyberattaques
- ....
  - Établir la confiance avec les parties prenantes
- ....
  - Protéger ses innovations et son avantage concurentiel
- .... (vers « Établir la confiance avec les parties prenantes » et « Protéger ses innovations et son avantage concurentiel »)

10 J'argumente les choix de croissance d'une entreprise

Les PME peuvent parfois être perdues lorsqu'elles souhaitent se lancer à l'international et elles ont tout particulièrement peur d'échouer. Les conseils des CCI (Chambres de commerce et de l'industrie) peuvent dès lors être utiles.

1 Repérer les conditions d'entrée sur un marché étranger

Dirigeant(e) de la PME « Le palais des biscuits » (artisan spécialisé dans la production de gâteaux bretons), fort de la réussite de votre PME et de vos dix boutiques en France, vous souhaitez vous développer à l'international. La CCI de Rennes vous conseille le marché japonais.

1. Repérer en les surlignant les éléments à prendre en compte pour réussir ce projet ainsi que les perspectives de réussite.

DOC 1 Les recettes du succès pour conquérir le marché japonais

« Bien que réputé difficile, le Japon est accessible pour les petites entreprises : on peut y faire des affaires en direct sans risques », argue Jérôme Desquiens, directeur adjoint de la zone Japon-Corée pour Business France. Les PME représentent 95 % des 11 000 entreprises françaises exportatrices.

Laurence Albert, *Les Echos*, 19/11/2018

DOC 2 Les bonnes pratiques au Japon

Pour réussir sur ce marché, mieux vaut prendre en compte quelques usages locaux.
Les Japonais sont attentifs aux détails : la qualité doit aussi bien concerner le produit, le service et les petites attentions faites au client.
Les consommateurs japonais recherchent des aliments sains, nutritifs, savoureux et de qualité supérieure à des prix raisonnables. Pour les aliments comme pour les boissons, la fraîcheur et l'origine du produit sont très importantes et influencent les décisions d'achat.

Les auteurs

2. Associez les propositions fournies par la CCI avec les modalités de développement à l'international.

Ouvrir sa propre boutique si possible hors Tokyo et produire sur place •	• Exportation
Produire en France et distribuer ses produits dans des épiceries fines au Japon •	• Création de filiales

2 Argumenter les choix de croissance d'une entreprise

À l'aide de vos connaissances et des éléments analysés dans l'exercice précédent, vous rédigerez de façon structurée une argumentation répondant à la problématique suivante.

Quels liens peut-on faire entre le choix d'internationalisation d'une entreprise et les opérations de croissance interne et externe ?

Fiche méthode
① Argumenter autour d'un problème de management p. 170-171

11

CAPACITÉS

- **Repérer** le type de finalité de l'organisation
- **Repérer** les différents niveaux auxquels s'opèrent les choix stratégiques
- **Repérer** et **analyser** les choix stratégiques
- **Caractériser** l'avantage concurrentiel de l'organisation
- **Évaluer** le degré de transparence

NOTIONS

- Domaines stratégiques de l'action publique
- Intérêt général
- Service public – Délégation de service public
- Niveaux stratégiques : central, territorial
- Stratégie et cadre européen
- Groupes de pression
- Entreprise publique
- Conflits d'intérêts
- Transparence
- Évaluation de la performance

Centre Pompidou

Comprendre les stratégies des organisations publiques

CHIFFRES CLÉS POUR L'ANNÉE 2020
marquée par la pandémie

Première collection d'art moderne et contemporain en Europe, rassemblant plus de 120 000 œuvres.

- 5 113 946 visites du site Internet
- 912 803 visiteurs sur l'année 2020 pour 167 jours d'ouverture
- 5 466 visites par jour du Centre
- 32 millions d'euros de ressources propres
- 87,9 millions d'euros de subventions de l'État
- 26 expositions
- 10 400 m² pour la Bpi (bibliothèque publique d'information) : 2 200 lecteurs assis, 400 postes de travail sur écran

VIDÉO
hachette-clic.fr/22m60
Le Centre Pompidou va fermer ses portes pendant 4 ans (1 min 07)

SITUATION

Paris *vs* New York

« Notre-Dame des tuyaux » pour certains, « paquebot de la culture » pour d'autres, le Centre Pompidou n'a pas toujours fait l'unanimité. Des canalisations apparentes, de vives couleurs primaires, le Centre Pompidou détonne dans un Paris ancien. Il doit son existence au président de la République Georges Pompidou qui, à la fin des années 1960, voit la ville perdre de son éclat à côté de la moderne New York. Pour Pompidou, Paris doit être visible sur la scène artistique mondiale et s'adresser à un large public. Son inauguration le 31 janvier 1977 connaît un vif succès : 25 000 personnes sont présentes alors que 5 000 seulement étaient attendues ! Un succès que ne connaîtra pas Pompidou, décédé 3 ans plus tôt.

1 Quelles sont les finalités des organisations publiques ?

Des œuvres qui patientent dans les réserves sécurisées du Centre Pompidou, faute de place pour être exposées. Le Centre lance un appel à projet aux communes prêtes à accueillir et exposer ses collections.

DOC 1 L'art pour tous les publics

Le premier engagement du Centre Pompidou réside [...] dans son rapport à la création : faire découvrir au plus grand nombre les œuvres modernes et contemporaines à travers des expositions d'exception, soutenir la création émergente en proposant une programmation prospective, fondée sur la liberté et l'inventivité des artistes. [...] L'urgence environnementale, la lutte contre le racisme et les discriminations, l'égalité et le respect entre les genres, ainsi que la cohésion sociale et le partage des savoirs sont les lignes d'aujourd'hui.

centrepompidou.fr

NOTION

• Les 3 grands principes du service public

Le principe de continuité du service public : il doit être rendu de manière régulière et sans interruption.
Le principe d'égalité et d'équité : tous les citoyens doivent avoir accès au service et être traités de la même façon.
Le principe d'adaptabilité (ou de mutabilité) : le service public doit suivre les évolutions de la société et des besoins des usagers.

NOTION

• Entreprise publique, établissement public

Le Centre Pompidou est un établissement public national à caractère administratif. Un établissement public est une personne morale de droit public à laquelle l'État a décidé de déléguer tout ou partie de la conception et de la mise en œuvre d'une politique publique. Bénéficiant de la personnalité morale et de l'autonomie juridique et financière, il reçoit une subvention de l'État, complétée par ses ressources propres (droits d'entrée, partenariats, mécénat...) et recrute son personnel.

centrepompidou.fr

1 **Repérez en surlignant dans le texte les engagements du Centre Pompidou qui répondent à un service public.** ▶ Doc. 1

2 **Identifiez en les entourant sur le document ▶ Notions à quel(s) principe(s) se rattachent les engagements du Centre Pompidou.**

DOC 2 Les modes d'intervention des organisations publiques

Régie directe	L'organisation publique : – assure le service par ses propres moyens ; – gère son personnel et le rémunère ; – perçoit les recettes liées à son service et supporte les dépenses.
Délégation de service public	Contrat administratif : une personne morale de droit public confie la gestion d'un service public à un délégataire public ou privé pour une durée limitée.
Contrat de partenariat	Contrat administratif : une personne morale de droit public confie à un tiers une mission avec un objet spécifique tel que la construction ou la gestion de biens nécessaires à la production du service public. Le financement partiel ou total peut lui être confié.
Contrat de concession	Contrat administratif : l'entreprise délégataire finance et réalise les équipements nécessaires et en assure l'exploitation.

DOC 3 Le projet du Centre Pompidou à Massy, dans l'Essonne

NOTIONS

La **stratégie** des organisations publiques est déterminée au niveau :
- **central** : par l'État ;
- **territorial** : par les communes, les départements, les régions.

Le Centre Pompidou francilien – Fabrique de l'art, futur pôle de conservation et de création, s'implantera à Massy en 2025. En décembre 2020, le Centre Pompidou a lancé l'appel d'offre pour le marché de partenariat. Abritant les réserves de la plus grande collection européenne d'art moderne et contemporain, ce futur lieu est conçu comme un pôle d'excellence pour la conservation des œuvres du Centre Pompidou. […] Il accueillera également des espaces ouverts aux publics et proposera une riche programmation culturelle. Inclusive et pluridisciplinaire, elle invitera les Franciliens à faire l'expérience de l'art à travers un large choix d'expositions, d'ateliers, de spectacles et de propositions inédites ouvertes sur d'autres disciplines : science, danse, musique, architecture… En préfiguration de ce projet et en collaboration avec les acteurs locaux, culturels, universitaires, scolaires et associatifs, le Centre Pompidou développe dès 2020, et pendant les cinq prochaines années, une programmation qui irriguera l'ensemble du territoire de l'Île-de-France. […] Autant d'événements et d'occasions de partir à la rencontre des publics franciliens et de tisser des liens étroits avec les acteurs du territoire.

Bilan d'activité 2020 du Centre Pompidou

DOC 4 Les financements du projet Massy

Le coût de construction du projet est évalué à environ 60 M€. Ces montants sont financés ainsi :
- Région Île-de-France : **20 M€**
- Département de l'Essonne : **10 M€**
- Communauté Paris-Saclay : **9 M€**
- Ville de Massy : **3 M€** (hors aménagement des abords du site)
- État (hors Centre Pompidou) : **7 M€**

La part de financement des collectivités est importante et sans le soutien de toutes, jamais ce projet n'aurait pu s'implanter à Massy. En échange de ce soutien, le Centre Pompidou financera sur ses fonds propres l'entretien du bâtiment et surtout l'ensemble du projet culturel. Dans la convention, le Centre Pompidou est juridiquement engagé à consacrer au projet culturel 1 M€ par an au minimum. Autre avantage, la responsabilité du projet repose intégralement sur le Centre Pompidou : en cas de dérapage financier, aucun risque que Massy soit sollicitée

« Pompidou s'installe à Massy avec la Fabrique de l'art », ville-massy.fr 8/03/2019

3. **Repérez en les surlignant les acteurs qui s'associent au projet du Centre Pompidou** ▶ Doc. 3 et 4

4. **Indiquez à quel niveau a été prise la décision de la création de ce nouvel espace de culture.**
▶ Notions p.138 et 139 : ....

5. **Identifiez en l'entourant le mode d'intervention pour ce futur centre culturel.** ▶ Doc. 2 et 3

Bilan

Montrez en quoi l'action publique du Centre Pompidou contribue à la satisfaction de l'intérêt général.

....

....

....

....

Vers la synthèse – JE ME TESTE
hachette-clic.fr/22m61
Je révise l'essentiel p. 146-147

2 Quelles sont les modalités de l'action stratégique des organisations publiques ?

Le Centre Pompidou rayonne en France par la richesse de sa collection, mais c'est sans compter sur ses ambitions à plus grande échelle. Le Centre Pompidou, c'est aussi une marque qui s'exporte !

A Un développement sous contraintes

DOC 5 E. Macron inaugure le Centre Pompidou Shanghai (et étend la toile culturelle française)

Le chef de l'État inaugure [...] la troisième antenne étrangère du musée d'art contemporain. [...] Le « West Bund Art museum » abritera l'institution culturelle française sur 2 100 m², devenant ainsi la troisième antenne étrangère du Centre Pompidou, la première hors d'Europe. [...] Au-delà du rayonnement culturel français, cette vitrine est aussi une opportunité financière pour l'institution d'art contemporain. [...]

Le Centre Pompidou percevra 1,4 million d'euros par an pendant cinq ans pour l'exploitation de sa marque, auxquels s'ajoutent 2,5 millions pour l'ensemble de ses prestations. Une somme non négligeable lorsqu'on se souvient que le budget de Beaubourg* alloué aux acquisitions d'œuvres est de 2 millions d'euros. [...]

Un double intérêt que ne cache pas l'équipe du Président : « *on sait ce que représente Shanghai sur le plan culturel* ». Serge Lavigne, le président du Centre Pompidou ne dit pas autre chose: « *il faut être présent en Chine pour comprendre ce qui s'y passe, pour en faire partie. Il faut qu'on soit un acteur du jeu* ». Ce sera chose faite à partir de ce mardi.

Centre Pompidou × West Bund Museum Project, Shanghai

Romain Herreros, Huffingtonpost.fr, 5/11/2019

*Beaubourg : surnom donné au Centre Pompidou.

DOC 6 Le Centre Pompidou à l'international

VIDÉO
hachette-clic.fr/22m62
(4'50)

NOTION

• **Un groupe de pression ou lobby** est un groupe organisé (de personnes physiques ou morales) qui cherche à exercer une influence sur les décisions des pouvoirs publics afin de défendre ses intérêts (financiers, moraux, humanitaires, matériels, etc.). Il peut également chercher à promouvoir une évolution des lois ou des changements politiques qui lui sont favorables, ou bien à s'opposer à des changements défavorables.

1 **Indiquez à quel niveau a été prise la décision de ce partenariat culturel en Chine.** ▶ Doc. 5 et 6

....

....

....

2 **Qualifiez la stratégie du Centre Pompidou avec l'implantation d'une antenne en Chine.** ▶ Doc. 5 et 6

....

....

....

DOC 7 Le prix Marcel Duchamp

Les seuls légitimes à lancer un artiste sont aujourd'hui les acteurs du marché. L'institution se contente de valider leurs choix. En témoigne le prix Marcel Duchamp hébergé par le Centre Pompidou. Fondé en 2000 par une association de collectionneurs (...) représentés chaque année dans le jury, il accrédite de jeunes talents et fait monter les prix de leurs œuvres avec la caution de l'institution qui a décidé, en 2016, d'inviter les quatre finalistes à exposer dans ses espaces. (...) « *Beaubourg reçoit les jeunes artistes sans avoir besoin d'aller les chercher et tout est payé par les galeries. Voici encore quelques années, il existait une vraie distinction entre le marché et l'institution d'État* », juge un salarié du Centre qui préfère ne pas donner son nom. « *Des artistes boudés par les collectionneurs étaient protégés par l'institution et inversement, des artistes très institutionnels n'avaient aucun écho chez les collectionneurs. Deux mondes se regardaient et se complétaient. Avec la démission de l'État et une idéologie libérale rentrée dans toutes les têtes, le marché est devenu la norme. C'est lui qui fait la loi* », poursuit-il. « *Il est problématique qu'un prix de collectionneurs privés soit hébergé et promu par une institution publique. Il s'agit d'un système très opaque dont on ne connaît pas les critères de sélection* », ajoute l'artiste P. Nicolas Ledoux, cofondateur du groupe de réflexion Économie solidaire de l'art.

Bernard Hasquenoph, Marion Rousset, *Revue du crieur 2017/2*, p.22

3 **Identifiez en surlignant dans le texte le principal groupe de pression dans le milieu de l'art.** ▶ Doc. 7

4 **Expliquez en quoi ce groupe de pression influence le Centre Pompidou.** ▶ Doc. 7

....

....

....

....

....

Le Centre Pompidou affiche sa volonté de rayonnement culturel. Mais en tant qu'organisation publique, le Centre a une obligation de transparence, nécessaire pour maintenir la confiance des citoyens dans l'institution publique.

B La transparence et l'évaluation de la performance

DOC 8 Les finances du Centre : une année 2020 marquée par l'épidémie

L'exécution financière 2020 se concrétise par un excédent de 1,41 millions d'euros, difficilement prévisible dans un contexte de fermetures répétées et de reports d'activités du Centre Pompidou, lié à la crise sanitaire de la Covid-19. La crise sanitaire a conduit le Centre Pompidou, comme tous les espaces culturels, à des fermetures complètes du bâtiment du 14 mars au 30 juin puis à compter du 29 octobre, ainsi qu'à la réouverture des espaces publics avec des jauges réduites du 1er juillet au 28 octobre 2020. De ce fait, l'impact financier a été particulièrement important : la perte des ressources propres directement liée à la crise sanitaire s'élève à plus de 21 millions d'euros, essentiellement sur la billetterie, les mécénats et les privatisations. Néanmoins la reprogrammation des activités sur 2021 et les années suivantes, le décalage ou l'annulation de certaines dépenses, à hauteur de 10 millions d'euros ainsi que le soutien financier de l'État dans le cadre du plan de relance à travers un soutien par le ministère de la Culture à hauteur de 8,99 millions d'euros ont permis d'atténuer l'impact financier global.

Bilan d'activité 2020 du Centre Pompidou

5 **Repérez en les surlignant l'origine des ressources du Centre Pompidou.** ▶ Doc. 8

2 Quelles sont les modalités de l'action stratégique des organisations publiques ?

DOC 9 Les ressources propres et les financements de l'État

Évolution comparée des ressources propres et des financements de l'État

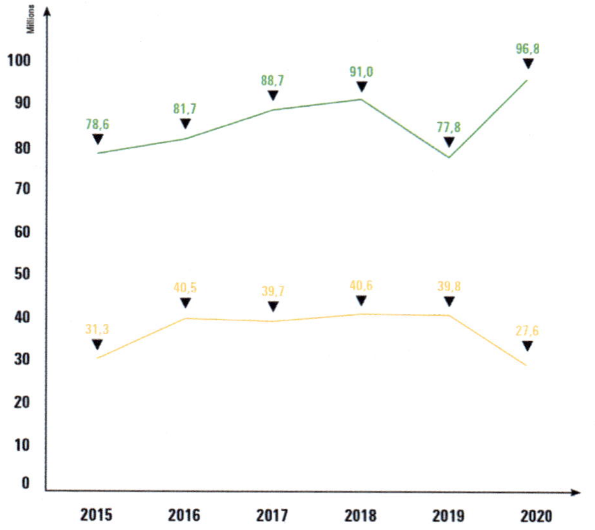

Du fait de la crise sanitaire, les recettes propres de tous types (fonctionnement et investissement) subissent une baisse de 12,2 millions d'euros sur l'exercice 2020 (billetterie -10,83 millions d'euros, concessions et mécénats -1,2 millions d'euros) La compensation partielle par l'État conduit à faire baisser la proportion des recettes propres rapportées à la subvention d'État.

Total recettes propres encaissables

Total subventions

Zoom sur l'évolution de la subvention pour charges de service public (en M€)

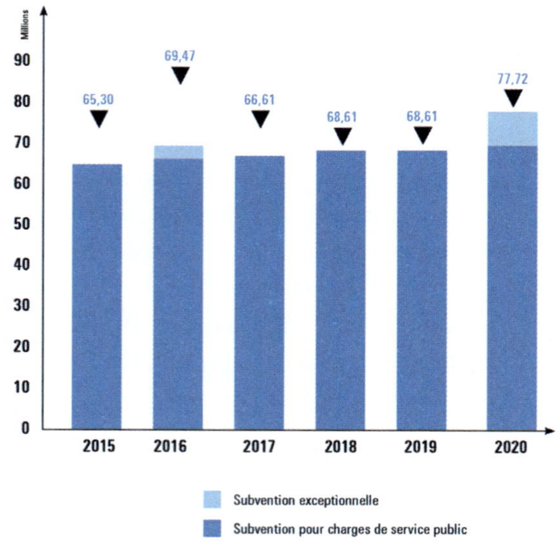

Bilan d'activité 2020 du Centre Pompidou

DOC 10 La Cour des comptes

La Cour des comptes a pour mission principale de s'assurer du bon emploi de l'argent public et d'en informer les citoyens. Juridiction indépendante, elle se situe à équidistance du Parlement et du Gouvernement, qu'elle assiste l'un et l'autre, conformément à l'article 47-2 de la Constitution. […]

En pratique, partout où de l'argent public est engagé, la Cour veille à la régularité, à l'efficience et à l'efficacité de la gestion. Pour ce faire, elle contrôle l'État et ses opérateurs, les organismes de sécurité sociale, les entreprises publiques, les organismes bénéficiant de dons ainsi que les établissements et services médico-sociaux (ESMS) et les cliniques privées.

Rôle et activités de la Cour des comptes, ccomptes.fr

DOC 11

Liste des opérateurs qui perçoivent le plus de financement de l'État ou de tiers en matière d'investissements (en millions d'euros sur l'année 2019)

Opérateur ou catégorie d'opérateurs	Nombre d'opérateurs	Montant total du financement	En provenance de l'État	En provenance d'un tiers
CNES : Centre national d'études spatiales	1	133	103	32
CNAC-GP : Centre National d'Art et de Culture – Georges Pompidou	1	40	9	31
CEA : Commissariat à l'énergie atomique et aux énergies alternatives	1	1 067	887	180
Universités et assimilés	72	577	354	223

Direction du budget de la Cour des comptes

6 **Indiquez le rôle de la Cour des comptes.** ▶ Doc. 10 et 11

....

....

....

....

7 **Montrez en quoi la transparence des fonds du Centre Pompidou est un élément essentiel de l'action publique.** ▶ Doc. 8 à 11

....

....

....

....

Bilan

Montrez en quoi l'action publique est conditionnée par l'impératif de performance et de transparence.

....

....

....

....

....

....

....

....

Vers la synthèse
JE ME TESTE
hachette-clic.fr/22m63
Je révise l'essentiel p.146-147

À moi de jouer

1 Jouez avec *Kyushi* !

Des quiz interactifs pour réviser en classe !

hachette-clic.fr/kyushi

2 Mots croisés

Horizontal

3. Principe qui impose un accès égal à tous les usagers.
4. Garantit l'honnêteté et l'intégrité des personnes chargées d'assurer une mission de service public.
5. Contrat par lequel une personne morale de droit public confie la gestion d'un service public à un délégataire.
7. Une personne publique exploite seule un service public par ses propres moyens.
8. Est un groupe organisé (de personnes physiques ou morales) qui va chercher à exercer une influence sur les décisions publiques.
9. Principe qui suit les évolutions de la société.

Vertical

1. Contrat administratif pour lequel l'entreprise délégataire finance et réalise les équipements nécessaires.
2. Principe d'assurer en permanence un service public.
6. Un des niveaux de stratégie des organisations publiques.

3 Comprendre les spécificités des entreprises publiques

Laboratoire français du fractionnement et des biotechnologies (LFB), entreprise publique

Créé en 1994, Le groupe LFB, laboratoire biopharmaceutique français, est une Société Anonyme à capitaux majoritairement publics, avec aujourd'hui pour unique actionnaire l'Etat français.

Le LFB développe, fabrique et commercialise des protéines thérapeutiques pour des maladies toujours graves et souvent rares. […] Laboratoire biopharmaceutique français, le LFB a initié en 2018, une profonde transformation, avec un recentrage de ses activités sur son cœur de métier : développer, fabriquer et commercialiser des médicaments dérivés du plasma et des protéines recombinantes. Plusieurs axes de transformations stratégiques ont été mis en place avec la priorité sur les activités industrielles pour accompagner la croissance du LFB, la consolidation de son leadership commercial en France, et un développement international sélectif. 2 300 collaborateurs, en France et dans le monde, s'investissent chaque jour pour répondre à la mission de l'entreprise. Les 15 biomédicaments du LFB permettent chaque année la prise en charge de centaines de milliers de patients.

Le LFB, via sa filiale LFB BIOMEDICAMENTS, est investi par la loi française d'une mission de santé publique en France, dans le domaine des médicaments dérivés du plasma. LFB BIOMEDICAMENTS […] « fractionne en priorité le plasma issu du sang ou de ses composants collectés par l'Etablissement Français du Sang (EFS) pour satisfaire les besoins nationaux, notamment ceux liés au traitement des maladies rares. Il distribue, prioritairement sur le territoire français, les médicaments qui en sont issus. »*

Groupe LFB, 2022

* *Extrait de la loi n°2015-990 du 6 août 2015 – Article 190, modifiant l'article L5124-14 du Code de la Santé Publique.*

Les entreprises publiques sont définies comme l'ensemble des sociétés directement détenues majoritairement par l'État ou appartenant à des groupes dont la tête est détenue majoritairement par l'État. Fin 2017, l'État contrôle 1 751 sociétés françaises, dont 89 directement.

INSEE

VIDÉO

hachette-clic.fr/22m64
Groupe LFB (2 min 10)

© Groupe LFB

1. **Montrez que le groupe LFB remplit une mission de service public.**
2. **Repérez et expliquez la stratégie du groupe LFB.**
3. **En duo, à l'aide de Quizlet, créez une liste de cartes avec les notions suivantes : service public, transparence, stratégie, intérêt général, entreprise publique, performance, et proposez votre réponse illustrée par l'exemple du groupe LFB. Vous pouvez ensuite interroger vos camarades de classe avec votre liste de cartes.**

VIDÉO

hachette-clic.fr/22m65
D. Barbe, président de l'AMRF (1 min 42 à 5 min 46)

4 Comprendre les influences des groupes de pression

Associations d'élus et entreprises, une relation sous influence

C'est un partenariat signé en avril. D'un côté, l'Association des maires ruraux de France (AMRF), qui réunit les élus des communes françaises de moins de 3 500 habitants. De l'autre, la plateforme de location immobilière mondialement connue Airbnb, dont le déploiement généralisé dans certaines villes comme Paris a provoqué le courroux des hôteliers, une baisse de l'offre de logement et une hausse des loyers. L'objectif de cette alliance : attirer des touristes dans les zones rurales.

Pour chaque nouvelle annonce dans ces villes et villages, Airbnb versera 100 euros au fonds « Campagnes d'avenir » de l'AMRF, destiné à « soutenir les communes rurales dans leur développement touristique ». La start-up espère créer 15 000 nouveaux hébergements d'ici à la fin de l'année. « *Airbnb est une entreprise très puissante. Quand elle s'associe à des groupements d'élus, imaginons pour avoir droit à un nombre de nuitées annuel supérieur à 120 [quota autorisé, ndlr], cela a un impact direct sur la législation. En face, les élus ont, pour leur part, un intérêt économique direct.* » Ce partenariat emblématique est loin d'être le premier. Les collectivités territoriales gèrent des budgets conséquents en matière d'urbanisation, de gestion de l'eau, de déchets… Des tâches souvent confiées à des entreprises privées comme Veolia, Bouygues, Suez ou Engie, qui sont également parmi les premiers partenaires des associations d'élus.

Aujourd'hui normalisées, les relations liant entreprises et associations d'élus se tissent lors de colloques, congrès, conférences, dîners où les partenaires côtoient les élus. Le problème est que les associations d'élus passent à travers les radars. La loi du 9 décembre 2016 relative à la transparence, à la lutte contre la corruption et à la modernisation de la vie économique, dite « Sapin 2 », a défini un cadre pour le lobbying en France avec l'obligation de tenir un répertoire des représentants d'intérêts. Sauf qu'il ne s'intéresse pas encore aux décideurs publics locaux.

Clément Le Foll et Romain Gaspar,
lagazettedescommunes.com, 5/07/2021

1. **Identifiez en soulignant dans le texte les moyens mis en œuvre par Airbnb pour obtenir l'aval de l'association des maires ruraux de France (AMRF).**
2. **Montrez en quoi Airbnb agit comme un groupe de pression.**
3. **Expliquez la nécessité de transparence à l'échelle publique locale.**

L'essentiel

JE RÉVISE
hachette-clic.fr/22m66
- Le podcast du cours
- La synthèse en 1 clic
- Je manipule les notions

NOTIONS

- **Conflit d'intérêts :** situation dans laquelle une personne est confrontée à des intérêts à la fois privés et publics du fait de ses fonctions/responsabilités dans une organisation publique et privée. Cela peut mettre en péril une prise de décision impartiale.

DROIT Qu'est-ce que le droit ?

- **Entreprise publique :** entreprise sur laquelle l'État peut exercer une influence directe (principal propriétaire) ou indirecte (participation financière au capital de l'entreprise).
- **Groupe de pression :** groupe organisé (de personnes physiques ou morales) qui cherche à exercer une influence sur les décisions des pouvoirs publics afin de défendre ses intérêts (financiers, moraux, humanitaires, matériels, etc.).
- **Intérêt général :** concernant l'ensemble de la population.
- **Service public :** activité d'intérêt général assurée par les organisations publiques ou par des organisations privées par délégation.
- **Transparence :** processus qui garantit l'honnêteté et l'intégrité des personnes en charge d'une mission de service public.

COURS

1 Quelles sont les finalités des organisations publiques ?

- Les **organisations publiques** produisent des **services publics** dans le but de **satisfaire l'intérêt général**. La production et la gestion de services s'inscrivent dans le respect de quatre grands principes qui sont le principe de **continuité**, d'**égalité**, d'**équité** et d'**adaptabilité**.
- Les organisations publiques ont plusieurs compétences et des domaines d'action variés. Elles répondent à leurs missions par des **stratégies** qui peuvent être **centrales** (ex : ministères) ou **territoriales** (ex : communes, département, région).
- Certains services publics sont assurés par le secteur privé. Il existe plusieurs **modes d'intervention** (ex : délégation de service public, contrat de partenariat, contrat de concession, etc.) pour encadrer la **collaboration des organisations publiques et privées**.

2 Quelles sont les modalités de l'action stratégique des organisations publiques ?

- Les organisations publiques évoluent dans un **contexte concurrentiel et marchand**. Elles adoptent des stratégies qui se rapprochent de celles des entreprises privées et suivent une logique de **performance**. Toutefois, elles subissent également l'influence de certains **groupes de pression** (lobbys) enclins à faire évoluer des décisions publiques en leur faveur et générer des conflits d'intérêts.
- Les organisations publiques ont une obligation de **transparence**. Elles sont sujettes à des contrôles à l'échelle nationale et européenne. Le bon usage des fonds publics doit être vérifié par la Cour des comptes et tout manquement est sanctionné.

CULTURE+ > Focus sur une organisation

Les catacombes de Paris, Paris Musées

- Les Catacombes de Paris, vous connaissez ? Elles ont reçu les ossements de plusieurs millions de Parisiens de la fin du XVIIIe siècle aux années 1960. Ouvert au public dès 1809, cet ossuaire, réputé le plus grand du monde, a attiré rien qu'en 2019 plus de 600 000 visiteurs. Les Catacombes font partie du réseau Paris Musées depuis le 1er janvier 2013.
- Paris Musées est un établissement public qui assure la gestion du réseau de 14 musées municipaux. Voulu par l'ancien maire de la ville de Paris, Bertrand Delanoë, ce projet a pour ambition d'optimiser la gestion des dépenses et des ressources financières provenant de la ville de Paris et des musées. De grandes phases de rénovation ont été entreprises pour valoriser et moderniser le patrimoine et pour accueillir des collections et expositions. L'objectif est d'élargir le public et de démocratiser l'accès à la culture.

POUR RETENIR AUTREMENT

1 Quelles sont les finalités des organisations publiques ?

Missions de ……………………………………

➕

Respect des principes de continuité, égalité, équité, adaptabilité

＝

Satisfaction de ……………………………………………………

Niveau de définition de la stratégie	Modes d'intervention
• ……………………………………………	• ………………… de service public
• ……………………………………………	• Contrat de …………………
	• Contrat de ………………… , etc.

2 Quelles sont les modalités de l'action stratégique des organisations publiques ?

Les politiques nationales et européennes

……………………………………………………

Régulent et contrôlent

L'action stratégique des organisations publiques

influencent

……………………………………………………

……………………………………………………

11 J'analyse une décision stratégique

Les organisations publiques adoptent des stratégies pour lesquelles elles vont prendre des décisions à plus ou moins long terme et qui vont engager leurs ressources. L'objectif est de comprendre le processus qui mène à la prise de décision et les contraintes propres aux organisations publiques.

1 À chacun sa place

Retrouvez le sens de chacun des termes et remettez-les dans l'ordre pour former un texte logique.

Les décisions stratégiques/ se décline en /ce que veut faire ou atteindre l'organisation / le diagnostic stratégique / les objectifs stratégiques /ce que sait faire l'organisation / qui sont / la stratégie d'une organisation / comment elle veut le faire/ qu'elle soit publique ou privée/ plusieurs axes.

....

....

....

....

....

2 À chaque objectif, une ou plusieurs décisions

Reliez les décisions stratégiques aux objectifs stratégiques des organisations publiques.

Objectifs stratégiques	Décisions stratégiques
Augmenter le nombre de touristes dans une commune •	• Financer des cartes jeunes par région
Favoriser l'accès des jeunes à la culture •	• Augmenter le nombre de places en foyer ou résidence pour personnes âgées
Développer la politique de regroupement scolaire en milieu rural, les écoles maternelles et primaires ou classes uniques d'une commune accueillant les enfants des communes voisines. •	• Créer des espaces ludiques et culturels de type piscine, cinéma
Accompagner la population vieillissante •	• Financement intégral du transport scolaire par les communes

3 Comprendre le processus de décision

Remettez dans l'ordre les étapes permettant de comprendre comment sont prises les décisions stratégiques dans une organisation publique. Proposez une définition de chacune des étapes.

Fixation des objectifs | Prise de décision(s) | Identification des contraintes | Définition des missions | Affectation des ressources

12

CAPACITÉS

- **Repérer** les types de finalités de ces organisations
- **Repérer** les différents niveaux auxquels s'opèrent les choix stratégiques
- **Repérer et analyser** des choix stratégiques
- **Caractériser** l'avantage concurrentiel d'une organisation
- **Évaluer** le degré de transparence des objectifs dans les trois contextes

NOTIONS

- Objet social
- Domaines d'activités
- Pérennisation des ressources humaines et financières
- Développement de l'organisation
- Transparence

ACTION CONTRE LA FAIM

Les stratégies des organisations de la société civile

VIDÉO

hachette-clic.fr/22m67

Qui sommes-nous ? Action contre la Faim (1 min 34)

© Action contre la Faim

SITUATION

Action contre la Faim est une organisation à but non lucratif (organisation non gouvernementale) créée en 1979 par un groupe d'intellectuels comprenant notamment Alfred Kastler, Bernard-Henri Lévy, Jacques Attali, Françoise Giroud, Marek Halter et Jean-Christophe Victor. Cette ONG se donne pour ambition de prévenir, détecter et traiter les problèmes de nutrition et de sous-nutrition dans les pays en guerre ou victimes de catastrophes naturelles.

Cette organisation peut compter sur un budget de plus de 300 millions d'euros et une équipe de 8 000 salariés et 1 000 bénévoles sur le terrain.

1 L'objet social et les ressources financières influencent-ils la stratégie de l'organisation de la société civile ?

Sans ressources financières, l'ONG Action contre la Faim ne pourrait pas venir en aide à près de 20 millions de personnes par an, principalement en Asie, Afrique et Amérique du Sud.

DOC 1 Action contre la Faim : 40 ans de solidarité internationale contre la faim

Aujourd'hui, Action contre la Faim est un acteur majeur de la lutte contre la faim dans le monde. Structurée en réseau international, notre organisation à but non lucratif mène une réponse coordonnée, dans près de 50 pays. Reconnue d'utilité publique, la priorité de notre association est d'agir concrètement sur le terrain et témoigner sur le sort des populations que nous soutenons.

actioncontrelafaim.org, 2022

DOC 2 Les sept domaines d'expertise d'Action contre la Faim

- **Nutrition et santé :** par ses programmes de nutrition et santé, Action contre la Faim prévient, dépiste et traite la malnutrition aiguë chez les personnes les plus vulnérables.
- **Sécurité alimentaire et moyens d'existence :** l'objectif général de nos interventions en « sécurité alimentaire et moyens d'existence » vise à permettre aux populations d'accéder à une nourriture adéquate pendant et après des situations de crises.
- **Eau, assainissement et hygiène :** amélioration d'accès à une eau saine, installation de système d'assainissement de l'eau, distribution d'eau en cas d'urgence.
- **Santé mentale, soutien psychologique et protection :** accompagnement des femmes enceintes, renforcement des liens familiaux, etc.
- **Plaidoyer :** alerter les organisations internationales (États, etc.) sur les problèmes de malnutrition.
- **Climat :** mise en application des mesures de préparation, de réponse, de mitigation et de prévention aux désastres.
- **Recherche :** collaboration avec des chercheurs pour trouver des solutions face à la malnutrition ou la sous-nutrition.

actioncontrelafaim.org, 2022

1. Retrouvez l'objet social et le domaine d'activité d'Action contre la Faim. ▶ Doc. 1

....

....

....

2. Montrez en quoi les sept domaines d'expertise de l'ONG sont en lien avec son objet social. ▶ Doc. 1 et 2

....

....

....

....

....

DOC 3 Les ressources financières d'Action contre la Faim pour l'exercice 2020

Produits et charges par origine et destination (en milliers d'euros)	TOTAL	Dont générosité du public
Produits par origine		
1 – Ressources collectées auprès du public, dont dons, legs et mécénats	40 538,5 38 882,0	40 538,5 38 882,0
2 – Ressources non liées à la générosité du public, dont cotisations avec contrepartie, parrainage des entreprises	12 355,1 0,0	0,0 0,0
3 – Subventions et autres concours publics	237 931,1	0,0
4 – Reprise des provisions	8 673,9	0,0
5 – Utilisation des fonds dédiés et reportés antérieurs	4 209,8	4 209,8
TOTAL PRODUITS	**303 708,4**	**44 748,3**

Rapport financier 2020

3 **Analysez la provenance et l'évolution des ressources financières de l'ONG.** ▶ Doc. 3

DOC 4 La course contre la faim : un projet solidaire

VIDÉO
hachette-clic.fr/22m68
(1 min 47)

4 **Expliquez ce qu'est la course contre la faim. En quoi cette course est importante pour Action contre la faim ?** ▶ Doc. 4

DOC 5 L'impact de la Covid-19 sur les ressources financières d'Action contre la Faim

Dès le budget 2020 initial, la stratégie était déficitaire, dans une volonté de poursuivre nos investissements dans nos systèmes d'information et le renforcement de nos équipes dans un contexte de forte croissance opérationnelle. La crise a fortement impacté cette stratégie mais ACF a su s'adapter, en mettant en place un plan d'économies de charges afin de compenser la baisse de la collecte, en raison de l'annulation de nos événements (courses et challenges contre la faim). Le résultat de l'année 2020 est déficitaire de 5,8 M€.

Rapport financier 2020

Bilan

Présentez, *via* un schéma, les conséquences d'une baisse des ressources financières pour une ONG.

Vers la synthèse
JE ME TESTE
hachette-clic.fr/22m69
Je révise l'essentiel p. 158-159

2 Pourquoi la pérennité des ressources humaines est-elle importante pour le développement de l'organisation de la société civile ?

Action contre la Faim est en recherche constante de bénévoles, non seulement pour agir sur le terrain mais aussi pour récolter des fonds.

DOC 6 Louis, Camille et Ali, bénévoles pour Action contre la Faim

VIDÉO	VIDÉO	VIDÉO
hachette-clic.fr/22m70	hachette-clic.fr/22m71	hachette-clic.fr/22m72
Témoignage de Camille (0 min 59)	Témoignage d'Ali (1 min 01)	Témoignage de Louis (0 min 56)

1 Retrouvez les raisons pour lesquelles ces trois personnes se sont engagées comme bénévoles dans cette ONG. Reliez les raisons aux bénévoles. ▶ Doc. 6

- Camille •
- Ali •
- Louis •

- • Avait bénéficié de l'aide d'ACF dans son pays d'origine
- • Participation à la course contre la faim au collège
- • La dimension sociale d'ACF
- • Envie d'être solidaire
- • Avait un professeur bénévole dans l'ONG

DOC 7 Action contre la Faim recrute des bénévoles !

DEVENEZ BÉNÉVOLE DANS UNE DE NOS DÉLÉGATIONS ET PARTICIPEZ À NOS PROJETS ET ÉVÉNEMENTS SOLIDAIRES, SPORTIFS ET HUMAINS.

Faire du bénévolat pour Action contre la Faim, c'est rejoindre une équipe de bénévoles engagé·e·s et salarié. es engagé·e·s pour représenter Action contre la Faim lors d'événements sportifs, de concerts, de débats et bien plus encore. Vous souhaitez vous rendre utile ? Rejoignez-nous !

Les délégations en France

Être bénévole au sein d'une de nos délégations, c'est rejoindre un réseau de bénévoles dynamiques et engagé·e·s qui se mobilisent et mettent leurs compétences au service de la lutte contre la faim. La mission d'une délégation est de promouvoir et soutenir le mandat d'Action contre la Faim en alertant sur les causes et conséquences de la faim dans le monde mais aussi en présentant concrètement les solutions mises en place. Nos bénévoles sont réparti·e·s dans une trentaine de délégations départementales et assurent ainsi la visibilité d'Action contre la Faim dans leurs départements. Chaque délégation est coordonnée par un·e délégué·e bénévole qui est le·la porte-parole de l'association au local. Tout au long de l'année et en lien avec une équipe de salarié·es dédiée, les délégations mettent en place de grandes opérations de sensibilisation, de mobilisation et de collecte. Force de proposition, les bénévoles construisent chaque année de nouveaux projets en équipe. Que ce soit pour des conférences, des récits de retour de mission, des expositions photos, des évènements sportifs, des opérations de mécénat de proximité, des stands d'information, des projets étudiants, des concerts de soutien : nous avons besoin de vous !

actioncontrelafaim.org/a-la-une/action-contre-la-faim-recrute-des-benevoles

DOC 8 Action contre la Faim cherche des bénévoles !

VIDÉO

hachette-clic.fr/22m73

Entretien avec Florine Garlot, chargée de projets jeunesse (4 min 51)

2 **Pourquoi Action contre la Faim recrute-t-elle des bénévoles en France ?** ▶Doc. 7 et 8

3 **Expliquez pourquoi il est important pour Action contre la Faim d'avoir 1 000 bénévoles répartis dans toute la France.** ▶Doc. 7 et 8

DOC 9 Les avantages des salariés d'Action contre la Faim

Découvrez vos conditions d'emploi et l'accompagnement dont vous bénéficierez, depuis votre recrutement jusqu'à votre départ de l'organisation.

actioncontrelafaim.org

4 **Par groupe de trois élèves, rendez-vous sur le site d'Action contre la Faim, rubrique Carrières/ Ce que nous proposons, et recherchez les avantages que propose Action contre la Faim à ses salariés et stagiaires.** ▶ Doc. 9

Bilan

Selon vous, pourquoi Action contre la Faim offre-t-elle autant d'avantages à ses salariés ?

Vers la synthèse
JE ME TESTE
hachette-clic.fr/22m74
Je révise l'essentiel p. 158-159

3 Pourquoi les organisations de la société civile doivent-elles faire preuve de transparence ?

Action contre la Faim reçoit chaque année des dons et des subventions.
Ce qui l'oblige à être transparente dans l'utilisation de ses ressources financières.

DOC 10 L'utilisation des ressources financières d'Action contre la Faim

DES FONDS UTILISÉS POUR LUTTER CONTRE LA FAIM PAR Action contre la Faim FRANCE

90,6 % des emplois (dépenses) sont affectés aux missions sociales

RÉPARTION DES EMPLOIS PAR DESTINATION

Ce graphique présente le montant de chaque rubrique d'emplois par rapport au total des emplois de l'exercice 2019.

90,6 %	5,8 %	3,6 %
MISSIONS SOCIALES	FRAIS DE RECHERCHE DE FONDS	FRAIS DE FONCTIONNEMENT

actioncontrelafaim.org, 2022

DOC 11 L'effort de transparence d'Action contre la Faim

UNE GESTION ASSURÉE PAR DE SOLIDES GARANTIES

A Action contre la Faim est une association Loi 1901 reconnue d'Utilité Publique, label délivré par le Conseil d'État. À ce titre, Action contre la Faim doit transmettre ses comptes annuels au ministère de l'Intérieur et au ministère des Affaires Étrangères.

B Action contre la Faim est membre du Comité de la Charte de déontologie des organisations sociales et humanitaires faisant appel à la générosité du public. Cet organisme de surveillance rassemble des associations et fondations françaises qui ont en commun le respect d'une série de principes déontologiques en termes de rigueur budgétaire et de transparence des comptes.

C Des commissaires aux comptes indépendants garantissent chaque année la rigueur de notre gestion et la transparence de nos comptes, publiés chaque année.

D Les grands bailleurs de fonds institutionnels internationaux (ECHO, USAID) exercent un contrôle permanent sur nos comptes, au siège comme sur le terrain.

E Action contre la Faim est susceptible d'être auditée à tout moment par la Cour des comptes et l'IGAS (Inspection générale des affaires sociales), comme n'importe quelle autre structure.

RAPPORTS D'ACTIVITÉ ET FINANCIERS

Le rapport d'activité 2020 est à la disposition de tous :
Rapport d'Activité 2020
Rapport Financier 2020
L'Essentiel 2020
Rapport Moral d'Activité 2020

actioncontrelafaim.org, 2022

1 Montrez qu'Action contre la Faim respecte le principe de transparence. ▶ Doc. 10 et 11

....

....

....

....

DOC 12 La transparence financière, une obligation pour certaines associations

Article 612-4 du Code de commerce « *toute association ayant reçu annuellement des autorités administratives, au sens de l'article 1er de la loi du 12 avril 2000, ou des établissements publics à caractère industriel et commercial* ***une ou plusieurs subventions*** *dont le montant global dépasse un seuil fixé par décret (153 000 euros), doit établir des comptes annuels comprenant un bilan, un compte de résultat et une annexe dont les modalités d'établissement sont fixées par décret.* » Elles transmettent par voie électronique à la **Direction des Journaux officiels**, dans les trois mois à compter de l'approbation des comptes par l'organe délibérant statutaire, leur bilan, compte de résultat et annexe ainsi que le rapport de leur commissaire aux comptes. L'article L. 612-1 du Code de commerce précise que les peines prévues à l'article L. 242-8 du Code de commerce sur les sociétés commerciales sont applicables aux dirigeants des personnes morales concernées. Ainsi « *est puni d'une amende de 9 000 € le fait, pour le président, les administrateurs ou les directeurs généraux d'une société anonyme de ne pas, pour chaque exercice, dresser l'inventaire et établir des comptes annuels et un rapport de gestion* ».
Le défaut de désignation d'un commissaire aux comptes expose les dirigeants au délit pénal prévu à l'article L. 820-4 1° du Code de commerce.

association1901.fr

2 Quelles obligations doit respecter Action contre la Faim selon le principe de transparence financière ? ▶ Doc. 12

....

....

....

....

3 Que risque Action contre la Faim si elle ne respecte pas le principe de transparence ? ▶ Doc. 12

....

....

....

Bilan

Expliquez à l'oral pourquoi la transparence financière permet à l'association de pérenniser ses ressources financières.

....

....

....

....

....

Vers la synthèse
JE ME TESTE
hachette-clic.fr/22m75
Je révise l'essentiel p. 158-159

À moi de jouer

1 Jouez avec *Kyushi* !

Des quiz interactifs pour réviser en classe !

hachette-clic.fr/kyushi

2 VRAI ou FAUX ?

Cochez les cases correspondant à la bonne réponse.

1. Les organisations de la société civile ne sont présentes que dans le domaine du sport. ☐ VRAI ☐ FAUX
2. Les organisations de la société civile doivent veiller à maintenir leurs ressources financières pour maintenir la qualité des services qu'elles offrent. ☐ VRAI ☐ FAUX
3. Il n'est pas toujours facile de fidéliser les bénévoles d'une association. ☐ VRAI ☐ FAUX
4. Les organisations de la société civile qui reçoivent des fonds publics n'ont pas d'obligation de publier leurs comptes financiers. ☐ VRAI ☐ FAUX

3 Repérez les choix stratégiques d'une ONG

OXFAM France

Oxfam France est une ONG qui appartient au groupe OXFAM. Elle a pour ambition de lutter contre la pauvreté et l'injustice dans le monde.

À partir d'une recherche sur le site de l'association et en vous référant à l'actualité, vous devez :
– répertorier les actions d'Oxfam et sa stratégie ;
– présenter votre réponse sous forme d'infographie.

4 Et vous, que feriez-vous à leur place ?

VIDÉO

hachette-clic.fr/22m76

Solidarité : les associations en manque de bénévoles (2 min 08)

La crise du Covid-19 a accentué la pénurie de bénévoles dans le domaine de la solidarité.

Des bénévoles d'une association de solidarité étudiante (à gauche) et du Secours populaire (à droite)

Par groupe de deux, trouvez des solutions pour attirer des bénévoles.

5 Repérez et analysez des choix stratégiques

Téléthon : les dons en baisse, à 58,29 millions d'euros

« *Dans ce contexte sanitaire qui a conduit à l'annulation d'un très grand nombre d'animations dans les villes et les villages, les Français ont été au rendez-vous de ce Téléthon exceptionnel* », se sont néanmoins félicités les organisateurs dans un communiqué.

Le compteur du Téléthon 2020 a atteint 58,29 millions d'euros de promesses de dons lors d'une 34e édition marquée par l'annulation pour cause de confinement de 80 % des animations qui symbolisent ce marathon caritatif, ont indiqué les organisateurs dimanche 6 décembre.

Le compteur final affiche 58 290 120 euros, en net recul par rapport au total de 74,6 millions d'euros levés pendant la durée du Téléthon en 2019 et 87 millions au total. Les dons par internet ou téléphone se poursuivront jusqu'au 11 décembre, précisent les organisateurs.

« *Dans ce contexte sanitaire qui a conduit à l'annulation d'un très grand nombre d'animations dans les villes et les villages, les Français ont été au rendez-vous de ce Téléthon exceptionnel* », se sont-ils félicités dans un communiqué.

L'événement de collecte de dons pour la recherche sur les maladies rares, lancé vendredi soir, s'est réduit cette année à sa retransmission sur les chaînes de France Télévisions et à des défis sur internet.

Le terrain, « 40% de la collecte »

« *D'habitude, il y a 12 000 communes qui participent au Téléthon, soit une sur trois, 250 000 bénévoles et 5 millions de Français. La très grande majorité de ces animations est empêchée aujourd'hui* », avait souligné plus tôt cette semaine la présidente de l'organisation AFM-Téléthon, Laurence Tiennot-Herment, dans un entretien à l'AFP. Or, « *le terrain, c'est 40% de la collecte* », avait-elle fait valoir.

L'édition 2020 a mis à l'honneur le laboratoire de pointe du Généthon, qui fête ses 30 ans, et les premières « *grandes victoires* » permises par la thérapie génique qui consiste à introduire du matériel génétique dans des cellules pour soigner une maladie.

« *En 30 ans, avec le soutien des Français, la thérapie génique s'est transformée en médicaments et elle change la vie des malades. En effet, des bébés condamnés avant l'âge de 2 ans retrouvent leurs forces, tiennent assis, certains font même leurs premiers pas* », a souligné samedi l'AFM-Téléthon dans un communiqué. Les enfants soignés grâce aux recherches financées par le Téléthon « *n'ont pas le destin de leur gène* », ajoute-t-il.

Franceinfo avec AFP, 6/12/2020

1. **Caractérisez l'organisation AFM-Téléthon.**
2. **Retrouvez l'objet social et le domaine d'activité de l'organisation AFM-Téléthon.**
3. **Identifiez le problème de management de l'organisation AFM-Téléthon en 2020.**
4. **Expliquez les causes et les conséquences de ce problème pour l'activité de l'organisation AFM-Téléthon.**
5. **Précisez ce que l'organisation AFM-Téléthon fait pour régler ce problème. Vous pouvez compléter votre réponse avec des recherches complémentaires.**

Fiches méthode
① et ② p. 170-173

L'essentiel

hachette-clic.fr/22m77

JE RÉVISE
- Le podcast du cours
- La synthèse en 1 clic
- Je manipule les notions

NOTIONS

- **Objet social :** ensemble des activités, déterminées par les statuts.
- **Domaine d'activité :** ensemble d'activités homogènes.
- **Pérennisation des ressources humaines :** action de garantir sur le long terme, ici la fidélité des bénévoles et des salariés.
- **Pérennisation des ressources financières :** action de garantir des ressources financières sur le long terme.
- **Développement de l'organisation :** volonté d'étendre le champ d'action d'une organisation. Cela peut passer par une diversification des actions ou l'augmentation du nombre de bénéficiaires.
- **Transparence :** les organisations de la société civile reconnues d'utilité publique doivent publier chaque année leur compte de résultat et leur bilan, ainsi que nommer un commissaire aux comptes pour contrôler la bonne tenue des comptes.

COURS

1 L'objet social et les ressources financières influencent-ils la stratégie de l'organisation de la société civile ?

- Les organisations de la société civile, sans but lucratif, ont chacune leur **objet social** et leur **domaine d'activité**. Cela délimite la **stratégie** qu'elles vont adopter.
- Les OSC à **vocation sociale** orienteront leur stratégie vers l'intérêt général, une OSC centrée sur le **sport** axera la sienne sur l'encadrement des entraînements afin de gagner des compétitions, un **syndicat** cherchera à améliorer les conditions de travail des salariés qu'ils défendent.

2 Pourquoi la pérennité des ressources humaines et financières est-elle importante pour le développement de l'OSC ?

- Les organisations de la société civile ont besoin de **pérenniser leurs ressources.** Si les ressources financières et/ou humaines sont insuffisantes, l'OSC ne peut pas mener sa stratégie à son terme. Cela risque de dégrader la qualité du service ou de réduire les services offerts. C'est un obstacle à l'atteinte de l'objet social.

3 Pourquoi les OSC doivent-elles faire preuve de transparence ?

- Les organisations de la société civile doivent rassurer leurs donateurs et prouver que les fonds servent bien l'objet de l'OSC qu'ils soutiennent. La **transparence** est un gage de confiance entre l'OSC et ses parties prenantes. Elle est une des conditions pour la pérennisation des ressources financières.

CULTURE+

Une infographie sur le monde des organisations de la société civile

Seulement 159 000 associations ont des salariés.

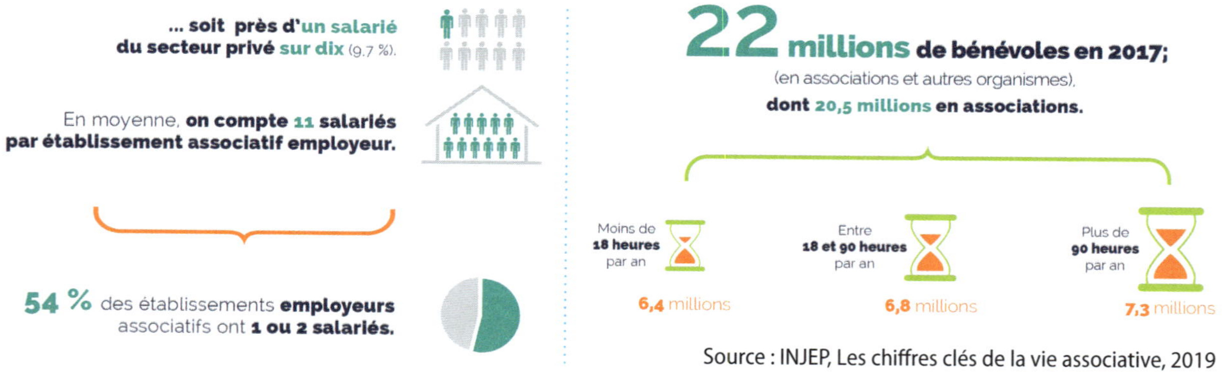

Source : INJEP, Les chiffres clés de la vie associative, 2019

POUR RETENIR AUTREMENT

1 L'objet social et les ressources financières influencent-ils la stratégie de l'organisation de la société civile ?

Les OSC ont un objet social qui s'inscrit dans un domaine d'activité

....

....

....

2 **3** Pourquoi la pérennité des ressources et la transparence sont-elles nécessaires pour une OSC ?

Les OSC doivent mettre en place une stratégie afin de développer leur activité. Elles sont confrontées à deux contraintes :

Pérennisation des ....

....

....

....

....

....

....

Obligation de

....

12 J'analyse les spécificités des organisations de la société civile

Les organisations de la société civile doivent pérenniser leurs ressources financières et humaines pour offrir des services suffisants à leurs adhérents ou bénéficiaires.

1 Mots croisés

Retrouvez la notion correspondant à chacune des définitions suivantes.

1. Ensemble des activités, déterminées par les statuts
2. Ensemble d'activités homogènes
3. Obligation de publier chaque année les comptes de l'OSC reconnue d'utilité publique

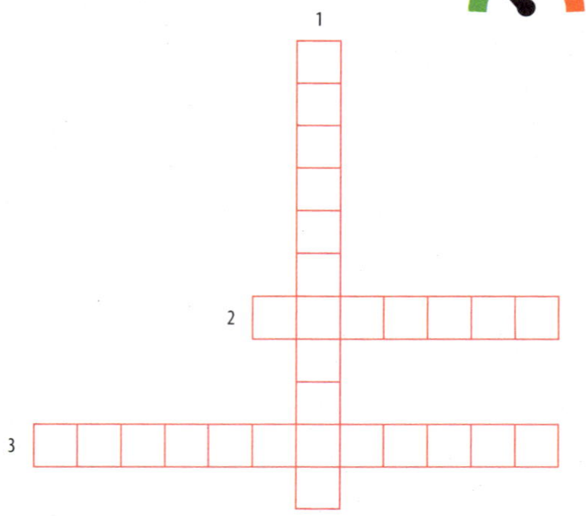

2 L'un va avec l'autre

Classez les décisions de ces organisations de la société civile en fonction de leur catégorie.

- Le Cria, Centre de ressources illettrisme et analphabétisme du Loir-et-Cher, recherche des bénévoles pour animer des ateliers numériques. •
- L'association Cœur perlé afro organise son premier festival solidaire, à Châteaubriant (Loire-Atlantique), les 3, 4 et 5 juin 2022. Les fonds iront soutenir une pouponnière en Afrique. •
- Les comptes sociaux de la Fondation WWF sont certifiés par des commissaires aux comptes, approuvés par le Conseil d'Administration, déposés auprès de la Préfecture de Seine-Saint-Denis et disponibles sur son site internet. Ils comprennent les comptes (bilan et compte de résultat, annexes intégrant le compte de résultat par origine et par destination ainsi que le compte emploi des ressources). •

- • Transparence financière
- • Pérennisation des ressources humaines
- • Pérennisation des ressources financières

3 Argumenter

Vous êtes le président de votre club de sport. Vous déplorez depuis quelques années un manque de fidélité des entraîneurs. De plus, votre trésorier vous informe que les recettes de votre club de sport ont baissé de 20 % par rapport à l'année dernière et de 25 % par rapport à N-2.

Identifiez le problème de management de votre association et proposez des solutions.

Fiche méthode
1 Argumenter autour d'un problème de management. p. 170-171

Mini-cas d'entraînement

THÈME 3

JE SAIS :

	OUI ✓	NON ✗
• **repérer** le type le type de finalité de l'organisation	☐	☐
• **repérer** les différents niveaux auxquelles s'opère les choix stratégiques	☐	☐
• **repérer** et **analyser** les choix stratégiques	☐	☐
• **caractériser** l'avantage concurrentiel d'une organisation	☐	☐

sodexo
Tout commence au quotidien

Les choix stratégiques de Sodexo

VOTRE MISSION

1. **Repérez les types de finalité de Sodexo.**
2. **Formulez les enjeux de management qui se pose à Sodexo.**
3. **Repérez les choix stratégiques opérés par Sodexo et les différents niveaux auxquels ils s'opèrent.**
4. **Présentez les avantages et les limites de ces choix.**
5. **Caractérisez l'avantage concurrentiel sur lequel Sodexo souhaite se positionner.**

DOC 1 Face au télétravail, Sodexo peut-il retrouver la recette du succès ?

De petites marges, mais de gros volumes : le modèle économique du géant des cantines est remis en cause par le télétravail et les nouvelles formes de restauration.

[…] « *Notre activité restauration n'a retrouvé que 73 % de son chiffre d'affaires pré-Covid* », souffle Marc Rolland, le directeur financier du groupe, numéro 2 mondial de la restauration collective derrière le britannique Compass. Pour Sodexo, qui sert des repas dans les sociétés mais aussi dans les administrations, les écoles, les universités et les établissements de santé, c'est un vrai souci. La restauration représente en effet 60 % de ses revenus, le reste provenant des activités « avantages et récompenses » (tickets-restaurants, chèques cadeaux, etc.) et « facility management ».

L'an dernier, du fait de la pandémie, le chiffre d'affaires du groupe a chuté de 12 %, à 19,3 milliards d'euros. Les bénéfices sont passés de 665 millions d'euros à une perte de 315 millions. […] Certes, Elior, l'autre acteur français de la restauration collective, a connu pire (483 millions d'euros de perte). Mais pour Sodexo, le plat a été très amer : jamais, depuis sa fondation par Pierre Bellon en 1966, l'entreprise n'avait été dans le rouge […]. Depuis, une amélioration s'est manifestée avec un bénéfice de 139 millions d'euros en 2021.

Premier problème ? La pérennisation du télétravail. […]. « *Quand deux jours télétravaillés par semaine sont accordés aux salariés, ce qui est le cas le plus souvent constaté, la restauration au cœur de l'entreprise diminue mécaniquement de deux cinquièmes, soit 40 % par rapport au contexte pré-Covid* », résume Olivier Schram, directeur associé de PH Partners, un autre cabinet d'experts du secteur. La présidente du groupe, Sophie Bellon, estime elle-même le manque à gagner lié au télétravail à 500 millions d'euros.

Mais les nouvelles habitudes de travail des salariés, en particulier dans le tertiaire, ne sont pas seules en cause. « *Il y a quatre ans, les revues stratégiques montraient déjà une érosion de la fréquentation des restaurants d'entreprise avec la montée du végétarisme, du véganisme, du goût pour le local et le fait-maison* », poursuit François Blouin […].

Télétravail, plus désaffection pour la « cantoche »… Le cocktail remet en cause le modèle traditionnel du métier : des marges serrées compensées par de gros volumes de facturation. Dans ces conditions, comment faire face ? « *Il faut réinventer le business par exemple en mettant en place des offres destinées aux salariés qui travaillent à domicile, ou en installant des minisupermarchés à l'intérieur de l'entreprise pour permettre d'emporter des repas* », suggère Bruno de La Rochebrochard, analyste chez Bryan, Garnier&Co.

[…] Fin septembre, le directeur général a été remplacé par Sophie Bellon […] Le nouveau credo de la patronne ? Transformer Sodexo en « service-tech company » et, pour aller plus vite, racheter des start-up de la foodtech, un créneau qui attire une foule de jeunes entrepreneurs. « *L'idée est de capturer plus de clients grâce à une démarche à 360 degrés* », explique Marc Rolland, le directeur financier. Exemple en France : FoodChéri, dans le giron du groupe Sodexo depuis 2018, propose de livrer des repas commandés sur smartphone via son application ou celle de sa maison mère, SoHappy. Accessible à Paris, Lyon, Bordeaux, le service a permis de toucher les PME. « *Les plats sont préparés dans nos cuisines avec une garantie fraîcheur, beaucoup de produits bio et un minimum d'additifs* », vante Jérôme Lemouchoux, le CEO de FoodChéri.

Dans les plus grosses boîtes, la société offre aussi d'installer des espaces aménagés – à l'image du libre-service de Cojean –, une option choisie par Doctolib ou Showroomprive.com. Ou encore, de déployer des « frigos connectés », qui permettent aux salariés de se servir toute la journée et de régler en utilisant leur badge. Une autre formule, Seazon, propose la livraison à domicile de box contenant jusqu'à 14 plats à stocker au réfrigérateur pour la semaine. Enfin, en parallèle, Sodexo a passé des accords avec Uber Eats et Deliveroo pour livrer des repas achetés dans des établissements référencés *via* sa carte Pass Restaurant, la version digitale du ticket-resto. Même si dans ce domaine également la concurrence est rude avec de nouvelles pépites comme Swile, le groupe caresse l'espoir que l'appétit viendra en mangeant.

Jean Bottella, Capital, 20/01/2022

DOC 2 Chiffres clés

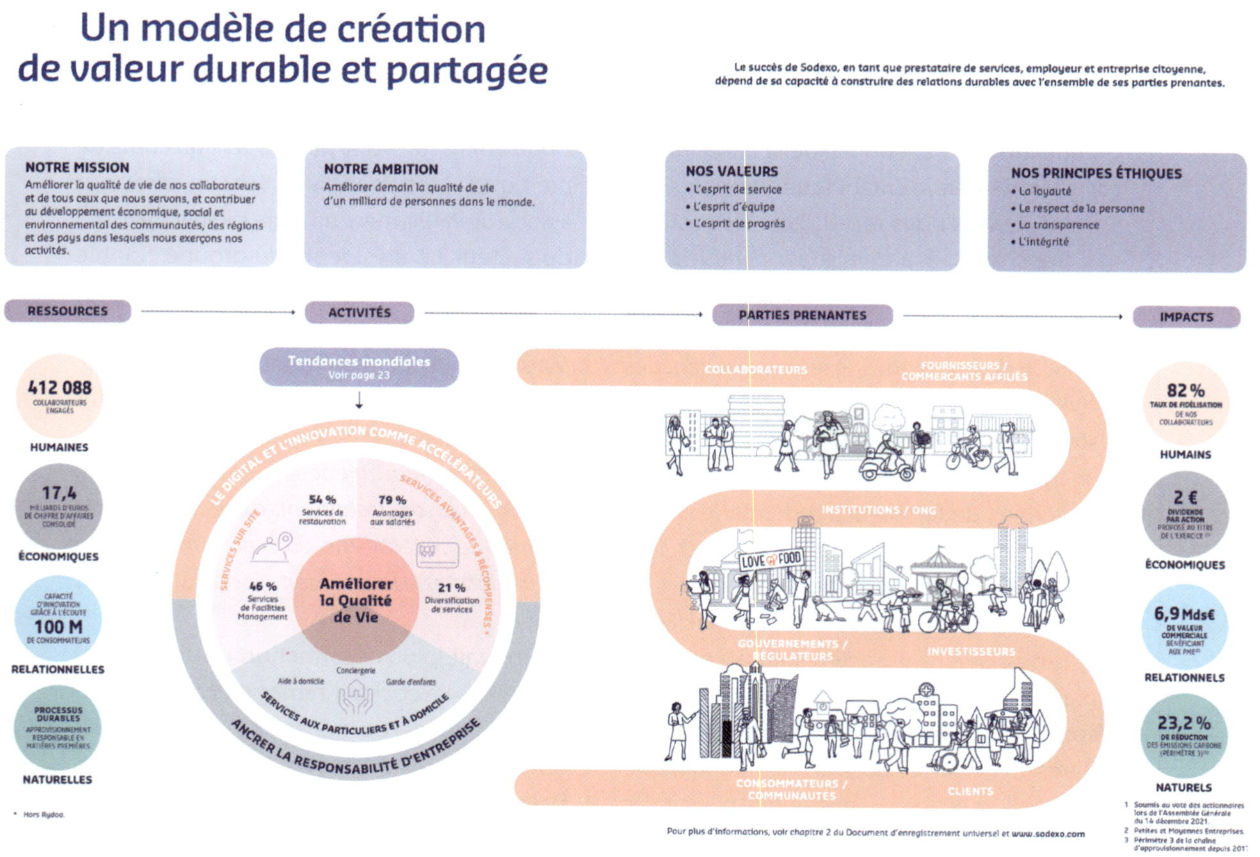

Groupe Sodexo, Rapport intégré 2020-2021

Je comprends

L'épreuve de MSDGN au Bac

1 Déroulement de l'épreuve

- Le management, sciences de gestion et numérique est évalué sous la forme d'une épreuve écrite d'une durée de **4 heures.**
- Coefficient : **16**

2 Présentation du sujet

Le sujet porte sur un cas d'organisation et se présente sous la forme de plusieurs dossiers. Ces dossiers sont composés de documents, accompagnés de questions portant sur un ou plusieurs des thèmes abordés :
– en management en classe de première ;
– en sciences de gestion et numérique en classe de première ;
– dans la partie enseignement commun du programme de management, sciences de gestion et numérique de la classe de terminale.

OBJECTIFS

L'épreuve vise à évaluer tes capacités à analyser une ou plusieurs situations liées au fonctionnement et au management d'une ou plusieurs organisations réelles, c'est-à-dire :
– exploiter une documentation concernant ces organisations ;
– caractériser les situations managériales et/ou de gestion proposées ;
– proposer, présenter et justifier une solution ;
– mettre en œuvre les méthodes, techniques et outils appropriés ;
– montrer l'intérêt et les limites des méthodes, techniques et outils employés.

3 Conseils méthodologiques

→ **Étape 1 :** je lis les questions dossier par dossier et je surligne les mots clés avec deux couleurs distinctes : les verbes directeurs (qui me permettent de savoir **le sens de la question**) d'une couleur et les termes clés (qui font référence à des **définitions** ou bien à des **méthodologies** à utiliser) dans une autre couleur.

→ **Étape 2 :** je fais des **annotations** pour chaque question afin de préciser ce que je dois rechercher dans le dossier documentaire et dans mes connaissances de cours.

→ **Étape 3 :** je **lis les documents** de façon active en ayant bien en tête les questions posées, afin d'éviter de surligner des éléments inutiles.

→ **Étape 4 :** je réalise un **brouillon** pour chaque question, sans rédiger. Il s'agit de prendre des notes, d'organiser ses idées.

→ **Étape 5 :** je **rédige** mes réponses en étant attentif à la qualité de l'écriture, afin que le devoir soit lisible, ainsi qu'à l'orthographe et à l'expression.

→ **Étape 6 :** je me **relis**. Il est conseillé de se relire après la rédaction de chaque question, car lorsque tu te relis en fin d'épreuve, la fatigue fait que tu ne vois pas forcément les erreurs.

Je comprends

L'épreuve de MSDGN au Bac

4 Sujet commenté

La coopérative laitière d'Isigny a été fondée en 1909 sur la commune d'Isigny-sur-Mer en Normandie. L'entreprise transforme le lait de producteurs locaux en beurre, fromage, crème mais également en poudre de lait infantile. Forte de ses décennies d'expérience, d'un savoir-faire unique et d'une grande réactivité, la coopérative Isigny Sainte-Mère est devenue un acteur majeur sur son marché, avec une forte présence à l'international.
Dans un marché très concurrentiel, Isigny Sainte-Mère cherche à adapter sa stratégie tout en conservant ses valeurs, ce qui constitue un réel défi.

➔ Il vous est demandé d'étudier :

1. Le fonctionnement de l'organisation Isigny Sainte-Mère.
2. Les problématiques du management stratégique d'Isigny Sainte-Mère.
3. La pertinence des choix stratégiques de la coopérative.

Dossier 1 – Le fonctionnement de l'organisation Isigny Sainte-Mère

➔ Vous répondrez aux questions suivantes en vous appuyant sur les documents 1 et 2.

1.1 **Caractériser** l'organisation Isigny Sainte-Mère (**type, finalités, ressources, activité, champ d'action**).

> Ne fais pas la fiche complète de présentation, concentre-toi sur ce qui est demandé dans la liste.

1.2 **Repérer les parties prenantes avec lesquelles Isigny Sainte-Mère interagit et préciser leurs rôles respectifs.**

> Écris la définition de parties prenantes, leur classification (interne, externe) et leurs rôles.

1.3 **Déterminer les éléments sur lesquels se base l'organisation pour détenir un avantage concurrentiel.**

> Écris la définition de l'avantage concurrentiel, puis repère les facteurs sur lesquels s'appuie l'entreprise pour détenir son avantage concurrentiel.

Dossier 2

Les problématiques d'Isigny Sainte-Mère en termes de management stratégique

➲ Vous répondrez aux questions suivantes en vous appuyant sur les documents 3 et 4.

2.1 Identifier et définir la décision prise par l'organisation en 2021 et justifier de sa pertinence.

Retrouve la décision prise et vérifie si celle-ci est stratégique ou opérationnelle (en vérifiant les critères).

2.2 Repérer les forces de l'organisation Isigny Sainte-Mère.

Ici, seule une partie du diagnostic interne est demandée : tu dois repérer les ressources et compétences constituant des forces pour l'entreprise.

2.3 Analyser les menaces auxquelles doit faire face l'organisation.

Ici, seule une partie du diagnostic externe est demandée : tu dois repérer dans le micro et le macroenvironnement ce qui peut être perçu comme une menace.

Dossier 3

Analyse des choix stratégiques de l'organisation

➲ Vous répondrez aux questions suivantes en vous appuyant sur les documents 5 et 6.

3.1 Évaluer la pertinence du choix d'Isigny Sainte-Mère de privilégier son développement sur le marché mondial.

Qualifie les modalités de développement d'Isigny Sainte-Mère à l'international et justifie en quoi ce choix est judicieux.

3.2 Qualifier l'opération de croissance réalisée par Isigny Sainte-Mère concernant les Caramels d'Isigny et présenter les avantages pour les deux entreprises.

Croissance interne ou externe ? Repère les points positifs et négatifs de cette opération dans les documents.

CORRIGÉ RÉDIGÉ
hachette-clic.fr/22m78

Je comprends

L'épreuve de MSDGN au Bac

DOC 1 Présentation de l'organisation

Isigny Sainte-Mère est une coopérative laitière indépendante. Nos actionnaires sont les producteurs de lait livrant la Coopérative. La constitution de notre conseil d'administration et la nomination de notre Président se décide en consultation de tous nos producteurs, qui ont chacun une part égale au vote. Le modèle assure la pérennité de l'approvisionnement en lait et la stabilité dans le choix des investissements et de nos orientations commerciales. ← Q1.1: finalité sociale

Notre zone de collecte forme une aire géographique de 50 km dans le Cotentin et le Bessin autour d'Isigny-sur-Mer. Pour réaliser des Beurres et Crèmes d'Isigny A.O.P., les producteurs respectent un mode d'exploitation extensif. Ils se sont engagés sur des pratiques respectueuses des animaux et des sols : 7 mois de pâturage au minimum, 1 hectare minimum de prairie pour 3 vaches, l'alimentation est produite principalement sur la ferme.

Tous les laits collectés ont moins de 48 heures et ils sont transformés de façon traditionnelle, dès réception, en beurre , en crème , en fromage, en fromage frais ou lait écrémé. ← Q1: Activité

Nos poudres de lait infantile répondent à de hauts standards de sécurité, de qualité, et de traçabilité, ce qui permet à nos clients de proposer dans le monde entier une gamme très large en lait infantile.

Outre son terroir, qui lui fournit une matière première d'exception, la Coopérative Isigny Sainte-Mère et ses adhérents ont à cœur de travailler dans la tradition normande en préservant et en transmettant le savoir-faire accumulé depuis des décennies. À l'attachement du « coup de main » traditionnel s'allie une veille technique et réglementaire pour être toujours à la pointe de la performance industrielle et de la traçabilité. ← Q1.1: Ressource matérielle

Progressivement, la qualité de ses produits laitiers a été entérinée par des signes officiels de qualité (SIQO), en particulier : l'A.O.P. de la Crème et du Beurre d'Isigny depuis 1986. La Coopérative Isigny Sainte-Mère a été distinguée par le label Entreprise du Patrimoine Vivant en juin 2015. ← Q1.1: Ressources immatérielles

Isigny Sainte-Mère est certifiée ISO 50001 : système de management de l'énergie ayant pour objectifs d'optimiser la gestion énergétique du site (production et consommation) afin de minimiser l'impact environnemental.

Isigny Sainte-Mère

Légende des annotations :
Q1.1 • **Q1.2** • **Q1.3**

DOC 2 Isigny Sainte-Mère en chiffres

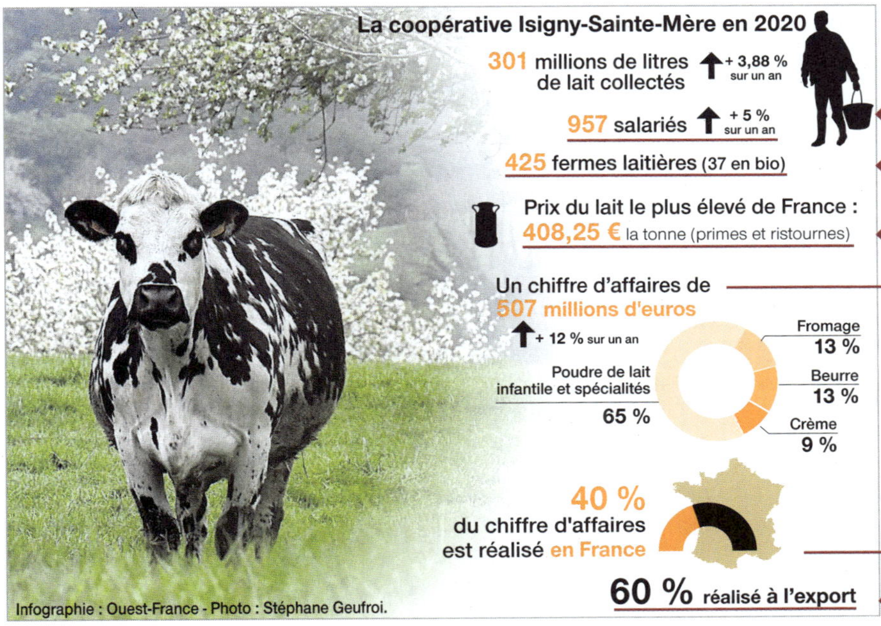

Q1.1: Ressources humaines

Q2: partie prenante

Q1.1: finalité sociale

Q1.1 : Ressources financières et finalité lucrative

Q1.1: champ d'action

DOC 3 Isigny Sainte-Mère dans le monde

Produits Isigny sainte-Mère dans un supermarché de Dubai.

Rayon d'un magasin Harrod's, à Londres.

Q2.2: Forces (une présence à l'international sur tous les continents et sur tous les segments de produits)

Je comprends

L'épreuve de MSDGN au Bac

Légende des annotations :
Q2.1 • Q2.2 • Q2.3

DOC 4 Isigny Sainte-Mère, une entreprise en pleine croissance

Une puissante berline allemande passe le pont qui enjambe l'Aure. À son bord, Daniel Delahaye observe l'imposant bâtiment noir qui écrase les petites maisons du village : « *C'est U3, notre nouvelle tour de séchage pour le lait en poudre* », explique le directeur général d'Isigny Sainte-Mère. Avec cette nouvelle cathédrale, la coopérative pourra produire 70 000 tonnes de lait infantile par an, contre 45 000 aujourd'hui. Juste à côté, une autre usine de production, aussi imposante, est en train de sortir de terre. « *Ça, c'est T5 bis, elle va être inaugurée l'année prochaine pour traiter nos excédents de lait écrémé.* »[…]
Loin de subir la crise du Covid, la coopérative vient de réaliser une année record. « *Les consommateurs étaient prêts à mettre un peu plus d'argent pour se faire plaisir avec de bons produits* », constate Simon Frileux, responsable marketing.

[…]
L'usine tourne à plein régime. Miguel Mullois aimerait pouvoir pousser les murs : « *Ici, on est déjà au maximum de ce que l'on peut faire au niveau stockage, machines ou personnels. Il va falloir agrandir !* » Seulement voilà, le « gisement de lait », comme on dit ici pour désigner le terroir, n'est pas extensible. « *On gère la pénurie, face à une demande très forte* », explique Simon Frileux.

[…]
Pour affirmer son positionnement haut de gamme, Isigny communique habilement. Le beurre d'Isigny se retrouve par exemple sur les plateaux de la business class d'Air France.
La recette : 25 % du lait écrémé, auquel l'industriel ajoute des matières grasses, des protéines solubles, des vitamines et divers éléments lactés. Grâce à cette formule, les 100 grammes de lait écrémé perdus se transforment en un produit parapharmaceutique à forte valeur ajoutée. « *Nos marges sont aussi importantes sur le lait infantile que sur les crème-beurre-fromage, c'est la base de notre business model* », se satisfait Daniel Delahaye. La modernité a même pris le pas sur la tradition, puisque la poudre de lait représente aujourd'hui 65 % du chiffre d'affaires, en hausse de 17 % en 2020.
Et ce, grâce au marché chinois ! En 2017, Isigny Sainte-Mère y a exporté plus de 20 millions de pots de lait infantile : un produit vendu en moyenne 45 euros les 900 grammes sous la marque chinoise Biostime. En 2008, la crise du lait contaminé avait conduit le géant asiatique à importer massivement. Isigny en a profité. « *Mais le lait infantile est un milieu très concurrentiel, il faut sans cesse investir et innover. Je dors très peu* », explique le patron, toujours entre deux avions malgré ses 72 ans. En Chine, « *les producteurs et les autorités locales ont fait de gros efforts de régulation et, petit à petit, les Chinois se tournent à nouveau vers leur production domestique* », explique Guillaume Le Du, spécialiste agriculture au journal « Ouest-France ». Alors, pour sécuriser ce marché, Isigny Sainte-Mère a fait entrer son partenaire chinois au capital, à hauteur de 20 %. Biostime participe aussi au financement de la nouvelle tour de séchage U3 qui devrait entrer en service à la fin de l'été.

Gabriel Haurillon, *Capital*, 24/09/2021

Légende des annotations :
Q3.1 • Q3.2

DOC 5 La coopérative Isigny Sainte-Mère, le champion normand de l'export

« *Malgré la crise du Covid, l'activité 2020 est restée satisfaisante voire très satisfaisante* », a résumé Daniel Delahaye, directeur général d'Isigny Sainte-Mère. Pendant la fermeture de la restauration hors domicile, la coopérative laitière a réussi à « *basculer d'importants volumes vers la grande distribution (+ 17 %)* », a rappelé Arnaud Fossey, président d'Isigny Sainte-Mère.

Le beurre, la crème, les fromages ont trouvé leurs clients sauf au Royaume-Uni, premier marché européen d'Isigny Sainte-Mère. La faute au Brexit. « *C'était la poule aux œufs d'or, il y a vingt ans. Aujourd'hui, les Américains et les Asiatiques consomment aussi nos pâtes molles. Le cheese and wine (fromage et vin) y est tendance chez les jeunes…* »

L'export est inscrit dans l'ADN des Normands (304 millions d'euros, + 14 %). Spécialiste de la poudre de lait infantile, Isigny Sainte-Mère nourrit tous les jours 2,5 millions de bébés dans le monde. Avec ses 250 formules différentes, ce produit de qualité pharmaceutique fait les beaux jours de la laiterie depuis 1952. D'abord pour les Américains et plus récemment pour le marché chinois.

La pandémie de Covid-19 n'aura pas réussi à gripper le rythme des exportations en 2020 (+ 17 % à 276 millions d'euros). Avec un retard de trois mois, une nouvelle tour de séchage (la sixième), d'une hauteur de 45 m, doit être mise en service au cours de l'été. Objectif : faire passer la production de 45 000 à 70 000 tonnes par an. Coût de l'investissement : 82 millions d'euros. Avec 150 salariés recrutés. « *Isigny-Sainte-Mère devient un bel opérateur européen de la poudre de lait infantile* », s'est félicité le directeur général. Ses concurrents ? Le suisse Nestlé, le danois Arla foods ou le néerlandais FrieslandCampina.

Guillaume Le Du, *Ouest France*, 4/06/2021

DOC 6 Pourquoi Isigny Sainte-Mère se marie avec les Caramels d'Isigny ?

« *Ce sera un mariage princier* », s'enthousiasme Daniel Delahaye, directeur général de la coopérative laitière normande Isigny Sainte-Mère. Son entreprise a annoncé lundi 24 décembre 2018 qu'elle venait de signer le protocole d'achat des célèbres Caramels d'Isigny. Cette acquisition devrait être effective dans février.

« *Ce rachat s'inscrit dans la suite logique des choses car les deux boîtes sont des partenaires historiques*, rappelle-t-il. *Nous partageons les mêmes valeurs : un attachement au terroir, au savoir-faire, aux traditions…* » La coopérative entend jouer à fond la carte de l'ancrage local, très tendance, pour accroître son rayonnement.

La société Caramels d'Isigny a été fondée en 1994 dans la commune du même nom et a été reprise par Éric Pelletier en 2004, grâce à qui elle a connu un véritable essor. Elle emploie à ce jour 25 salariés. En 2016, deux installations ont accru la notoriété de la marque : la galerie du caramel, dédiée à la fabrication de cette sucrerie, attire près de 40 000 visiteurs par an ; les Halles d'Isigny, un magasin de vente de 300 m² mettant en valeur beaucoup de produits normands dont ceux d'Isigny Sainte-Mère.

De son côté, Caramels d'Isigny conservera une grande partie de son autonomie à l'issue de cette vente. « *Le but est notamment d'accompagner le développement de la marque à l'export* », explique Simon Frileux, responsable marketing et communication à Isigny Sainte-Mère, qui fait travailler 650 producteurs adhérents et 1 000 salariés.

Elle pourra en contrepartie compter sur la force de frappe de la Coopérative qui vend ses produits laitiers dans 45 pays du monde et réalise quasiment deux tiers de son chiffre d'affaires à l'export. « *Cette alliance tirera tout le monde vers le haut* », assure Daniel Delahaye.

Pierre-Emmanuel Erard, *Ouest- France*, 25/12/2018

Argumenter autour d'un problème de management

Avant de me lancer

Comment fais-tu pour argumenter ?

....

....

L'intérêt de la méthode

Qu'est-ce qu'un argument ?
Un argument est une idée que tu dois expliquer et illustrer.

Qu'est-ce qu'un problème de management ?
Il s'agit d'un besoin, d'un dysfonctionnement ou d'un manque que rencontre une organisation.
Les managers ont pour rôle de trouver des solutions aux problèmes de leur organisation.

Argumenter autour d'un problème de management consiste à te mettre dans la peau du manager de l'organisation que tu étudies. Il faudra soit justifier ce qu'a fait le manager, soit proposer des solutions pour régler le problème mis en évidence.

À moi de jouer

1 Je cerne le problème de management posé dans la question

Cette étape est la plus importante. Elle te permettra d'éviter une réponse hors sujet.
Les conseils suivants t'aideront à mieux cerner le problème de management.

- **Je repère les mots clés du problème :** le problème de management est toujours lié à des notions que tu vois en cours.
- **Je définis les mots clés du problème :** si je fais un exercice en classe ou à la maison, j'utilise le lexique de mon manuel. Si je suis en évaluation surveillée, je retrouve dans ma mémoire la définition de la notion.
- **Je repère l'objectif de la question posée.** Si le problème de management commence par « Comment », il faudra expliquer ce qu'a fait ou doit faire l'organisation pour résoudre ce problème de management.

2 Je trace au brouillon un tableau pour construire mes arguments

Mes idées (ou solutions)	L'explication	L'exemple
Elle se trouvent soit dans le document, s'il faut expliquer ce qu'a fait l'organisation, ou dans tes connaissances, si tu dois proposer des solutions au problème.	Il faut développer l'idée en expliquant et en montrant que cette idée répond bien au problème de management posé.	Il faut montrer que la solution est pertinente au regard de ce qu'a fait réellement l'organisation. Les exemples sont forcément dans les documents.

Tu dois faire autant de lignes dans ce tableau que d'arguments que tu comptes développer.

! Attention

- Une idée ne doit pas être répétée plusieurs fois. Il faut veiller à ce que chaque argument soit différent. Si tu constates dans les explications que tu reprends le développement d'une autre idée, regroupe ces deux idées.
- Prends bien ton temps lorsque tu développes l'idée. Il ne faut pas aller trop vite dans les explications. Il faut y aller étape par étape. La personne qui te corrigera doit bien comprendre ton raisonnement !
- Relis bien ce que tu as écris dans le tableau. Il faut que tes idées (et bien entendu tes explications) répondent bien au problème de management posé. Si ce n'est pas le cas, retravaille chaque élément de l'argument.

3 J'attribue à chaque argument un connecteur logique

Un **connecteur logique** est un mot de liaison qui permet de montrer la complémentarité des arguments.

- Pioche les connecteurs logiques qui conviennent le mieux à tes arguments dans la liste suivante.

Tu souhaites...	Mots de liaison (connecteur logique)
Montrer l'enchaînement des arguments	• *D'abord* • *Ensuite* • *Enfin* • *D'une part,* • *D'autre part,*
Ajouter un élément ou un argument	• *De plus,* • *Puis,* • *Également,* • *Non seulement,* • *Mais encore,*
Montrer une opposition	• *Au contraire,* • *En revanche,* • *En fait,* • *À l'inverse,*
Concéder une idée	• *S'il est vrai que,* • *Certes,* • *Bien que* • *Même si* • *Malgré*
Restreindre le raisonnement	• *Cependant,* • *Néanmoins,* • *Pourtant,* • *Toutefois,* • *Mais,*
Montrer les raisons	• *Car* • *Parce que* • *En raison de* • *Du fait que* • *Puisque*
Montrer les conséquences	• *En effet,* • *Donc* • *C'est pourquoi,* • *D'où* • *De ce fait,* • *En conséquence,*
Proposer une alternative	• *Soit* • *Ou bien* • *Ou*
Comparer	• *De même,* • *Ainsi que* • *Comme*

Le plus dur est fait ! Tu peux passer à la rédaction.

4 Je rédige mes arguments sur ma feuille ou ma copie

- Il ne te reste plus qu'à faire des phrases avec les éléments que tu as inscrits dans le tableau. Veille à bien construire tes phrases. Rappelle-toi l'éternel conseil de tes professeurs : sujet, verbe, complément !
- Ce n'est pas le moment d'oublier un élément de ton argument, qui doit ressembler à cela :

Connecteur logique + **Énoncé de l'idée** + **Explication de l'idée** + **Illustration de l'idée**

- Passe une ligne entre chaque argument pour montrer à ton (ta) professeur(e) ou à la personne qui corrigera ta copie que tu changes d'argument.

5 Je me relis une dernière fois

Cette étape est cruciale pour montrer la rigueur de ta rédaction. La relecture sert à corriger toutes les fautes de français (orthographe, conjugaison, grammaire et syntaxe). Elle sert aussi à ajouter les mots que tu as oubliés.

- Et voilà, l'argumentation en management n'a plus de secret pour toi !

Caractériser une organisation

Avant de me lancer

Tu dois faire un exposé pour présenter une organisation (entreprise, organisation publique ou association). Que comptes-tu dire dans cet exposé ?

L'intérêt de la méthode

Pourquoi caractériser une organisation ?

La caractérisation est une étape très importante.
Elle permet de répondre à des questions essentielles :

- Que fait fait cette organisation ?
- Quelle est sa raison d'être ?
- Jusqu'où exerce-t-elle son activité ?
- Comment est-elle financée ?
- Quelles sont ses ressources ?

Il s'agit alors de dresser son portrait.

➜ Grâce à la caractérisation, tu prends connaissance de l'organisation que tu étudies. Cela va te faciliter les réponses aux prochaines questions puisque tu connaîtras mieux les spécificités de cette organisation.

Comment caractériser une organisation ?

La caractérisation consiste à présenter ou illustrer les critères suivants : la forme, le type, le secteur privé ou public, la finalité, le type de production, le secteur d'activité, les ressources immatérielles, les ressources matérielles, les ressources financières, les ressources humaines et le champ d'action.

➜ Ça te paraît beaucoup ? Pas d'inquiétude, cette fiche est faite pour te rappeler comment faire. De toute façon, tu vas en faire plusieurs pendant toute l'année ; si bien qu'à la fin de l'année, la caractérisation n'aura plus de secret pour toi.

Il y a deux façons de faire une caractérisation :

Sous forme de paragraphes

- Fais des phrases en reprenant chaque critère.
- Va à la ligne après chaque critère. La personne qui te corrigera saura que tu changes de critère.

Sous forme de tableau

- À chaque ligne son critère.
- Trace un trait entre chaque critère.

➜ Attention à bien reprendre chaque critère dans l'ordre. Cela rend ta rédaction plus logique.

➜ Adapte-toi aux méthodes de ton ou ta professeur(e). Certains enseignants de management préfèrent la caractérisation sous forme de tableau alors que d'autres privilégient la réponse rédigée. En tout cas, il n'y a pas de préférence pour l'examen. Les deux sont possibles.

À moi de jouer

1 Je prépare les critères à insérer dans ma caractérisation

Il faut tous les critères. Logiquement, les documents te permettent de les illustrer tous.

2 Je recherche dans les documents l'illustration pour chaque critère

Il faut que tu sois précis dans tes réponses. La caractérisation n'est pas un catalogue d'idées. Il faut justifier au maximum tes critères. Le critère de la finalité est toujours lié à la forme de l'organisation. Il est rare que ce critère apparaisse clairement dans les documents.

Caractérisation des trois formes d'organisation

Critères / Forme	Entreprise privée	Organisation publique	Organisation de la société civile (OSC)
Type	Entreprise artisanale ou entreprise industrielle ou entreprise de service	Administration publique ou établissement public ou collectivité territoriale ou entreprise publique	Association loi de 1901 ou ONG ou syndicat ou fondation
Secteur	Privé	Public	Privé
Finalité	Dégager du profit pour assurer sa pérennité + assurer sa responsabilité sociétale (RSE)	Offrir des services publics aux usagers, habitants ou clients	Offrir des services privés aux adhérents ou à des bénéficiaires
Type de production	Biens et/ou services marchands (à préciser)	Biens ou services non marchands (à préciser)	Services non marchands (à préciser)
Secteur d'activité	Primaire (agriculture, pisciculture, sylviculture) → *Sois précis.* ou secondaire (industrie) ou tertiaire (service)		
Ressources immatérielles	• Les logiciels utilisés par l'organisation pour mener son activité • Les brevets qu'elle détient • Le logo • Les marques qu'elle possède → *Sois concret en donnant les noms pour chaque catégorie.*		
Ressources matérielles	Locaux, matériel informatique, machines, véhicules, etc. → *Tu dois lister et surtout chiffrer le matériel qu'utilise l'organisation pour mener son activité.*		
Ressources financières	• Capital • Résultat net comptable • Emprunts • Financements participatifs • Subventions → *À chiffrer !*	• Impôts et taxes • Emprunts • Résultat des ventes (pour les entreprises publiques) → *À chiffrer !*	• Cotisations des adhérents • Résultat des ventes ponctuelles • Subventions • Financement participatif • Emprunts → *À chiffrer !*
Ressources humaines	Salariés → *Précise le nombre et les postes occupés.*	• Fonctionnaires • Agents • Salariés → *Précise le nombre et les postes occupés.*	• Salariés • Bénévoles → *Précise le nombre et les postes occupés.*
Champ d'action géographique	Local (sur une commune, un département ou une région précise) ou national (dans plusieurs régions d'un pays spécifique) ou international (dans plusieurs pays) → *Justifie en précisant la zone où se situent les clients, usagers, adhérents ou bénéficiaires.*		

Différencier les décisions de management stratégique et opérationnel

Avant de me lancer

Afin d'être capable de caractériser une décision, tu dois te rappeler des éléments du cours qui vont te permettre de connaître les caractéristiques de chaque type de décision. Tu ne peux pas te contenter des informations présentes dans les documents pour réussir !

Connais-tu la différence entre une décision stratégique et une décision opérationnelle ?

Décisions ....

- Long terme
- Irréversibles

- Investissements importants
- Prises par les dirigeants

Décisions ....

- Court terme
- Réversibles
- Gestion courante de l'organisation

- Prises par les managers de terrain

Si tu ne t'en souviens pas ou que tu as un doute, vérifie tes réponses avec l'essentiel du chapitre 3 p. 50.

L'intérêt de la méthode

J'ai un sujet de bac/ un devoir sur table dans lequel je dois lire l'article « *L'e-commerce au cœur du nouveau plan stratégique de Carrefour* ». Les questions portent sur les objectifs et sur les décisions.

À moi de jouer

1 Je comprends les questions

Tu dois prendre le temps de lire les questions en entier. Attention à ne pas se focaliser sur un seul mot ou à en sauter !

QUESTIONS

1. **Indiquez les objectifs de Carrefour.**
2. **Identifiez les décisions prises pour atteindre ces objectifs.**
3. **Parmi ces décisions, montrez celles qui sont stratégiques et celles qui sont opérationnelles. Justifiez votre réponse.**

VERBES DIRECTEURS

- **Indiquer :** faire voir de façon précise.
- **Identifier :** repérer, retrouver, nommer, recenser.
- **Montrer :** faire constater, mettre en évidence et expliquer.
- **Justifier :** donner les raisons, les arguments pour conclure dans ce sens.

2 Je lis le(s) document(s)

La première lecture doit te permettre de cerner le type d'organisation en question. S'agit-il d'une entreprise privée, d'une organisation publique ? Ensuite, tu vas pouvoir surligner dans une couleur différente les éléments caractéristiques qui vont t'aider à répondre aux questions.

- Pour la question 1, j'utilise mon stabilo jaune.
- Pour la question 2, j'utilise mon stabilo vert.

DOC

L'e-commerce au cœur du nouveau plan stratégique de Carrefour

À l'occasion de son « Digital Day » qui s'est tenu ce mardi 9 novembre à Paris, Alexandre Bompard, PDG du Groupe Carrefour, a présenté les axes clés de sa stratégie digitale à horizon 2026. [...] « *Carrefour change complètement de modèle, en faisant du digital le trait d'union entre toutes ses activités. [...] Nous pivotons d'une entreprise de distribution traditionnelle vers une 'Digital Retail company'* ».

L'ambition est forte : Carrefour veut tripler son volume d'affaires e-commerce à horizon 2026, pour atteindre les 10 milliards d'euros. [...]

Dans ce but, Carrefour augmentera d'environ 50 % ses investissements dans le digital, avec un plan dédié de 3 milliards d'euros entre 2022 et 2026.

Un renforcement de l'e-commerce non alimentaire

Pour atteindre les 10 milliards de volume d'affaires dans l'e-commerce, le distributeur souhaite renforcer l'e-commerce non-alimentaire [...]. Le distributeur veut renforcer les partenariats avec de grandes marques en dropshipment (Samsung, Xiaomi, HP...), et les produits non-alimentaires des marques propres du Groupe. [...]

Une accélération des nouveaux modèles de livraison

Sur le quick commerce, le Groupe a récemment annoncé le lancement de Carrefour Sprint en France, en partenariat avec Uber Eats et Cajoo. Le service de *personal shopper* (sous le modèle d'Instacart aux USA), qui connait un « *grand succès dans plusieurs pays du Groupe (via Bringo)* » et vient d'être lancé en France sous le nom d'OK Market !. [...]

Pour accompagner ses importants changements stratégiques, les collaborateurs du Groupe bénéficieront de formations dédiées au digital, [...] au sein de son « Université Digital Retail », en partenariat avec Google.

Dalila Bouaziz, *Ecommercemag.fr*, 9/11/2021

3 Je rédige mes réponses

Tu dois veiller à structurer tes réponses en évitant le copier-coller. Il faut donc reformuler les idées clés du document tout en démontrant que tu possèdes du **vocabulaire** et des **notions de management**.

1. L'entreprise Carrefour souhaite renforcer sa présence sur le digital en triplant son chiffre d'affaires e-commerce à l'horizon 2026.

2. Afin d'atteindre ses **objectifs**, Carrefour va investir plus de trois milliards d'euros dans le digital. Par ailleurs, l'entreprise va renforcer son offre non-alimentaire dans le e-commerce en renforçant ses partenariats avec des grandes marques (Samsung, HP, etc.). Enfin, Carrefour va former l'ensemble de ses collaborateurs au digital.

3. Les **décisions stratégiques** prises par Carrefour sont :
   - le renforcement du commerce non-alimentaire en nouant des partenariats avec des grandes marques ;
   - le lancement de nouveaux services de livraison rapide.

Ces décisions sont stratégiques car elles nécessitent **d'importants investissements** financiers (hausse de 50 % des investissements sur le digital). De plus, elles sont prises par les **cadres** dirigeants de l'entreprise (PDG) et portent sur le **long terme** (horizon 2020).

Afin de mettre en œuvre ces choix stratégiques, Carrefour va également déployer des **décisions opérationnelles** telles que la **formation** de ses collaborateurs au digital.

Schématiser les différents acteurs autour de l'organisation

Avant de me lancer

Supposons que tu sois gérant d'une entreprise.
Avec quelles autres organisations peux-tu être susceptible de travailler ?

....

....

....

....

....

L'intérêt de la méthode

Qu'est-ce qu'un acteur en management ?

Un acteur est une personne ou une organisation qui a des liens plus ou moins directs avec l'organisation.

Les acteurs sont-ils les mêmes pour toutes les organisations ?

Toutes les organisations ont des acteurs communs, notamment l'État, les banques, les fournisseurs ou les concurrents.

- Pour produire leurs biens et/ou leurs services, toutes les organisations ont besoin de **fournisseurs** pour s'approvisionner en matières premières, marchandises, services ou fournitures.
- Les **banques** sont utiles à toutes les organisations, ne serait-ce que pour gérer leur compte bancaire.
- L'**État** est indispensable pour toutes les organisations car il leur fournit des services publics utiles à leur activité.
- Enfin, toutes les organisations peuvent avoir des **concurrents**. Eh oui ! Même les associations et les organisations publiques peuvent être confrontées à d'autres organisations qui offrent le même service. Bien entendu, dans ce cas, c'est une offre complémentaire pour celui qui bénéficie du service, mais cela reste une forme de concurrence.
Exemple : un hôpital public peut être en concurrence avec une clinique privée. De même, un lycée public qui propose un BTS peut être en concurrence avec une école privée sur Parcoursup.
- Certains acteurs peuvent être particuliers à une organisation. On parle de **clients** dans une entreprise alors que les organisations de la société civile ou les organisations publiques n'en n'ont pas. Pour les OSC, il s'agit de **bénéficiaires** ou d'**adhérents**. Pour les organisations publiques, il s'agit d'**usagers** ou **habitants**.
- D'autres acteurs externes peuvent influencer la prise de décision dans l'organisation. Il s'agit des ONG ou des riverains, qui peuvent agir comme des contre-pouvoirs. En d'autres termes, ils vont faire **pression** sur les dirigeants pour qu'ils adaptent leurs décisions dans leur intérêt.

À moi de jouer

1 Je repère la forme d'organisation

➔ Repérer la forme de l'organisation te permet de ne pas faire d'erreurs lorsque que tu identifies les acteurs de ton organisation. Tu peux relire le cours p.40 si tu n'es pas sûr de bien différencier les types d'organisation.

2 Je place l'organisation au centre

Les acteurs autour de l'organisation font partie du microenvironnement. Par définition, ils n'appartiennent pas à l'organisation. Ils sont à l'extérieur de celle-ci.

➔ Ton schéma sera bien plus clair si tu places l'organisation au centre. Ce sera ensuite plus facile pour toi de positionner les acteurs autour de ton organisation. Le mieux est de représenter ton organisation avec un carré ou une image.

3 Je présente chaque acteur autour de l'organisation

L'idéal est de placer les acteurs de l'organisation que tu étudies de façon à former un cercle autour de ton organisation. Inspire-toi de l'exemple ci-dessous.

Tu peux placer chaque acteur dans un cercle ou une image. N'hésite pas à indiquer le lien entre chaque acteur sous forme de flèche. Cette technique te rappelle-t-elle quelque chose ? Eh oui, cela ressemble au circuit économique que tu as déjà vu en économie.

Exemple :

Repérer les étapes de la démarche stratégique

Avant de me lancer

Afin d'être capable de repérer les étapes de la démarche stratégique d'une organisation, tu dois te rappeler des éléments du cours qui te permettront de les identifier.

Sauras-tu remettre les étapes de la démarche stratégique dans l'ordre ?

Étape 1 •	• Mettre en œuvre la stratégie et évaluer les résultats
Étape 2 •	• Fixer les objectifs stratégiques
Étape 3 •	• Réaliser le diagnostic

Si tu ne t'en souviens pas ou que tu as un doute, vérifie tes réponses avec l'essentiel du chapitre 5 p. 76.

L'intérêt de la méthode

J'ai un sujet de bac/ un devoir sur table dans lequel je dois lire deux documents.
Les questions portent sur les étapes de la démarche stratégique.

À moi de jouer

1 Je comprends les questions

Tu dois prendre le temps de lire les questions en entier. Attention à ne pas se focaliser sur un seul mot ou à en sauter ! Certaines questions peuvent nécessiter plusieurs éléments de réponses, il peut y avoir deux questions en une.

QUESTIONS

1. **Surlignez dans le document 1 les éléments du diagnostic stratégique de Decathlon.**

   - En bleu → Les points forts
   - En rouge → Les points faibles

   → DIAGNOSTIC INTERNE

   - En violet → Les opportunites
   - En orange → Les menaces

   → DIAGNOSTIC EXTERNE

2. **Identifiez la décision stratégique prise par Decathlon entre 2017 et 2019.**
3. **La mise en œuvre de cette décision a-t-elle été bénéfique ? Expliquez le réajustement stratégique opéré par Decathlon en 2019.**

2 Je lis le(s) document(s)

La lecture des documents te permet de repérer les éléments qui composent les étapes de la démarche stratégique.

- Dans un premier temps, tu vas identifier les éléments du diagnostic stratégique (étape 1) dans le document 1. Dans ce même document, tu dois également identifier la décision stratégique prise par Decathlon (étape 2).
- Enfin, dans le document 2, tu dois être capable d'identifier et d'expliquer l'étape 3 de la démarche stratégique : la mise en œuvre et le contrôle des résultats.

DOC 1 Des choix stratégiques discutables

Le commerce spécialisé en articles de sport est en constante augmentation depuis les années 1990. Le nombre de licenciés dans les fédérations sportives est en hausse et la médiatisation importante du sport représente une opportunité pour les acteurs de la distribution d'articles de sport. De nombreux acteurs du digital s'engouffrent dans ce secteur, avec plus particulièrement le développement des places de marchés.

Entre 2017 et 2019, le leader mondial de la distribution d'articles de sport qui touche plus de 90 sports a décidé d'écarter les grandes marques de ses rayons comme Nike ou Adidas. Celles-ci disposent de leur propre réseau de distribution et ne sont pas jugées assez rentables par Decathlon. L'enseigne a ainsi décidé de se concentrer sur ses propres marques (Quechua, Tribord, Domyos, etc.) qui représentent 80 % de leur offre.

Les auteurs

Décision stratégique

DOC 2 Un réajustement stratégique nécessaire

Decathlon va annoncer une croissance mondiale à quasiment deux chiffres en 2019 avec un volume de vente de 12,4 milliards d'euros dans le monde (69 pays, + 9 %) et de 3,3 milliards d'euros en France (+3 % et 7,7 % en ligne).

La direction de l'enseigne avait évoqué un « *trou d'air* » en 2018, décevante en résultats avec +5 % de chiffre d'affaires dans le monde mais – 5 % en France, son marché principal devant l'Espagne.

Une crise de la gouvernance avait surtout été provoquée par la volonté stratégique de ne plus faire appel aux marques partenaires historiques pour n'envisager que la vente de marques propres, signées Decathlon.

« L'offre commerciale a été revue »

« *L'offre commerciale a été revue depuis et optimisée pour davantage de clarté et nos partenaires sont revenus, dont Adidas, le premier d'entre eux* », nous confie la direction en France.

Nouveaux virages

Decathlon va donc mieux sur le marché national, sans pour autant retrouver ses progressions historiques habituelles. **L'une des enseignes majeures de la famille Mulliez a ouvert 15 nouveaux points de vente dans l'Hexagone l'an passé** (dont des P'tit Decat' à Paris, Bordeaux et Marseille) et déploie depuis quelques mois ce qui est présenté en interne comme un « *véritable tournant* » à savoir la création de plateformes de services pour sa clientèle.

Yannick Boucher, www.lavoixdunord.fr, 11/02/2020

3 Je rédige mes réponses

Tu dois veiller à structurer tes réponses en évitant le copier-coller. Il faut donc reformuler les idées clés du document tout en démontrant que tu possèdes du **vocabulaire** et des **notions de management**.

1. Elles sont colorées dans le document en fonction de la légende donnée.
2. Decathlon a décidé de ne plus commercialiser les grandes marques au sein de ses magasins. Dans un souci de **rentabilité**, elle privilégie ses propres marques qui lui sont exclusives.
3. Suite à la décision de Decathlon, l'enseigne a subi une baisse de 5 % de son chiffre d'affaires en France. Face à l'échec de cette **décision stratégique**, elle a donc décidé de renouer son **partenariat** avec les grandes marques, ce qui lui a permis d'augmenter ses ventes en France et à l'international en 2019.

DOSSIER

AUJOURD'HUI, J'APPRENDS À...

... identifier et comprendre ma mémoire !

Avant de me lancer

Comment fais-tu pour apprendre ? Liste les méthodes que tu emploies.

- ....
- ....
- ....
- ....
- ....

L'intérêt de la méthode

Depuis ce matin, combien de fois as-tu fait appel à ta mémoire ?
Impossible de compter ? C'est normal !
Ta mémoire est sollicitée toute la journée : à la maison, à l'école, dans tes activités extrascolaires, dans une conversation... Il n'y a pas que lorsque tu apprends que tu travailles réellement ta mémoire.

Mais quelle est TA mémoire ?
Question intéressante et utile ! En effet, en fonction de ta capacité de mémorisation, va découler des méthodes d'apprentissage différentes et plus efficaces pour toi.

➔ Premier pas incontournable pour mieux mémoriser :
être actif(ve) en cours !

J'écoute le cours + Je participe + Je prends des notes
= Je comprends
= Je mémorise plus vite !

À moi de jouer

1 Je découvre mon type de mémoire.

TEST « Quelle est ma mémoire ? »

Question à choix unique ou multiple.
Si tu coches plusieurs réponses, classe-les de la plus à la moins importante.

Le jour d'un devoir sur table, lorsque tu réfléchis à la réponse, est-ce que tu ...

- ☐ a. te vois écrire le cours, les mots sur ta fiche de révision ?
- ☐ b. vois ce que le professeur avait écrit au tableau, vois ton cours/ta fiche de révision ?
- ☐ c. entends le professeur parler du sujet lors de son cours ?

➔ Tu as coché plusieurs réponses ? Tu as donc une mémoire dominante et une ou deux mémoires secondaires. Tant mieux, cela multiplie les méthodes d'apprentissage !

Réponses au test

Réponse « a »

MÉMOIRE KINESTHÉSIQUE

Axée sur les autres sens : **toucher, goût, odorat**

↓

Pour apprendre, tu as besoin :
- de faire / refaire un exercice ;
- de manipuler ;
- d'écrire / réecrire ta leçon.

↓

Pour savoir si tu as retenu : tu réecris.

↓

Solutions à privilégier :
- Transformer ta leçon en fiche de révision (voir fiche outil 4).
- Recopier ta leçon.
- Refaire tes exercices (surtout les calculs !)

Réponse « b »

MÉMOIRE VISUELLE

Axée sur la vue

↓

Pour apprendre, tu as besoin :
- de faire des fiches de révision à ton goût ;
- de créer des schémas, de voir des images, de faire un dessin.

↓

Pour savoir si tu as retenu : tu fermes les yeux et tu vois le cours.

↓

Solutions à privilégier :
- Imaginer tes propres cartes mentales.
- Constituer des fiches de révision avec ton propre code couleur.
- Utiliser des schémas, des tableaux.

Réponse « c »

MÉMOIRE AUDITIVE

Axée sur l'ouïe

↓

Pour apprendre, tu as besoin :
- d'écouter, de lire et de reformuler ta compréhension à voix haute ;
- de chuchoter les consignes pour mieux les comprendre.

↓

Pour savoir si tu as retenu : tu récites la leçon à voix haute.

↓

Solutions à privilégier :
- Apprendre à voix haute.
- T'enregistrer lorsque tu relis ta leçon, et écouter ton podcast dans le bus, la voiture…
- Expliquer la leçon à quelqu'un.

➔ Combien de techniques utiliser ? Une, deux... toutes ! Prends ce qui te convient, à toi et à ta mémoire.

2 Je comprends le fonctionnement de la mémoire.

Apprendre n'est que la première étape d'un processus en trois phases :

Apprendre pour assimiler	▶	Réviser pour consolider	▶	Utiliser pour maîtriser
Le savoir se mémorise à court et moyen termes.		Le savoir devient une connaissance personnelle à long terme.		La connaissance devient alors une compétence… Waouh !

3 J'organise mon apprentissage.

Liste les méthodes que tu penses employer à partir de maintenant.

- ……………………………………………………………………………………
- ……………………………………………………………………………………
- ……………………………………………………………………………………
- ……………………………………………………………………………………
- ……………………………………………………………………………………

... apprendre !

Avant de me lancer

Connais-tu la différence entre « apprendre » et « réviser » ?

....

....

L'intérêt de la méthode

Le jour du devoir sur table approche… L'heure est à apprendre !

Apprendre, c'est quoi ?
C'est assimiler des savoirs sur le long terme pour pouvoir les réutiliser au besoin. Faisons simple et comparons l'apprentissage à des dossiers rangés dans des tiroirs… Apprendre revient à ranger la bonne information dans le bon tiroir et à la ressortir quand on en a besoin !

Apprendre te décourage ? Tu ne sais pas comment t'y prendre ?
Un peu de méthode va t'aider…

CONSEILS DE PROF
- Aie confiance en toi.
- Sois motivé(e) à apprendre.
- Concentre-toi pour aller plus vite.

À moi de jouer

La technique des 5 B
Créée et validée par… nous !

1 Le Bon moment

À définir selon :
- **L'enjeu** → Devoir sur table ou épreuve terminale ? Le travail d'apprentissage sera complémentaire : apprends bien pour le devoir et tu n'auras plus qu'à réviser pour les épreuves terminales !
Ce qui est bien appris n'est plus à apprendre !
- **Le temps disponible** → Les devoirs s'amoncellent, les épreuves terminales approchent mais les cours se poursuivent… Le temps n'est pas extensible !
As-tu fait ton planning ? Aide-toi de la Fiche méthode BAC 8
- **Le temps nécessaire** → Selon la matière, la fatigue, la période de l'année… on apprend avec plus ou moins de rapidité.

EXEMPLE DE PLANIFICATION

Mon ou ma (super) prof de SDGN nous a annoncé un devoir sur les indicateurs de la performance. Chapitre long avec des formules de calculs.
Tout ce que j'aime ! La date est dans un peu moins de quinze jours…

Date du DS
Oups, trop tard !

Dès l'annonce	une semaine avant	deux jours
JE RÉALISE	**JE REFAIS MES EXERCICES (surtout les calculs)**	**JE RÉVISE LE TOUT RAPIDEMENT !**
Ma fiche de révision, mon *mind mapping*, mon podcast… ce qui me convient.	Cela me prend peu de temps car j'ai déjà réalisé mon support d'apprentissage.	Mais en fait, je sais déjà tout…

- **Ses propres habitudes !** → Matin, après-midi, soir : quand suis-je le/la plus performant(e) ?
Il paraît que c'est le matin pour apprendre et le soir pour relire.

2 Le Bon lieu

Pour bien travailler, il faut être dans de bonnes conditions ! Tu le sais, tu l'as appris en cours.

1. Isole-toi dans un endroit où tu te sens bien et où tu ne seras pas dérangé(e).
   Chambre, cuisine, salon, bibliothèque municipale, CDI, salle de permanence, couloir, jardin sous un parasol…
2. Bannis toutes les sources de distraction.
   Smartphone, télévision, famille, musique forte…

3 La Bonne durée

La juste durée : **ni trop, ni trop peu.**
À toi de voir ce que tu préfères : de temps en temps ou à fond ?

La technique « Pomodoro », (« tomate » en italien)

25 minutes, timer en route :
Je travaille 1 tâche en mode « Concentration maximale »

5 minutes de repos
Au bout de 5 Pomodoros,
je prends un repos de **15 ou 20 minutes.**

4 Le Bon nombre

Seul(e) pour apprendre les notions mais aussi **en petit groupe** pour éclaircir certains points, s'entraider, se motiver, se tester…

5 La (ou les) Bonne(s) méthode(s) !

→ **Apprendre**

Avec la/les méthode(s) déjà choisie(s) dans la Fiche méthode BAC 7.

→ **Vérifier que l'on sait**

Technique de l'autotest

1. Le jour où j'apprends, je rédige sur une feuille des questions, un QCM, un texte à trous, un plan vierge…
2. Le (sur)lendemain, je reprends cette feuille et je réponds aux questions, je complète le texte à trous…
3. Je m'autoévalue :
   - si j'y arrive, je connais mon cours !
   - si j'hésite, cela me permet d'identifier les points sur lesquels je ne suis pas encore à l'aise…

→ **Réviser** (veut dire « revoir »)

- Relire les titres des chapitres et laisser sa mémoire faire le reste.
- Refaire les exercices (sans la solution !)
- Refaire son *mind mapping*
- Chanter sa petite chanson
- Relire son podcast
- Refaire ses autotests
- …

→ **Se projeter**

Imagine les situations dans lesquelles tu auras besoin des notions.
Dans quel problème peut intervenir cette formule ? Quelles peuvent être les questions du sujet sur ce chapitre ?
Exemple : si le devoir me présente des chiffres d'affaires sur plusieurs années, je peux calculer des taux d'évolution…

CONSEILS DE PROF

Organise-toi des devoirs « en situation réelle » : temps, conditions matérielles…

Quelle que soit la méthode, tu vas vite te rendre compte qu'apprendre, et surtout savoir, c'est gratifiant !

DOSSIER

AUJOURD'HUI, J'APPRENDS À...

... organiser mon temps !

Avant de me lancer

Suis-je organisé(e) dans mon travail ?
J'entoure le profil qui me correspond le mieux :

« La veille pour le lendemain, c'est déjà très bien. Bon, j'avoue : des fois je ne suis pas toujours satisfait(e) du résultat. »

« Dès que j'ai un devoir, hop, je le fais ! Comme cela, c'est fini et je peux y revenir si besoin. Cela me rassure. »

« Je m'y mets de deux à trois jours avant. Des fois cela est suffisant, des fois non... »

Lecture des profils...

A : En d'autres termes, tu n'es pas organisé(e) ! Pas de panique, tout s'apprend. Il faut juste s'y mettre. La grande question : la souhaites-tu ?

B : Félicitations ! Tu as déjà de bons réflexes qui te permettent d'aborder ta scolarité avec sérénité. Attention à ne pas te mettre trop de pression quand même...

C : Pas de doute : tu es sur la bonne voie ! Il faut que tu apprennes à optimiser ton organisation pour que tu ne sois pas débordé(e) par l'accélération des exigences.

L'intérêt de la méthode

Devoirs à la maison, devoirs sur table, épreuves terminales... Que de défis cette année !

Mon objectif : utiliser intelligemment mon temps pour travailler avec efficience !
En d'autres termes : utiliser mon temps avec intelligence pour travailler plus vite !

Don't panic ! Be organized !

À moi de jouer

1 Je crée ma to-do list.

- Faire les devoirs hebdomadaires
- Refaire ses exercices
- Apprendre pour les DS
- Constituer ses fiches de révisions
- Réaliser son étude de SDGN
- ...

Applications, bullet journal, post-it, carnet... choisis le support que tu veux et que tu aimes.

2 J'évalue le temps que cela va me prendre.

Une tâche peut être finie en dix minutes ou en plusieurs jours !
Evalue de manière réaliste (ni trop, ni trop peu) le temps nécessaire pour réaliser ta mission.

Comment ?
En fonction de :

- la complexité du travail ;
  Exercice d'application au brouillon, révisions pour un DS, préparation de l'Étude de gestion, dossier à rendre...
- de tes compétences et facilités dans la matière ;
  Les mathématiques peuvent prendre plus de temps que l'économie... et inversement !
- l'organisation exigée par le professeur
  Seul(e) (facile à organiser), en duo ou en groupe (un peu plus complexe.)

3 Je place mes tâches sur un planning.

Pour réussir cette ultime étape, il va falloir que tu…

1. …. visualises T O U S tes impératifs sur un planning hebdomadaire : transport, sport, activités extrascolaires, repas…
2. … identifies des plages libres pour travailler
3. … places tes travaux à faire sur les plages de travail identifiées.

Tu sais quoi ? Le mieux, c'est de le faire. Alors action ! Réalise ton emploi du temps type pour l'année à partir du planning ci-contre.

CONSEILS DE PROF

Semaines de cours ou semaines de vacances : les plannings seront différents ! Amuse-toi à constituer et à personnaliser tes propres plannings, selon tes besoins…

Si tu en fais un, tu le respectes ! Sinon, où est l'intérêt… ?

EMPLOI DU TEMPS

Semaine du ________ au ________

	LUNDI	MARDI	MERCREDI	JEUDI	VENDREDI	SAMEDI	DIMANCHE
8							
8:30							
9							
9:30							
10							
10:30							
11							
11:30							
12							
12:30							
13							
13:30							
14							
14:30							
15							
15:30							
16							
16:30							
17							
17:30							
18							
18:30							
19							
19:30							
20							
20:30							
21							
21:30							
22							

« Le tigre aussi a besoin de sommeil. »
Proverbe chinois.

Pour bien mémoriser, il faut laisser le cerveau se reposer… Alors, va te coucher !

PDF
hachette-clic.fr/22sdgn136
Découvre les étapes à suivre afin de réaliser le planning idéal !

AUJOURD'HUI, J'APPRENDS À...

... réaliser une fiche de révisions !

VIDÉO
hachette-clic.fr/22sdgn138
Comment présenter une fiche de révision (16'06)

Découvre à travers cette vidéo des astuces pour réaliser de jolies fiches !

Les 5 règles d'or de la fiche

1 Je réalise ma fiche dès la fin du chapitre.

Et pas avant ! Il faut avoir une vue d'ensemble pour distinguer l'essentiel du superflu.

➜ Un chapitre = une nouvelle feuille

2 Je crée mon style.

Mon support	Mes styles de police	Mon code couleur
• Papier ou numérique • Feuilles ou fiches bristol • Formats A5 ou A4 • Feuilles blanches ou de couleur	• Gras • Souligné • Italique • …	• Titres en rouge • Sous-titres en vert • Exemples en gris • …

➜ Une fois ton style défini, tu n'y touches plus ! Ton cerveau va s'y habituer et tu vas gagner du temps dans l'apprentissage.

3 Je note le plan.

Je l'apprends par cœur, car c'est la « colonne vertébrale » du cours.

4 Je rédige maintenant.

L'objectif est de n'inscrire que l'essentiel : définitions, citations, idées clés...

Attention, conseils importants :

- Le plan du chapitre doit apparaître dans la fiche, car c'est la « colonne vertébrale » du cours.
- Je limite la rédaction mais je privilégie les schémas, les croquis, les tableaux, les croquis.... J'aère !

Une fiche de révisions de qualité doit être :
- Synthétique
- Structurée
- Attractive

5 J'utilise ma fiche.

J'apprends ma fiche (et non mon cours !) et je la relis régulièrement.

La fiche de révisions n'est pas la seule façon de travailler ses cours.

Tu peux la remplacer ou la compléter par une carte mentale.
➜ Connais-tu le *mind mapping* ?
Découvre la technique à travers cette vidéo.
Bon et bien maintenant, on essaie ?

VIDÉO
hachette-clic.fr/22sdgn139
Le *mind mapping* tout simplement (2'42)

Activité

Transforme le chapitre de ton choix en fiche de révisions et en carte mentale.

COMMENT ?

Suis ces étapes

1. **Attends que ton cours soit fini.**

2. **Réfléchis à ton style :**

☐ Papier	ou	☐ Numérique ?
☐ Normale	ou	☐ Bristol ?
☐ A4	ou	☐ A5 ?
☐ Blanche	ou	☐ Couleurs ?

3. **Définis ton code couleur (stylos ou surligneurs).**

   ☐ Couleur de titre du chapitre : ....

   ☐ Couleur de titre des parties : ....

   ☐ Couleur des sous-parties : ....

   ☐ Couleur pour les mots-clés : ....

   ☐ Couleur pour les exemples : ....

4. **Lis ton cours** entièrement **une première fois.**

5. **Surligne le plan.**

6. **Identifie les notions essentielles de chaque partie :** mots-clés, idées, dates, exemples phares…
   Entoure, surligne, note au brouillon, dans la marge… Fais tout ce qui te semble utile.

7. **Relis le plan, les notions et vérifie que tu as tout.**

C'EST BON ? TOUT Y EST ?

Si oui, c'est parti !!!

8. **Réalise ta fiche de révisions.**
   Privilégie les schémas, les flèches, les tableaux, crée tes rubriques…

   ➔ Si tu es auditif/auditive, n'hésite pas à la transformer en podcast.

   ➔ Si tu es visuel/visuelle, crée ton *mind mapping*.

AUJOURD'HUI, J'APPRENDS À...

DOSSIER

... gérer l'oral !

Avant de me lancer

Si tes camarades et toi deviez présenter un exposé dans quinze jours devant toute la classe avec une prise de parole pendant dix minutes, comment réagirais-tu ?

a. Super ! Je vais pouvoir être actif/active !
b. On va se préparer pour ne pas faire de bêtises…
c. Où est la sortie ? Je peux me cacher sous le bureau ?

Lecture du résultat

Pas de bonne ou de mauvaise réponse !
L'oral est un exercice qui peut être perçu comme difficile pour les personnes timides (et donc peut-être toi…)
Mais, une prestation orale reste un exercice comme un autre. Et tu le sais : si c'est un exercice, il suffit de pratiquer pour s'améliorer…
Alors sois rassuré(e) : **pas de panique, juste de la technique !**

L'intérêt de la méthode

• Exposé, Étude de Gestion de SDGN, oral de français, oral de langue, grand oral de terminale… Les prestations orales vont être nombreuses durant ces deux années, ainsi que dans tes études supérieures et ta vie professionnelle future.

Un oral réussi repose sur :

50 % DE PRÉPARATION + 50 % DE GESTION DE COMPORTEMENT

À moi de jouer

> **La méthode QQOQCPC**
> Qui ? Quoi ? Où ? Quand ? Comment ? Pourquoi ? Combien ?
> **peut t'aider !**

1 J'élabore le contenu de mon oral.

1. Je réfléchis à tous les aspects du sujet.
Je me demande quelles informations je veux transmettre à mon auditoire.

2. J'effectue mes recherches.
Je vérifie la validité de mes sources : fiabilité du site, de l'auteur, actualité, pertinence...

3. Je structure mon oral en créant un plan.
C'est la colonne vertébrale de mon exposé. Il doit être clair et cohérent.

4. Je résume et organise l'essentiel de mes recherches selon mon plan.
Attention, mon temps de parole sera chronométré et mon exposé ne doit donc être ni trop long, ni trop court !

5. Si besoin, je prépare un support pour mon auditoire.
Diaporama, carte mentale, dossier, fiche mémo… Je peux créer un support pour mes interlocuteurs, si cela est utile.

* CF. Les recommandations du guide de l'évaluation dans le cadre de la réforme du lycée général et technologique, rentrée 2021.

② Je prépare mon oral.

1. Je prépare un support personnel pour me soutenir

L'information doit me sauter aux yeux !

CONSEILS POUR CRÉER MON SUPPORT PERSONNEL

Fond

NE PAS FAIRE DE PHRASES

↓

Plan détaillé avec idées / exemples…

+

Guide dans la marge :
Pauses, lancement vidéo / slide suivante, annexes à montrer, sourire (!)…

Forme

- Plan écrit en deux ou trois couleurs (pas un arc-en-ciel !)
- Mots-clés surlignés
- Utilisation de flèches, de symboles
- Taille de police importante (minimum 14)

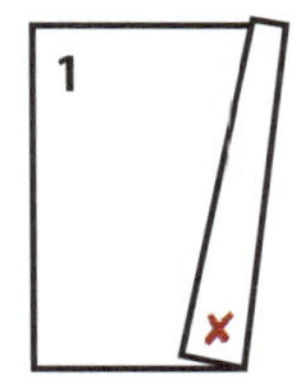

Uniquement le recto des feuilles
que je numérote <u>et</u> ordonne

2. J'anticipe les questions éventuelles.

3. Je m'entraîne !

Devant mes parents, mes frères et sœurs, un(e) ami(e), un(e) camarade, mon miroir…

> **Maîtrise à fond les deux premières minutes de ton exposé.**
>
> Si tu les réussis, ton oral sera un succès !
> Deux minutes = temps nécessaire pour que :
> - **le stress retombe ;**
> - **la confiance s'installe ;**
> - **tu te sentes à l'aise.**

③ Je réussis mon oral !

1. Je réussis ma première impression.

Je souris, je respire, je me détends…

2. J'adopte le meilleur comportement possible !

Verbal	Paraverbal	Non verbal
· Je ne panique pas si ma voix tremble : ***je respire tout simplement.*** *Qui n'a jamais bafouillé ?* · Pas d'expressions parasites : *« euh », « donc », « voilà », « genre »…*	· J'adopte un ton dynamique et varié. · Je mesure mon débit. · Je fais des pauses aux moments stratégiques.	· Je ne replace pas une mèche de cheveux imaginaire. · Je ne m'appuie pas contre le mur. · Je sors les mains de mes poches. · Je regarde l'auditoire (ou leurs cheveux ! Technique de chef 😉). · Je souris, c'est important !

3. Je soigne mes réponses.

Je prends le temps de comprendre la question (si je n'y arrive pas, je demande des explications…).
Je réfléchis à ma réponse :
arguments + mots techniques + exemples concrets

4. Je réussis ma sortie.

Pas de soupir de soulagement (« ouf ! ») mais je remercie mes interlocuteurs de m'avoir écouté(e).

④ Je fais le bilan.

Points positifs, points à améliorer et je n'oublie pas de me féliciter !

JE L'AI FAIT !

Crédits

Couverture : iStock/Mauricio Graiki ; pictogrammes plats 1 et 4 The Noun Project By Chattapat.

Illustrations : Freepik.com/vectorjuice.

Pages : 19-20-21 : © SCOP TI ; 21 : © France 3 Provence-Alpes-Côte d'Azur / Mediterraneo ; 22 : © Brut ; 26 : 1 : iStock/simonkr, 2 : Photononstop/Hugo Tacos, 3 : Réa/Ian Hanning, 4 : Réa/Gilles Rolle, 5 : © Michel et Augustin ; 27 : © Fondation Assistance aux Animaux ; 28 : © Sea Shepherd ; 31 : © Courtesy of Tesla ; 31-36-37 : © Avem ; 31- 34 : © Intercom Vire au Noireau ; 38 : 1 : © Solidhair, 2 : Sipa/AP/Ipx/Star Max/STFR, 3 : © APHP ; 40 : Timo Verdeil ; 43-46 : © Le Coq sportif ; 44 : © INA - FR3 Champagne-Ardennes ; 46 : © Superpatron - Bruno Bertrand - D.R ; 47 : IP3/Vincent Isore ; 49 : iStock/VeniThePooh ; 50 : AFP/John Thys ; 53-56-57-59 : © Crédit Agricole ; 62 : Réa/Eric Tschaen ; 65-109-161-162 : © Sodexo ; 69-70-73 : © Kusmi Tea ; 74-75 :© Orange ; 76-156 : © Oxfam ; 79-80-83 : © Andros ; 79 : AFP/Pascal Pavani ; 84 : iStock/Manico, © Léa Nature ; 85 : © Castorama ; 86 : IP3/Nicolas Kovarik ; 89-90-91-92-93 : © Uber Eats ; 91 :© Ministère du Développement Durable ; 92 : 1 : iStockphoto/Igor Kutyaev, 3 : Par République Française, 5 : iStockphoto/JacquesPalut ; 94 : AFP/getty Images North America ; 95 : © Groupe Ratp, © FFR ; 96 : 1 : Photononstop/DPA Pool/DPA Zentralbild/Britta Pedersen, 2 : Signatures/Magali Delporte ; 99-100-101 : © Danone ; 103 : © BFMTV ; 104 : © Klipfolio ; 105 : Netflix ; 106 : Réa/the New York Times-Redux/Alfonso Duran ; 108 : © Hello Work ; 113 : © Renault Group , © Renault Communication/Planimonteur/Jean-Brice Lemal ; 114-116 : © Renault Communication/Direction Design ; 117 : © Renault Communication/DPPI Media ; 118 : © Renault Communication/Renault Marketing 3D-Commerce ; 120 : © Shiseido Group, Escursia, Réa/Haytham/Pierre Vassal, Réa/Zuma/Zuma Press/Henrrik Schmidt ; 122 : Sipa/Sopa Images/Pavlo Gonchar ; 124 : iStock/margouillatphotos ; 125 : 1 : Réa/Zuma/Sopa Images/Budrul Chukrut, 2 : AFP/getty Images North America/Ethan Miller ; 126 : iStock/sefa ozel ; 129 : Getty Images/DPA/Picture Alliance/Gerog Wendt ; 130 : Getty Images/Bloomberg/David Williams ; 131 : AFP/Samsung Electronics/Handout ; 133 : iStock/jeffbergen ; 136 : Réa/Sinopix/Richard Jones ; 137-139-140-142 : © Centre Pompidou ; 145 : © Groupe LFB ; 146 : Divergence/Gael Kerbaol ; 149-151 : © Action contre la faim ; 156 : Réa/Teresa Suarez, Réa/Michael Lumbroso ; 157 : Sipa/Edmond Sadaka ;
164-166-168-169 : © Coopérative Isigny Sainte-Mère ; 167 : Maxppp/ OFR/ Stéphane Geufroi ©Mylène Grellier.

Achevé d'imprimer en Italie par Grafica Veneta en mars 2022
Dépôt légal : Mars 2022 - édition 01 - 86/1560/9